# 历史从游

## 高中历史教学札记

魏新儒 著

陕西新华出版传媒集团
太白文艺出版社

图书在版编目（CIP）数据

历史从游：高中历史教学札记/魏新儒著．——西安：太白文艺出版社，2019.10（2023.2重印）
ISBN 978-7-5513-1722-1

Ⅰ.①历… Ⅱ.①魏… Ⅲ.①中学历史课—教学研究—高中 Ⅳ.①G633.512

中国版本图书馆CIP数据核字(2019)第222241号

## 历史从游：高中历史教学札记
LISHI CONGYOU:GAOZHONG LISHI JIAOXUE ZHAJI

| 作　　者 | 魏新儒 |
|---|---|
| 责任编辑 | 曹　甜 |
| 封面绘图 | 戴睿婷 |
| 封面设计 | 秦呈辉 |
| 版式设计 | 董文秀 |
| 出版发行 | 陕西新华出版传媒集团<br>太白文艺出版社 |
| 经　　销 | 新华书店 |
| 印　　刷 | 三河市嵩川印刷有限公司 |
| 开　　本 | 889mm×1194mm　1/32 |
| 字　　数 | 210千字 |
| 印　　张 | 9.75 |
| 版　　次 | 2019年10月第1版 |
| 印　　次 | 2023年2月第2次印刷 |
| 书　　号 | ISBN 978-7-5513-1722-1 |
| 定　　价 | 49.80元 |

----------------------------------------

版权所有　翻印必究
如有印装质量问题，可寄出版社印制部调换
联系电话：029-81206800
出版社地址：西安市曲江新区登高路1388号（邮编：710061）
营销中心电话：029-87277748　029-87217872

# 前　言

本书上篇"高中简明历史讲义"是根据笔者多年历史教学过程中复习所用的讲义稿整理而成。目前仍在使用的高中教材，是依据2003年《普通高中历史课程标准》的要求，按照必修和选修、模块加专题的方式设计的，每册书及其专题内容的指向都比较明确，但是也在一定程度上破坏了历史知识的整体性和时空特征，难免会影响到学生对所学知识的系统性掌握和全面、准确的理解。为此，笔者依据高考历史考纲中的主要考点知识，兼采部分学术研究的新成果和新观点，按照先古后今、先中后外的顺序，重新整合、编写为叙述连贯的十二个专题，并且尽可能采用质朴易懂的叙述方式，使之成为学生复习备考时的简明历史读本。

考虑到部分高中学生的个性化发展需求，每个专题内容后面提供有专业性较强的延伸阅读书籍名称，同时也单独附上一份笔者应学生要求而写的部分历史阅读经典的简介推荐词。

假如这些文字也能够给学生群体之外的读者们带来一份乐趣、一些思考，笔者将倍感荣幸！

# 序

  每一个生命个体都是历史长河中的一滴水、一粒沙，只存在于其中的一时一处，转瞬即逝，几乎微不足道，但正是它们造就了这长河的蜿蜒变化、高歌低吟，承载着人类的记忆与理想奔涌向前，留给我们无尽的想象、思考和永久的精神寄托。只有面对历史，才能真正认识我们自己。

  近三十年的教育生涯，在光影斑驳的历史变迁中必然不过是微不足道的一缕烟尘，但于我个人而言，则是枯灯下的伏案备课、史籍中的钩沉求索；是讲台上的激情讲解、课堂外的答疑解惑；是少长咸集的争鸣探讨，也是送教送培的匆忙脚步。一届又一届的学生从安康中学这所百年名校走了出去，一个又一个年轻教师在这片沃土上成长起来。所有的记忆都流淌着艰辛的汗水，也闪烁着理想的光芒，那个当年走出陕师大校门时只带着一箱书、一包行李的稚气青年，已经在山区学校的教育之路上走了许久，经历了风雨，见证了彩虹。虽然年至半百，但是我对史学和教学的好奇与兴趣却愈加强烈，多年来的所思所行、所得所感，往往因为无法得到真正的融通与升华，渐渐累积于装满各种"新任务"的意识空间中，越来越成为胸中块垒。思之再三，遂决定把近年来对中学历史和教学的一些思考、理解和实践经验合编成一本小书，作为给自己的一段总结和一次检视，给后来者的一份分享和激励。

　　本书包括上下篇两部分。上篇为《高中简明历史讲义》，共有十二个专题，按照古今中外的时空顺序重建了高中历史知识轮廓，适度补充了近年来史学研究的一些新思想、新成果，可供学生备考以及普通历史爱好者阅读。下篇为《高中历史教学研述》，共收录有我近年来公开发表的历史教育教学论文八篇，教育教学专题讲座与报告文稿四篇，历史随笔五篇等。毋庸讳言，作为一名普通中学历史教师，个人的眼界、学养十分有限，所写文字浅显零散，文理不免粗糙，错误自当不在少数，恳请读者见谅。

　　"志于道，据于德，依于仁，游于艺。"从游于历史，孜孜以治学，但求树人，无问西东，对于我而言，这应当也算是一种"孔颜之乐"吧。

魏新儒<br>
2019 年 3 月于安康中学

# 目 录

## 上篇　高中简明历史讲义

### 第一讲　中华文明的早期发展
　　——夏、商、周
　　第一节　中国早期文明的起源　/　3
　　第二节　夏、商、周三代的政治形态　/　5
　　第三节　三代的经济与文化特色　/　9

### 第二讲　从诸侯并立到帝制一统
　　——春秋战国与秦汉时期
　　第一节　春秋战国的纷乱与转型　/　13
　　第二节　秦汉王朝的大一统　/　20

### 第三讲　古代中国的成熟发展
　　——魏晋南北朝与隋、唐、宋、元
　　第一节　大分裂下的大融合　/　30
　　第二节　隋唐的创新与强盛　/　33
　　第三节　宋元的繁荣与成熟　/　37

第四讲　传统帝国的末世危机
　　　　——明清时期（1840年前）
　　第一节　明清时期的中国政治　/　45
　　第二节　传统经济的发展与困局　/　47
　　第三节　科技文化的总结与创新　/　49
　　第四节　近代前夜的对外关系　/　51

第五讲　近代前期的艰难探索
　　第一节　外患内忧与"器物之变"　/　54
　　第二节　民族危机与维新变法　/　61
　　第三节　清末民初的社会剧变　/　64

第六讲　新民主主义革命历程
　　第一节　"以俄为师"　/　72
　　第二节　国共十年对峙　/　75
　　第三节　中华民族的抗日战争　/　77
　　第四节　人民解放战争　/　80

第七讲　新中国的建设与外交
　　第一节　中华人民共和国成立初期的新面貌　/　84
　　第二节　曲折前进的二十年　/　88
　　第三节　改革开放的新时期　/　92

第八讲　古代西方的政治文明
　　第一节　古希腊民主政治　/　97

第二节 罗马人的法律 / 102

第三节 西方人文精神的起源 / 104

## 第九讲 欧美资本主义国家的崛起

第一节 新航路与殖民主义扩张 / 108

第二节 欧洲的思想解放运动 / 115

第三节 资产阶级革命与代议制度 / 123

## 第十讲 工业化时代的历史巨变

第一节 大工业的狂飙时代 / 132

第二节 代议制的多样化发展 / 136

第三节 工人运动与社会主义 / 140

第四节 世界市场的最终形成 / 143

## 第十一讲 两次世界大战

第一节 第一次世界大战 / 148

第二节 苏联的崛起 / 150

第三节 大萧条与大危机 / 155

第四节 第二次世界大战 / 159

## 第十二讲 "二战"后的国际政治与经济

第一节 战后国际政治格局的演变 / 163

第二节 经济改革与多样化的发展 / 171

第三节 世界经济的体系化与全球化 / 175

附：课外阅读十部经典书籍推荐 / 182

## 下篇　高中历史教学研述

**教学研究——历史课改的教学实践与思考**

高中历史课程改革的挑战与应对　/　193

新课程　新理念　新方法

　　——新课程教学总结与反思（一）　/　202

历史教学重在启发学生思维能力

　　——新课程教学总结与反思（二）　/　208

历史新课程高考备考策略　/　218

高中历史教学课堂设问有效性之我见　/　222

体悟学科特色，实现有效备考

　　——2018年历史高考新课标卷Ⅱ评析与复习

　　　建议　/　230

基于核心素养下的高中历史教学史料运用

　　　策略　/　233

高中历史课堂人文教育的探索与思考　/　237

**名师讲坛——名师工作室专题报告与讲座**

历史教学需要思想者和理想者

　　——在安康市"中史会"年会暨教学研讨会上的

　　　讲话　/　241

培养历史思维与意识，提升历史教学品位

　　——在安康市历史学科带头人工作坊的

　　　讲座　/　245

中学历史核心素养的教学意义释读
　　——安康市"名师大篷车"活动中的专题报告　/　257
新课改背景下实效教学的思考与建议　/　265

## 历史随笔——清末民初历史人物

慈禧太后的权与能　/　276

康有为的志与术　/　280

袁世凯的识与势　/　283

梁启超的变与守　/　287

胡适的中与西　/　293

后记　/　297

上篇

高中简明历史讲义

# 第一讲　中华文明的早期发展
## ——夏、商、周

所谓中华文明，就是指中国人所创造的物质文明、制度文明和精神文明的总和。中华文明历史悠久，距今已经超过四千年历史，具有极强的传承性，其累积深厚，但渐近渐变。想要一窥其中堂奥，则须从三代起始。

## 第一节　中国早期文明的起源

任何民族的繁衍生息都有其具体的生存空间。作为世界上最古老的文明之一，华夏文明兴起于亚洲大陆东部的土地上，东西南北跨度宽广，自然环境错落多样，其早期的源头是多点分布的，主要有黄河文明、长江文明和北方草原文明。在漫长的历史发展过程中，这些相近地域的文明不断交流、融合与进化，从而形成了源远流长、多元一体的中华文明。

世界各地区历史的早期文明多为采集文明，中国远古亦是如此。在采集文明之下，我们猜想女性占据了一定的主导地位，这既是生产力水平低下所导致的社会关系状况，也是由于混乱的配偶方式影响了人们对近亲的判断，从而形成了"神农之世，民知其母，不知其父"的关于母系氏族社会的形象描述。

农耕文明的出现是巨大的历史进步。农业产生了不会迁移的庄稼和稳定的饲养业，提供了稳定的食物来源，也催生了相对固定的住所。伴随原始农业的发展与部族之间的战争冲突，社会经济在进步，男性的地位也在其中逐渐得以提升，父系氏族社会开始了。在传说时代的人物中，主要角色基本上都已经是男性了，关于黄帝和炎帝的传说故事，从侧面反映了部族战争、部落联盟关系，以及原始农业、手工业，乃至文字符号的出现。

私有制的出现，是文明发展的重要表现，而其先决条件则是生产力的进步。私有制和统治权力的出现，则是人类进入文明必须付出的代价。恩格斯认为，私有制是家庭出现的基本条件，而家庭则是构成社会关系的基本单位。从这个意义上讲，人类社会的基本形态某种程度上就是无数家庭的共存，只要有家庭，私有制就无法被真正消灭。

公权力的私有化必然使原始的平等的社会发生分裂。拥有更多财富、更高声望的人，特别是部落首领和他们的亲信，成为最早的统治阶级，即贵族。他们建立起统治的中心即"城"，用以巩固部族势力即捍卫贵族们的安全，对抗来自内部的反抗或外来异族的入侵。"城"是最早的国家机器堡垒，承担着重要的军事、政治任务。

这种统治权力，永远地破坏了氏族制度下单纯平等的原始共产主义。

文明产生的标志中，文字、城、制度、金属最为主要。中国的早期文明相对集中在黄河中下游地区和长江流域部分地区，呈现出多区域特征。

传说时代的五帝都是部落联盟的首领，夏、商的王一定意义上也为部落联盟的首领。中国在此时期无现代意义上的国家。部落联盟首领的位子据说是以"禅让"的方式，即一种原始的部落民主推选制，传承给贤能的人，尧传舜，舜传禹。以舜为例，传说他最大的优点就是特别孝顺，得到首领之位后广施仁义，得到人民的广泛认可。这些叙述特别多地出现在后世儒家的各种著述中，某种程度上反映了儒家的价值观念和政治理想主义的特征，成为孔孟论政几乎是不二的历史依据。

## 第二节　夏、商、周三代的政治形态

夏、商、西周严格来讲都不是后来真正意义上的国家，而是一种部落制基础上的万邦联盟。这些早期的政权不能被简单地排成一个纵向替代顺序，因为这些部落势力实际上是长期并存、此起彼伏的，它们在不同时期内分别呈现出不同的特色，先后占据了主导地位，其中西周的统治更加成熟有序。

### 一、夏朝王政，家族传承

关于夏朝的历史，我们缺乏非常有力的实物史料支撑，所以无法充分证实它的存在。但是，《史记》中关于夏朝诸王的叙述，以及历代史学家所进行的推演，仍然给了我们一段比较合乎社会发展规律的历史叙述，即大约从公元前21世纪开始，早期中国进入了家族王权的统治时代，阶级关系和国家雏形显现。这个相对领先的地区应该就在黄河中下游一带，山西、河南接壤之处。

夏朝确立的同时，推贤让位的"禅让制"被父死子继（也有兄终弟及）的世袭制度所替代。公权力的最高统治权在一家一姓中传承，"家天下"时代开始，王位世袭制确立。这个传统，一直到公元1912年宣统帝退位方告结束。

夏朝的王中间曾被废过两次，后羿即是篡位称王的代表。他是有穷氏的后代，"后"也是部落首领之意。夏朝的王，有被废了的、被夺了权的、被流放的……这些历史虽然并不完全可信，但是起码它们说明了一个事实，即那时的王权并不稳固。

### 二、殷商文明，巫政合一

商朝的历史则是比较清晰的，通过考古所得到的地下文物，尤其是"殷墟"出土的大量刻有文字的甲骨和青铜器，有力地证实了《尚书》《史记》等典籍的记载，大约公元前1500年开始的殷商文明的发展成就赫然呈现。商王朝推行一种"内外服"制度，即商部落控制中心区域，通过征伐、联盟等方式，要求周边其他部落政权对之俯首。

殷商好鬼神。商王主要通过占卜、祭祀的方式，与自己的祖先以及其他神灵对话，从而得到"天命"的各种提示，来处理国家大事。显然，商王通过这种方式，成为"上帝"的信息传达者和民众利益的代言人，神权和王权得以紧密结合。

按照传统儒家价值原则的讲法，夏商王朝最后的统治者无一例外都是暴君，也都分别招致商汤和周武的正义讨伐，最终亡国。

### 三、西周制度，宗法分封

"夏商周断代工程"确认武王伐纣和西周建立的时间为公元前1046年。结合《诗经》《史记》等，我们基本能够确定的是，来自渭水流域主营农业的周部落，以低调建设、包容开放的姿态强大起来，最终通过联合其他部落共同讨伐的方式结束了殷商政权，并定都于镐京，史称西周。

周王室开创了不同于殷商的政治风格。他们积极总结和秉承先辈的治理经验，强调勤勉谨慎和团结友善，宣扬"以德配命"的观念，将天命与德治结合在一起，这在政治文化方面是巨大的进步。从商周交替的汤武革命阶段，在《礼记》《尚书》中，已经可以看到早期神话传说中朴素的"受命于天"发展为"以德配天"的宗教和政治理论：一方面统治者的权力来自上天；另一方面天命并不固定于统治者，而是会依据其统治的德行变化。这样一来，不可测知的天命转化为可知可求的人事，促使人们从日常的生活和政治安排中去理解天命，并自觉地接受伦理、道德和规则的约束，从而实现了政治和法律最初的理性化。

周王室实行的分封制（封建制），主要是把王室成员和亲信分封于各处实行统治（分封则十之六七为王族），也部分承认和保留了其他归顺的部落贵族的区域统治权。分封的诸侯对封地拥有世袭治权，对周王（天子）则必须履行朝觐述职、带兵从战等义务。周初列爵分土，表明政由己出，"天下归周"。

西周的宗法制有三大原则——嫡长子继承制、宗庙祭祀制、同姓不婚制，都反映出周文化的重要特征：政治制度、社会关系、价值观念总是以宗族的团结与内在认同为核心。因此，宗法制才是"根"，分封制和礼乐制都是它在国家政治体制和社会生活规范中的"枝"，宗法制和分封制互为表里。以族法治国，以国政待家的家国同构的政治结构，大小宗族、上下等级主从关系分明的双轴体制，是周代最大的制度革新，也对后世中国产生了极为深远的影响，譬如"家有严君者，父母之谓也""夫君者，民众父母也"，无一不体现出宗法观念对传统中国政治文化的深刻作用。

宗法分封制使周的制度文化得以在各地普遍推行，周的血脉分支得以在各处扩展，有利于周王朝统治秩序的稳定。由于分封的诸侯们拥有世袭统治权力，中央（王室）就不可能实现真正的集权。但通过血缘关系和分封手段，地方与中央的联系却显现出"天下一家"的局式，这为中国走向统一和实行中央集权治提供了某种意义上的条件。同时，分封制推动了周文化的拓展与民族融合，以黄河中下游为中心的中原文明，随着诸侯的对外征服而向外扩展，促成了早期的民族融合，而民族融合正是中国古代文明发展的重要方式。

最初姓氏只有贵族拥有，平民无姓氏。官职（如"司马"）、职业（如"商"）、身份（如"公孙"）、封国（如"宋"）、居所（如"东方"）、地名、先人谥号等均可做姓，姓下又分出氏，正是贵族分封及家庭内部文化不断扩大所致。

另外，西周政治还有一个很有特色的内容，就是礼乐制度，一般认为是周公所创。礼是制定亲疏关系、区分内外，乐是既有区分又要和同，总体上既要划分出等级、亲疏，又要各安其序、融洽和谐。它通过规范贵族们的公共礼仪与生活规制，保证了社会秩序的稳定。

总结夏、商、西周政治上的基本特征有三：一是建立在血缘基础上的国家政治体制；二是王权和神权的密切结合；三是最高统治集团尚未实现权力的高度集中。

所谓"周分封，八百载"，其实并非如此。西周王朝中后期的统治日趋没落。周厉王共和元年（公元前841年），发生

"国人暴动",对周王室造成沉重打击。周幽王"烽火戏诸侯"的后果则是公元前771年犬戎部落攻破镐京,西周灭亡。

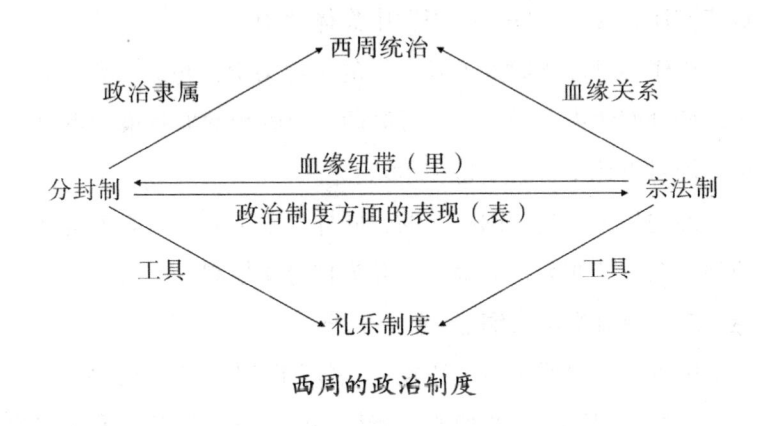

西周的政治制度

## 第三节 三代的经济与文化特色

### 一、早期农业与经济制度

农业是古代中国文明的根基所在。半坡氏族与河姆渡氏族的考古发现表明,中国原始农业起源早、分布广,农作物呈现"南稻北粟"的格局,其基本的生产方式为刀耕火种。商周时期,大量采用石器锄耕(使用耒耜、石锄、石犁等),组织集体耕作,使农业得到较快发展。国家对农业的重视,在商代甲骨文和西周青铜铭文中可见端倪。

一般认为,西周的土地制度为井田制,是一种奴隶社会的土地国有制。土地以周王的名义而国有——"普天之下,莫非王土"。土地的所有权和使用权在分封体制下层层分离,也就没有税制可言。据孟子说,"方里而井,井九百亩,其中为公田。八家皆私百亩,同养公田。公事毕,然后敢治私事"。将土地分为九块给平民，平民拥有私田为自己所用，但要为贵族尽义务耕种，这是力役。平民和奴隶是农业生产的从事者，在贵族们所直接占有的"公田"中集体劳动。

由于春秋战国时期不断发展的土地买卖，井田制遭到了破坏。商鞅变法中"废井田，开阡陌"反映出政府政策的重要变化，即对土地私有的支持和承认。

商周的土地是"国有"的，同样，手工业、商业也由国家控制。工、商业为官府服务，并为官府所控制。

### 二、甲骨文与青铜器

甲骨文即殷墟文字，因镌刻、书写于龟甲与兽骨上而得名，是汉字的早期形式。商朝普遍流行卜筮文化，就像今天的看黄道吉日。甲骨文中有大量记载关于王族和国家事务的占卜记录，也包含丰富的社会生活内容。甲骨文是比较成熟的文字，它的发现表明，中国的商代以及中国文明发展的悠久历史，已经有了明确的文字佐证。

青铜器在商周的政治和文化生活中有着独特的地位，其主要用途有两个：一为礼器，多用于祭祀，往往有铭文或称金文，即刻写在礼器上的文字；一为兵器，战争所用。《左传》中讲"国之大事，在祀与戎"。青铜器的历史考察价值有两层：一是对研究商周的青铜技术和工艺以及了解当时的审美观念具有重要意义；二是对研究商周的政治文化具有重要意义。

延伸阅读：

晁福林：《夏商西周社会史》，北京师范大学出版社

夏鼐：《中国文明的起源》，中华书局

李学勤：《中国古代文明与国家的起源》，中国社会科学出版社

张光直：《中国青铜时代》，生活·读书·新知三联书店

李泽厚：《美的历程》，生活·读书·新知三联书店

# 第二讲　从诸侯并立到帝制一统
## ——春秋战国与秦汉时期

公元前770年，平王东迁至洛邑，是为东周，其间先后经历春秋与战国两个时期，是古代中国从邦国时代走向帝国一统时代的转型发生阶段，到秦汉时期这种转型彻底完成。争霸兼并的战争、动荡中的政治改革、经济发展、文化活跃是春秋战国时期的基本特征。

公元前221年，秦灭六国完成统一，并建立了中国历史上第一个大一统的政权，一个中央集权的统一多民族国家。尽管到公元前207年秦朝就灭亡了，但是它所开创的多元一体的古代中国政治格局，以及相应的国家政治、经济制度，对于中国产生了十分深刻和悠久的影响。

从公元前202年到公元220年，中国先后经历西汉（都长安）和东汉（都洛阳）。"汉承秦制"，两汉不仅进一步巩固和强化了秦朝的集权体制，并且在社会经济、科技文化、疆域拓展及对外交往中取得了巨大突破。传统中国的发展方向与基本状态由此定型。

## 第一节　春秋战国的纷乱与转型

### 一、政治动荡，社会变革

"春秋"的概念来自孔子所修的《春秋》一书。一般意义主要指公元前770年平王东迁，到公元前476年战国前夕的历史。该阶段周王室走向衰微，逐渐失去对诸侯的控制，而诸侯争霸，战乱迭起，伴随出现大夫争权、国人争利、百家争鸣诸多现象。

"弑君三十六，亡国五十二，诸侯奔走不得保其社稷者不可胜数"（《史记·太史公自序》），春秋时期的"礼崩乐坏"，实质上反映了宗法分封制的衰败。一种情况是国被攻破而亡，一种情况是国君被臣下所篡，既有其他国家的军事进攻，又有内部宫廷政变。周王室的衰弱无力，导致诸侯大国先后称霸（春秋五霸）。楚王进逼中原继而问鼎一事，清楚说明了传统秩序已经摇摇欲坠。鼎，国之重器也，是天子权威的象征，诸侯之问，威胁取代之意就十分明显了。总之，这是一个动荡变革、风雨飘摇的年代，历史的车轮无情地碾轧着旧体制，向前滚滚而去。

"战国"一名得自《战国策》。从大约公元前476年到公元前221年秦灭六国之间，各诸侯国长期兼并，混战不休，原有的大小诸侯国，后来经过分化或者合并，主要剩下齐、楚、燕、韩、赵、魏、秦七国，史称战国七雄。其中，原来的晋国被三家大夫分为韩、赵、魏，统治齐国的姜子牙后裔被田氏家族所替代。"礼乐征伐自诸侯出"之后，出现了"礼乐征伐自大夫出"的局面。

战国是古代中国由封建邦国走向中央集权的主要过渡阶段。以秦国最为典型，逐渐用郡（县）制取代分封制，郡（县）长官由君主任免，对君主负责，开始建立中国历史上取代贵族领主的最早职业官僚制度，也随之形成了区域性的君主专制体制。秦国的崛起，既为灭亡六国、统一中国做好了准备，也为中国从邦国时代走向帝国时代开辟了道路。

以商鞅变法为例，可以比较清晰地认识战国时代的若干特征。

商鞅，卫国人，战国时期的游士，秦国的客卿。他作为一个外国人能主政秦国，真实反映了新的现象——战国时"国无定主，士无节操"，传统贵族之外的技术型官僚出现。

商鞅变法的主要内容包括：政治上，废分封推郡县，废世爵制，行军功授爵制；经济上，废井田开阡陌，"民得买卖"（反映土地所有制变迁），重农抑商，奖励耕织；文化上，"燔诗书而明法令"（典型的法家治国，文化专制）。其他还有重刑罚，行连坐制等。

秦国成为七国当中破除封建体制最为彻底的国家。国君权威加重的同时，贵族力量不断削弱，职业官僚队伍不断壮大。秦始皇在后来所做的，无非是对这一历史惯性的继承和发扬光大而已。

## 二、农工商业，发展转型

春秋战国时期发生了古代中国历史上唯一一次真正意义上的农业革命。

铁农具和牛耕的出现带来了一系列变化。先是"国有"的井田制遭到破坏，诸侯国通过税制改革或宣布土地合法买卖的方式，承认了土地私有；紧接着产生了小土地私有制基础上的自耕农和地主土地私有制基础上的租佃关系。但不管怎样，它们采用了小农户个体经营的方式，传统小农经济确立起来。最后，小土地的个体经营和生产工具与技术的进步，也催生了古代中国农业精耕细作的深化发展。中国农耕文明的繁荣发展正是建立在这一家一户、一锄一镰及其背后无数分散生息又高度相似的民众之上。

春秋战国是一个民力解放、相对自由的年代，表现在经济领域的还有私营工商业的活跃和商业中心的崛起。

相比商周"工商食官"的单一结构，春秋战国时期民间私营手工业开始出现，独立的商人阶层也开始崛起，他们中间有的不仅富甲一方，还积极参与国家政治，范蠡、吕不韦就是其中的突出代表。

生产发展、物产交流的结果，就是中原市场的逐步形成。当然，其主要商品多半还是来自四方的土特产，各国的国都如齐国临淄、赵国邯郸，乃至楚国的郢，因为人口众多，聚集和交通相对便利，成为各地的商业中心。除原有的政治、军事功能外，城市的经济功能日益凸显出来。

不过，战国时期因兼并战争对物资和兵源的需要，以及集权体制的不断成长，重农抑商政策在法家主导的诸侯国越来越得到重视。商鞅被视为该政策的鼻祖。

三、百家争鸣，"风""骚"并举

先秦诸子学说与百家争鸣不仅是中国传统文化的渊源，也以其光焰万丈的哲思和想象载入人类文明的史册。雅斯贝尔斯所谓东西文明轴心时代一说，正是对先秦文化的高度肯定。

春秋战国时期，社会的动荡与激烈变革，使原有的贵族体制与等级格局被打破，处于最下层的贵族——士，变得空前活跃。他们既有具体事务的管理经验和技能，又有良好的文化修养。他们游走列国，招揽门徒，从万物之道到治国之策各个方面宣扬自己的见解。孔子是其中最伟大的代表。

孔子是一个理想主义者。面对"礼崩乐坏"的现实，他宣扬以"仁"和"礼"为中心形成人们的道德自觉，从而调节、和谐人际关系与社会秩序。他主张当权者用"德治"而非暴政对待民众，希望通过继承传统和适度改良，恢复西周时期的礼乐文明。他的仁爱之说从伦理而起，由己推人，强调"尊尊""亲亲"。在这里，"仁"是"礼"的实质内核，而"礼"则是"仁"的外在特征。后世以孔子为儒家学派的创立者，他的言论被记录在《论语》一书中。

孔子是了不起的教育家。他主张"有教无类"，创立私学，教授六艺（礼、乐、射、御、书、数），打破了贵族对教育的垄断。他的很多教育观念如"因材施教""学而时习之"等，在今天仍然是教育教学的重要原则。需要说明的是，孔子对教育的重视和身体力行，也反映出儒家一个重要的理念，即把教育视为一种改造社会、治国安邦的政治作为。

孔子是早期中华文明的传承者。他推崇尧、舜、禹、汤、文王、周公，以绝大勇气自觉担当了文化传承的重任。"天之将丧斯文也，后死者不得与于斯文也。天之未丧斯文也，匡人其如予何？"他在晚年发愤整理夏、商和西周时期的文化古籍，编订了"六经"——《诗》《书》《礼》《易》《乐》《春秋》。"天不生仲尼，万古如长夜"，这是对他最大的赞誉。

同样生活在春秋晚期的老子，则是道家学派的创始人。他提出有一个先于万物的、自在永在而且无所不在的可以被称为"道"的概念，并且构建了以"道"为中心的古代自然哲学，认为万物仅仅是由于"道"的发动而得以滋生演变，而"道"的运行既没有感情，也没有意志，总是自然而然处于永不停止的变化中。

老子主张"人法地，地法天，天法道，道法自然"，认为人道最终应该合于天道，遵循自然。由此得知，他认为治国者应该"无为"，人们应该生活在"鸡犬之声相闻，民至老死不相往来""小国寡民"的状态中。相比较孔子面对现实、发愤有为的态度，老子的社会主张和人生观念显得更为"消极保守"，但又充满了辩证的智慧。据说《道德经》五千言就是他所留下的。

儒、道两种学说深刻地影响了中国人的思维，以至于有人说中国人的文化精神的精髓在于：成功的道路上尽是儒家语言，勇猛精进，自强不息；失败的归途中则都是道家观点，即看淡功名富贵，只求健康安然。某种程度上，这表明了中国传统文化很早就显现出强烈的现实主义理性态度。

战国时期，各诸侯国在兼并争夺、谋求富强中，对治国思想与人才的需求比之过去更甚，同时，由于宗法封建体制的破坏，建立在血缘关系基础上的世袭官制走向崩溃，身处贵族最低阶层的士空前活跃起来，因而出现了前所未有的思想繁荣、百家争鸣的局面，其中最具影响力的是儒、道、墨、法四家。

这些激烈的讨论和争鸣主要围绕四个方面展开：天人关系、人性善恶、王霸之道、义利之辨。

战国时期儒家的代表人物当推孟子和荀子，他们都继承并弘扬孔子"仁爱""德治""王道"的思想，但是由于对人性善恶的不同判断，他们的观点又各具自己的特色。孟子认为人性本善，礼义廉耻尽在本身，行仁政即可得民心，即可不战而胜于天下，统治者应该以民为本；而荀子认为人性本恶，因此必须认真学习和领悟"礼"的精要，必要时接受"法"的管理约束，宣扬礼法并用。在天人关系上，孟子所说的"天"是神秘的至高意志，唯心主义色彩鲜明；荀子所说的"天"则往往是自然主义的客观存在，具有一定的唯物主义的性质。

　　庄子继承老子的道家思想，主张"天人合一"和"清净无为"，反对儒家的功利主义，宣称"绝圣弃智，大盗乃止；摘珠毁玉，小盗不起"，追求自然而然的精神自由。代表作《庄子》，其中名篇有《逍遥游》《齐物论》等。他在《齐物论》中，用一个类似"万物之间你中有我，我中有你，其实大家都是一体"的强大观点，"消灭"了所有的分歧与矛盾，心安理得地把自己置于一种无知无欲、与宇宙共存永生的理想状态。

　　墨家创始人墨子，主要主张为"兼爱""非攻""尚贤""节用"。与儒家仁爱有序的立场不同，墨家宣扬不分内外先后的"大爱"情怀，"视人之国若视其国，视人之家若视其家，视人之身若视其身"，反对战争，希望国家打破等级制度，起用贤能之士。最可贵的是，墨家对自然科学和逻辑学有着浓厚的兴趣，这在古代中国是弥足珍贵的。孟子说"天下之言，不归杨（道家）则归墨"，反映出墨家思想曾经的辉煌。但这种理想主义的学说，以及墨家苦行僧似的生活方式，在阶级分化和以战获利的时代必然要逐渐走向没落。

韩非子，战国时期法家思想的集大成者。他坚持发展的历史观，主张统治者与时俱进地大胆进行变革。他认为君主应该实现高度集权，而手段无外乎三个。其一曰"法"，即以令行禁止的姿态，推行重赏重罚的措施，用"法治"击溃贵族特权，使所有臣民争先恐后地为国（君）效力；其二曰"术"，主张君主应该在实行统治的过程中，无所不用地采取各种手段来控制、驾驭臣下；其三曰"势"，指君主应该树立至尊威严，以巩固统治地位。总之，要通过各种方法打击、消灭所有敌对的、消极的社会力量，建立以君主为绝对核心的中央集权体制。正是因为这样，韩非子得到秦王嬴政的赏识，以至于他感慨地说"寡人得见此人与之游，死不恨矣"。韩非子的学说，才真正是中国千百年专制政治的宝典。

春秋战国是中国文化观念的原创时期。诸子学说、百家争鸣，开创了一个群星闪烁、流派纷呈的文化辉煌时代，奠定了中国传统文化体系的基础，成为我们民族最伟大的精神财富。

另外，先秦也是古代中国文学发展的奠基时期。《诗经》是最早的诗歌总集，收录了从西周至春秋中叶反映社会生活的三百余篇诗歌（分风、雅、颂三大类），它奠定了中国古代现实主义文学的基础；而屈原所创的楚辞风格的作品如《离骚》，则成为中国古代浪漫主义文学的源头。先秦诸子散文大多是哲理散文，诸子不同的风格、各自的说理以及独特的文体结构，对后世文学产生了极其深远的影响，成为传统文化的一颗璀璨明珠。

## 第二节　秦汉王朝的大一统

### 一、秦灭六国开启一统

所谓"一统"是就帝制国家的综合形态而言的，指包括政治、经济、文化、思想等诸多领域在内的，高度集权、统一管控的一系列国家管理体制。这个现象从诸侯争霸、战争不断的春秋战国时期开始逐渐酝酿出现——商鞅变法后的秦国是其中的佼佼者，到秦朝时得以在中国确立，在汉代尤其是西汉时形成比较完整的体系，前后经历了六七百年的发展历史，有着比较清晰的演变线路和逻辑关系。

公元前221年，秦王嬴政通过远交近攻的策略，先后灭掉东方六国，从而完成了统一大业。

秦始皇创建起一系列制度：皇帝制、三公九卿制、郡县制等，形成了以皇权为国家政权的至高核心，以中央垂直管理地方为帝国政治基础，以各级官僚为制度运作的行政范式的一套全新体制。在完全废除分封制度的同时，官僚从中央到地方全部交付中央（皇帝）任命，不再由世袭封土的官僚们来代理行政。事实上，秦以下诸朝代虽仍然封爵建藩，但主要是"虚封"，而并非"实封"，受封贵胄"赐土而不临民"，"临民"（对民众实施行政管理）的是朝廷任命的流官。自此，中央集权制度在中国完全确立起来。

从根本上看，这一切正是完成统一、巩固统一的历史性必然选择，于是后续跟进的举措相继而出。

秦朝在经济领域统一货币为秦半两，并在全国统一度量衡。其经济意义固然在于便利商品经济发展与区域间物产的交流交换，而其政治目的则在于以经济手段强化集权和统一。

秦朝废除了六国文字，推行"书同文"，规定小篆作为统一的官方文字，客观上有利于形成以汉族为主体的中华文化，主观上则与焚书坑儒有相似目的，即加强政令统一，强化思想控制。

军事方面先后有南征百越，北退匈奴，修筑长城。秦朝的疆域至此基本定型，拓展到今天的南海，长城工事则成为中国古代自然的农牧文明的分界线。在长城保护下，中原农耕文明得以稳定持续发展，而王朝自身的安全，以及对中原的控制也都得到加强。

秦朝还通过大范围修驰道的举措，促成了发达的中央与地方联系的交通网络。网络的形成，对于中央集权体制和国家统一格局的巩固作用显而易见。

专制主义中央集权，是古代中国国家权力的制度性结构与运行机制。其中，专制主义主要是依据皇权所做出的国家大政的独裁决策，多体现在中枢决策机构的建设演变，如中外朝制（内朝决策外朝执行）、三省六部制（三省参与决策）、内阁（顾问机构）、军机处（主要是传达皇帝旨意）等。其中的常见矛盾是君权与相权的冲突，以及专制皇权带来的外戚干政、宦官乱政等问题。

秦汉最高统治者有代表全体祭天的传统，神权实际上继续发挥作用，但形式上愈加隐蔽。

中央集权指中央对地方的绝对控制。好处是有利于国家的统一稳定，有利于国家大规模建设和抵御外侵，但带来的问题则是地方被控制过严，会丧失创造性和机动性，导致行政效率低下，所以寻机谋求发展实力和扩大独立性往往为地方所向往，最终的两难在于，地方自主性太强，中央政令难以执行甚至受到威胁，而地方太弱则无法给中央集权提供必要的支持力量，结构性矛盾导致了中央和地方的长期争权。

秦朝的政治转型总结起来主要为三点：废除分封制实行郡县制；最高统治者从天下共主（部落联盟首领）到皇帝制度（皇权至上）；官制从世袭制到任命制。具体说，地方区划由分封（封建）邦国到郡县制；政权结构由贵族、地方分权到皇帝、中央集权。官僚政治取代了贵族政治，其经济来源由采邑制到俸禄制。中国政治实现了由血缘政治向地缘政治的深刻转变。

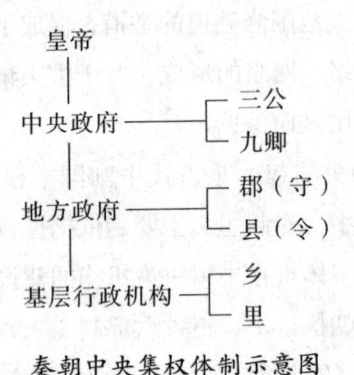

```
皇帝
 │
中央政府 ──┬─ 三公
         └─ 九卿
 │
地方政府 ──┬─ 郡（守）
         └─ 县（令）
 │
基层行政机构 ──┬─ 乡
            └─ 里
```

秦朝中央集权体制示意图

## 二、汉承秦制渐进完善

秦末发生农民起义，随后六国贵族加入反秦，以及以刘邦为代表的布衣们结兵而动，这些反映出帝制时代初期，社会新矛盾和新现象陆续显现。民众对严苛法治的不满，旧贵族势力的复辟，以及新旧交替时代平民力量的崛起，构成相互交织的复杂局面。

汉朝分为西汉（前202年—9年）与东汉（25年—220年）两个历史时期，合称两汉。西汉为汉高帝刘邦所建立，都城长安；东汉为汉光武帝刘秀所建立，都城洛阳。其间有王莽短暂自立的新朝。两汉王朝最强盛时期当数"汉武盛世"。

经历了秦末战乱和楚汉战争的破坏，西汉初年的统治者不得不小心翼翼：在继承秦朝大部分制度的同时，逐渐废除秦的种种酷刑以安定人心；在地方上实行郡县制与分封制并行的郡国制度，以求巩固刘汉王室的地位；皇帝和宰相接受"无为而治""垂衣裳而治天下"的理论，推行休养生息政策。

"文景之治"后国力逐渐壮大，更多的矛盾凸显出来：匈奴的威胁依然严重；王室外戚越来越多地干预朝政；中央虽然在"七国之乱"中打击了反叛势力，但是那些拥有合法武装、地方官吏任命权甚至是铸币权的诸侯王国，仍然是朝廷的心腹大患；富豪们兼并土地"田连阡陌"等，使西汉王朝不得不在加强中央集权方面走得更远。以汉武帝的应对措施为例，我们可以观察思考大一统的集权体制是如何不断走向成熟的。

一是内外朝制度。重用亲信近臣成为掌握决策权的"中朝"（内朝），把以宰相为领袖的三公九卿等中央官僚机构变成执行（行政）机构，从而加强皇帝的决策控制权。二是实行推恩令。允许诸侯王在封国内不断进行二次分封乃至后续多次分封，王国势力最终走向衰败。同时，汉武帝还实行"坐酎金"：诸侯国必须进贡定量的黄金，凡进贡的成色不够，通通降级，以此为借口，打击诸侯。三是创建刺史制度。把全国分为十三个监察区（"州"），由中央派出刺史监察地方诸侯王和高官，并了解汇报各地的富商豪强情况，以此强化对地方的控制。四是推行察举制。命令郡国官府察访贤能，举荐人才充实官员队伍。五是控制西域和郡县西南。先后派遣卫青、霍去病组织大军征讨匈奴，在西域设立机构，并开始在云贵地区设立郡县或封赏名号，巩固安定了边疆。六是兴办太学，表彰六经。罢黜百家、独尊儒术，兴建中央官学，大力弘扬儒家文化观念，构建以儒家伦理道德为中心的统一的意识形态，服务于政治上的"大一统"。

纵观历史可以认识到，借鉴大一统初期的秦朝的经验教训，汉代的统治者在中央中枢机构、地方行政制度、官僚培养和监察机制等方面有了更加成熟的举措，专制主义中央集权和封建大一统体制在中国完全成型了。

同时也必须认识到，由于专制体制固有的结构性缺陷，两汉的许多问题始终无法解决。一是专制皇权下的外戚与宦官问题。西汉亡于外戚篡位（王莽），东汉乱于外戚和宦官之争。二是中央和地方的关系。中央强大时，刺史是以小驭大的监察工具和朝廷爪牙，而中央衰弱时，刺史就逐渐转变成地方最高军政长官，甚至和地方豪强力量合流成为新的割据势力。汉末情势就是这样，《三国演义》比较形象地叙述了当时的状况。地方的行政效率与地方势力坐大成了封建王朝始终无法解决的问题，割据的矛盾始终存在。三是察举制度虽然比过去的"世爵世禄"有进步，但是以官取士的选举方式仍然有相对封闭性。况且选拔标准虽然注重"德才"，但实际上主要依据士人的品德操守"记录"，这也导致弄虚作假现象和道德虚化伪证的问题。到东汉时，选举权基本被世家大族控制，如袁绍所谓"吾家四世三公"就是这样。

秦汉时期中国即经历了数次"一治一乱"的历史循环，而这种循环在中国古代历史中被重演许多次。新生的国家政权总是先经历了前朝末年的战争，军事竞争和征服，推翻了原有的政权实体，而新生的政权则在沿袭旧政权制度的同时，又会依据现实政治的实际情况，继承并修补旧制度，使之有更强的适应性和更厚实的统治基础。

### 三、儒家思想成为正统

"焚书坑儒"事件的发生不能简单地归因于秦始皇，更主要是因为秦朝所面临的政治现实，即六国初灭，人心不定，国家统一和政权稳定都面临压力。另外，历史原因也不可忽视，商鞅变法的内容就有"燔诗书明法令"的先例，所以秦朝的治国思想是以法家理论为指导的，先有"以法为教，以吏为师"，后有"焚书坑儒"的思想文化高压手段，本身就是对秦国传统的继承。这种以政权暴力干预破坏思想文化的行径固然有其事出必然的理由，但毕竟开启了文化专制的局面，自由争鸣开始走向思想专制，因此多被后人批判。

鉴于秦"暴政而亡"的教训和立国初期的国力困境，西汉统治者最初推崇道家黄老之术，宣扬无为而治。文景以后的国力壮大和现实需要，使得国家治理思想发生了重大变化。

汉武帝时，董仲舒立足公羊派《春秋》改造了先秦儒学，把法家、道家、阴阳五行学说等杂糅进来，使儒学逐渐开始适应专制集权统治的需要。其主要内容为宣扬"天人感应"，把人的本性和现实政治都与神秘主义的人格化的"天"联系在一起，并由此得出诸多结论：人性的"善"需要"圣王"引导，君主担此天命之大任，因而地位神圣——君权神授；"天"对于君主统治是否仁德合理，会通过各种异兆予以提醒告诫，君主无道时就会出现灾异进行谴责和警告，政通人和时就会天降祥瑞；"三纲""五常"的伦理合乎"天道"，毋庸置疑；等等。特别提出"诸不在'六艺'之科、孔子之术者，皆绝其通，勿使并进"的要求。

汉武帝接受了董仲舒的建议，下令兴办太学和地方郡国学校，表彰六经和重用儒生，儒学的正统地位由此确立。后世虽然经历冲击，但是直到近代新文化运动前，其统治地位从未在根本上发生过动摇。张岱年先生在《中国文化概论》中评价道："守旧而维新，复古而开明，这样一种二重性的立场，使得儒家学说能够在维护礼教伦常的前提下，一手伸向过去，一手指向未来，在正在消逝的贵族分封制宗法社会和方兴的大一统国家之间架起了桥梁。"

虽然如此，正如此后汉宣帝训斥太子所言："汉家自有制度，本以霸王道杂之，奈何纯任德教，用周政乎？"外儒内法，是古代帝王真正的治国之术。在这里，儒学从理性走向迷信，从"人道"走向"天道"，从由"民本"走向"君本"，成为国家的意识形态，形成了与帝制的共谋：它为专制统治提供理论和解释，帝制政权则为它提供了思想领域的"至尊"的地位。

**四、秦汉经济与对外贸易**

秦朝经济的律法比较严格。统一货币和度量衡，设置市场官吏。由于政权存在时间较为短暂，直接作用并不明显。

两汉时期，农业技术有长足进步，铁犁牛耕逐渐普及，东北地区、河西走廊得到开发。关中地区农业呈现出较高水平，代田法的使用，白渠的建成，"井渠"技术的出现，等等，提高了农田的使用效率。相较而言，当时的江南地区地广人稀，尚未开发。汉代通过编户制度对农民实行严格的人身控制，从而保证了政府对赋税、劳役以及兵役的需求。但严重的土地兼并，豪强地主对庄园大量土地和劳动力的占有，一直是两汉政府面临的头痛问题之一。西汉末年出现的新莽王朝的"王田制"改革，以及东汉末年的黄巾起义，无一不与此有密切关系。

商周时期丝织业就在中国出现了，两汉时政府通过在重要城市设立"工官工场"，开始大量生产丝绸。同时，除了制造精美的漆器和陶器，从东汉开始制造出了瓷器，这给古代中国手工业发展带来新的前景。在农业、手工业发展的基础上，两汉商业走向兴盛。《史记·货殖列传》描述说"天下熙熙皆为利来，天下攘攘皆为利往""富商大贾周流天下"，可见商业和商人的活跃。

汉代政府推行"重农抑商"的政策。其中"抑商"实际上只是打击私商而已，对于官商则大力支持——盐铁官营专卖，就是一种典型的国家主义经济政策。公元前81年，西汉帝国朝堂上曾经发生了一场长达五个月的经济政策辩论会，时任御史大夫的桑弘羊与多位贤良文学就武帝时期的盐铁专营等经济政策展开争论，针对贤良文学对"国营化经济"的种种责难，桑弘羊以三问反击：如果不如此，战争开支从哪里出？国家财政收入从哪里得？地方割据现象如何化解？

官营工商业政策中，除了盐铁官营外，还有均输平准、算缗告缗、酒榷等统制经济的政策，在西汉中期均得以确立，为后世奠定了中央集权制度下经济治理的基本模型。

两汉的统一强盛及帝国体制早期的开疆拓土的进取精神，推动了对外交往的发展。铁器、纸张、丝织品不断销往朝鲜半岛，与日本的官方交往开始。而更有深远影响的就是丝绸之路的开通。

汉武帝时为了对抗匈奴，派遣张骞出使西域，其后中原与中西亚乃至欧洲的交往通道逐渐形成。这条通道由长安向西穿河西走廊，过敦煌，出两关（阳关、玉门关），经天山南北进入中亚、西亚，然后取西北路走进欧洲，最终到达"大秦"（古罗马帝国）、小亚细亚一带，然后到北亚和地中海沿岸，终点在罗马。这条通道以东西方贸易和文化交流为主，是古代世界不同地区文明和平交流的典范。西汉末年，佛教通过丝绸之路传入中国。

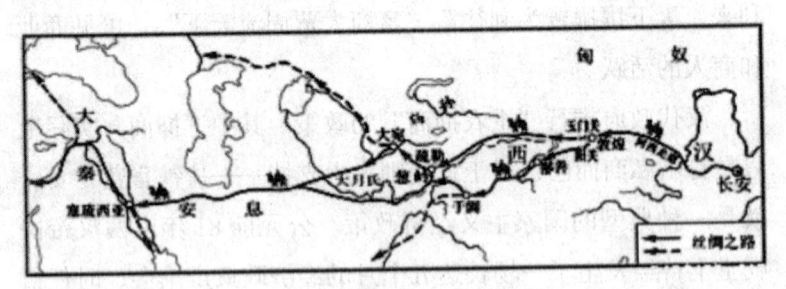

**汉代丝绸之路示意图**

另外，近年来史学界提出"海上丝绸之路"的命题，基本认定在汉武帝时期，从广东徐闻、广西合浦，以及广州、泉州、宁波等港口出发，经南海并通过马六甲海峡进入印度洋，以斯里兰卡为中转点，将丝绸转运到罗马，从而开辟了海上贸易文化的新通道。

延伸阅读：

钱穆：《国史大纲》，商务印书馆

翦伯赞：《秦汉史》，北京大学出版社

白寿彝主编：《中国通史》，上海人民出版社

费正清：《剑桥中国秦汉史》，中国社会科学出版社

李泽厚：《中国古代思想史论》，生活·读书·新知三联书店

# 第三讲　古代中国的成熟发展
## ——魏晋南北朝与隋、唐、宋、元

历史学界普遍认为，唐宋时期最能代表古代中国文明辉煌成就。官僚政治的高度成熟，经济建设的巨大成就，传统科技的突飞猛进，思想领域的群星闪耀，丰富多彩的文学艺术，无一不表明这是古代中国的鼎盛繁荣阶段。

中华文明是怎样走向成熟强大的？我认为如果直接从隋唐入手，淡化魏晋南北朝的历史地位，那么对唐宋历史的认识就只能浮于表面，只能叙说其表现，而无法探究历史发展中的内在关联了。应该说，魏晋南北朝的文化交汇和民族融合，为中华文明走向繁盛奠定了基础，隋唐两宋在政治制度、工商经济和科技文化方面的创新，是古代中国文明的最高峰，蒙古帝国的入侵征服和文明继承，则使中国走向一个防御保守的新阶段。

这一时期具体分为魏晋南北朝、隋唐、宋元三个阶段叙述。

## 第一节　大分裂下的大融合

公元220年曹丕称帝以来，中国历史先后经历了西晋王朝的短期统一、东晋十六国的政权林立，以及南北朝时期的隔江对峙，直至589年隋朝再次完成统一。大分裂、大动荡、大战乱、大融合，是魏晋南北朝时期的突出历史特征。

## 一、国家分裂，民族融合

三国局面是汉末中央集权弱化、地方豪强割据所致。司马氏建立的西晋王朝再次尝试分封制，结果导致"八王之乱"，又一次证明了西周封建制已经无法适应新的历史环境。

长安被匈奴人刘渊攻破后，晋王室东渡并在建康（今南京）立足，是为东晋。与之隔江对立的，是南下的游牧民族在北方先后建立的十多个政权。淝水之战后，东晋暂时安定下来，而北方则陷入长时间的大规模战乱之中。到5世纪时，南方多次发生军队将领兵变夺权的事件，更替出现宋、齐、梁、陈政权，而北方从北魏到北周经历了统一—分裂—统一的反复，直至隋朝建立。

宏观上看，这一阶段中国经历的这些动荡，最初是西晋末年北方游牧民族的持续南下所引发，史称"五胡乱华"，实际上它给中原的社会发展注入了新的活力。

伴随五族内迁，中国出现了前所未有的人口大迁移。游牧民族不断进入黄河流域并接受汉文化熏陶影响，其中最典型的莫过于北魏孝文帝推行的一系列汉化政策。同时，北方游牧民族开放、明快的文化风格也沁入了中原。南方地区同样出现南迁汉族与本地各族的大规模接触交流。各族之间长期杂居共处、相互通婚、交往学习，使多元一体的中华文明进一步得到发展，为隋唐时代的繁荣创造了重要条件。

为了逃避北方战乱，中原黄河流域的汉族农民大规模南迁，这给长江以南各地区带来充足的劳动力和先进的生产技术，促进了江南地区的开发。相对于饮马长江、咄咄逼人的北方，南方政权相对羸弱，统治者更加注意招抚流民、劝课农桑，也使南北方地区的经济差距有所缩小。

## 二、士族兴衰，三教并行

东汉地方政权的豪强色彩十分浓重，由此逐渐形成世家大族。曹魏开始在选拔官吏时对已经破败的察举制进行改革完善，推出九品中正制，又名九品官人法，作为政府选用官吏的规范依据。在实行过程中，家世门第逐渐成为越来越重要甚至唯一的标准，于是出现了"上品无寒门，下品无世族"的局面。东晋时，南下士族"王谢桓庾"和江南士族"顾陆朱张"，几乎垄断政权，形成士族门阀集团。士族门阀具有的特权寄生性，使寒门得以逐渐掌控了军事庶务。自东晋末年手握兵权的刘裕建宋开始，士族势力日益走向没落。

魏晋南北朝的社会动荡，冲击了两汉以来儒家名教的思想正统，黑暗的社会政治也使人们寻求更加超脱现实的价值观念。反映在艺术领域，则是士大夫追求个性的书法艺术形成，探寻自然的山水鱼虫，或宣扬佛教的宗教绘画兴盛。反映在思想领域，则是佛、道（教）盛行，三教激荡。

佛教通过丝绸之路传入，东汉时得到发展，但尚未普及。魏晋南北朝时，佛教逐渐盛行，北朝有云冈、龙门石窟和白马寺等，南朝以梁武帝四次舍身"出家"为代表性事件，佛教一时昌盛，"合寺二千八百四十六，而都下（南京）乃有七百余寺"。不过，由此导致的政府控制土地和人口下降，引起范缜反佛和"三武灭佛"，佛教的地位时有起伏。道教则是土生土长的一种民间宗教，东汉末年出现，魏晋时期逐渐得到推广认可。其中还有以新道家面目出现的玄学，它以《老子》《庄子》

《周易》为研究对象，宣扬"越名教而任自然"，在中国哲学史上第一次企图以老庄思想为基础，尝试把儒道两家结合起来，这也是"魏晋风度"的精神背景。

南北朝时期，佛教开始接受中土文化，宣扬等级观念，而借鉴佛教之后，道教也开始构建"神仙体系"并设置道观。儒释道三教并立、辩驳并相互渗透。佛教的传入带来新的词汇，如"觉悟""智慧""知识"等，极大丰富了中国人的汉语言词汇。

## 第二节 隋唐的创新与强盛

隋朝乃北周外戚于581年夺权而立，589年灭南陈而统一中国。隋文帝时期形成了开皇之治，隋炀帝时开凿大运河，设立进士科，但三征高句丽，滥用民力，最终导致二代而亡。隋朝的一系列建设，为唐朝的繁盛创造了条件。

618年李渊称帝建唐。唐太宗贞观之治后，尽管有过武则天建立武周的插曲，但唐朝昂扬向上的势头并未减弱，直至创立开元盛世，中国的繁荣强盛达到顶峰，其辖制影响的范围之广，在古代绝无仅有。

755年"安史之乱"的发生，成为唐朝由盛而衰的转折点。此后，藩镇割据、宦官专权、牛李党争、土地兼并等问题愈演愈烈，黄巢起义，基本上瓦解了大唐帝国。公元907年，节度使朱温废帝自立，唐朝灭亡。

### 一、隋唐相继，制度革新

隋朝时间虽短，但制度创新和建设上颇有建树。唐代对其继承并完善,这为隋唐的高度繁荣提供了制度保障。

一是三省六部制。"省"的称谓意味着它本身来自内廷。魏晋南北朝时期,皇帝任命内廷官员负责外廷事务,出现了三省机构。中书、门下、尚书(下设六部),三省长官都是宰相,草拟政令、封驳审核、执行政令各司其职,后来又设立政事堂以整合各省意见。值得一提的是,过去的言谏(规劝君主过失、进言国家政策者,如魏徵)制度也随之得到发展。

一方面可以说,皇帝安排内廷官员执掌朝政,且三分相权,强化了皇权专制;另一方面,还可以认为,王室内侍官员最终完全演变成为政府官员,并对皇权形成了一定的制约,是王室与政府权限的进一步澄清和政府职能完善的表现(钱穆观点)。总体上,从皇权与相权的调和,以及提高政府效率方面看,这反映出古代中国中央官制的高度成熟。

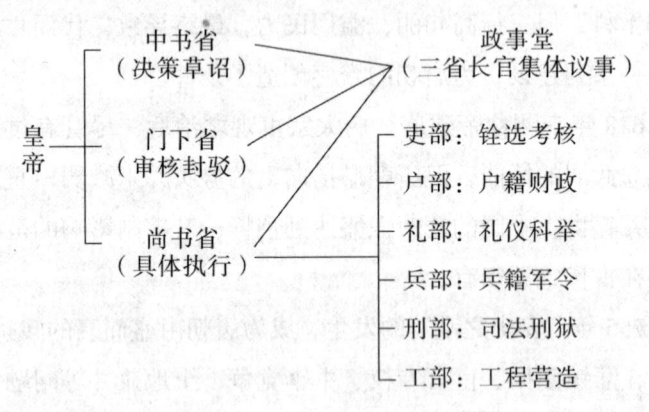

```
                  中书省
                 (决策草诏)         政事堂
                                  (三省长官集体议事)
                  门下省
    皇帝         (审核封驳)         吏部:铨选考核
                                   户部:户籍财政
                  尚书省            礼部:礼仪科举
                 (具体执行)         兵部:兵籍军令
                                   刑部:司法刑狱
                                   工部:工程营造
```

唐代三省六部制结构图

二是科举制度。伴随士族门阀的衰落,魏晋以来的九品中正制被隋文帝废止,以科考取功名成为新办法。隋炀帝设进士科,标志着科举制度的确立。科举制的基本特点是分科考试,依据成绩择优录取（儒家经义和时务策论是常考内容），选官制度的主要标准逐步趋向公开、公平、客观。科举制把选拔人才的权力集中到中央，打破了世家大族对官员选用的垄断；把以官取士变成以才取士，使平民得以有机会进入仕途，扩大了官吏来源，增强了社会阶层的流动性，保证了官员队伍的文化素养，也有利于社会重学风气的养成，不仅是古代中国选官制度的巨大进步，也为近代西方文官考试制度提供了重要的借鉴。

三是均田制与租庸调制。隋唐沿用北魏旧制，推行均田制度，即国家把所掌控的国有土地分给农民耕种（不得买卖），农民定时向国家缴纳一定的田租、户税，并按时服劳役和兵役。稳定的自耕农的存在，也使政府得以长期实行府兵制度，平时为农战时为兵。

唐中后期因为土地兼并严重，均田制遭到破坏，政府又开始推行两税法和募兵制（招募职业军人）。

**二、经济发达，文化繁荣**

隋唐经济进一步发展。曲辕犁、筒车的发明使用，进一步深化了精耕细作的农业生产方式；经济作物如茶的种植、饮用渐成风尚。安史之乱导致中原经济的严重破坏，以及人口再次大规模南迁，使江南地区进一步得到开发，古代中国的经济中心正式开始南移。唐朝后期，朝廷赋税越来越多地倚重江淮。

唐代手工业技术发达，其中又以丝织和瓷器最为突出；"玉蜍吐水霞光净，彩翰摇风绛锦鲜""九秋风露越窑开，夺得千峰翠色来"，形象地反映了唐代手工业工艺的高超技术。大运河的开凿联通了大江南北的商业物流，催生了沿岸的商业城市。柜坊、邸店、客舍、飞钱、驿车等商业服务设施层出不穷，兴起于南北朝的草市在唐代空前活跃，开元通宝几乎流通四海。唐代李亢在《独异志》中记载，巨商名王元宝者夸富于唐玄宗："臣请以一缣系陛下南山一树，南山树尽，臣缣未穷。"

隋唐的长安、洛阳为国际（亚洲地区）大都会，雍容宏伟，"南陌北堂连北里，五剧三条控三市"。扬州是长江流域最繁华的城市，"腰缠十万贯，骑鹤下扬州"，盛世豪情可见一斑。

隋唐科技走在了世界前端。火药是由古代炼丹家发明的，最早的制作方法记录于唐代，唐末火药开始用于军事，到宋元时期大规模使用。受到刻印篆章的启发，唐代发明了世界上最早的印刷术——雕版印刷，这是人类文明传播、传承的最重要的技术手段之一。此外，在天文历法、医药学、建筑学等领域，都表现出卓越的水平。

隋唐时期文学艺术发展都有新突破。诗歌进入黄金阶段，留传至今的有近五万首诗歌作品；书法和绘画艺术多姿多彩，敦煌莫高窟成为当今世界最大的艺术宝库之一。

继魏晋以来，佛教在中国不断传播，武则天统治时为了打击陇西士族和抬高自己地位，更是极力弘扬主张"众生平等"的佛教。同时，李唐王室也自命为老子后裔，道家学说一度兴盛。儒学虽然继续占据正统地位，但其地位也不断受到冲击。以韩愈、李翱为代表的正统士大夫，在维护"道统"的旗号下，发出儒学复兴运动的先声。在三教并行的背景下，儒释道在唐均受到重视，不同阶段有起伏。三教之间激烈辩驳，又进一步相互渗透融合，这为宋代理学的产生准备了重要的条件。

### 三、胸襟开放，海纳四方

唐代在边疆治理政策和对外交往政策上显示出强大的自

信和开放的胸襟，称之海纳四方也不为过。在北方击溃突厥后，"全其部落，顺其土俗"；在东北、西南地区实行羁縻政策，设置州县，由当地少数民族担任其首领，不设户籍；与吐蕃、回鹘加强友好交流，并实行和亲政策（如文成公主进藏等）。中原与周边民族密切往来，相互影响、交融大大超过以往，给中华文化增添了刚劲、活泼的色彩，这种"汉胡互化"，对巩固发展多民族国家有着深远的意义。

隋唐时期疆域辽阔，对外交通发达，水陆并举。汉代丝绸之路空前活跃，从长安出发，由不同的路径可到达今天的印度、巴基斯坦，或者是环地中海进入欧洲；从广州出发经"海上丝绸之路"可到达波斯湾。另外，从登州、扬州出发可到达新罗、日本。唐政府允许外国商人或使节长期居留，甚至科考做官。来自欧洲的景教（基督教）、阿拉伯的伊斯兰教和中亚地区的拜火教（琐罗亚斯德教）传入中国。

高僧玄奘和义净前往天竺（古印度）研修并带回大量佛经，鉴真则不畏艰险东渡日本，传播佛教理论和中国文化，促进了中日之间的友好交流。随着唐朝对新罗、日本文化的影响日益加深，以中国为中心的东亚文化圈逐渐形成。

## 第三节　宋元的繁荣与成熟

公元907年，中国进入又一次割据战乱的五代十国时期。关中地区遭受严重破坏，古代中国政治中心彻底东移，而经济重心则加速南移，随后出现了辽、宋、夏、金等民族政权并立对峙的局面。1271年，南下的蒙古人建立了元朝，并再次完成了对中国的统一。

契丹族和女真族先后在北方建立了辽和金政权,并不断南下甚至越过黄河,威胁中原。党项族建立的西夏政权阻断了传统的西北丝绸通道,并多次起兵侵犯北宋边境。游牧民族就像海浪一样一波又一波进入中原地区,要么定居下来逐渐汉化,要么溃退回去最终被吸纳进北方新崛起的部落当中。对此,两宋政权时而奋起抵抗,时而妥协议和,其中以宋辽"澶渊之盟"和宋金"绍兴和议"最具代表性。应该主战还是主和时至今日仍有争议:尽管和议之后的中原保持了稳定繁荣和持续发展,但城下之盟的屈辱,尤其是靖康之变的"亡国之痛",在以儒家文化为中心的传统历史观念中,始终被后人所批判。

1206年铁木真建立了汗国。大规模的西征之后,他的继承者还建立起察合台汗国、钦察汗国、窝阔台汗国、伊利汗国。忽必烈南下建立元朝,到公元1368年被朱元璋以"驱逐胡虏,恢复中华"的名义推翻。

## 一、宋元政治,层叠架构

宋代政治较多借鉴唐末五代的教训,更加注重中枢机构的职能分割与官僚机构的制衡监控,皇权专制之下形成更加专业化的官僚层叠架构。

宋代中央采用两府三司制,设立中书门下、枢密院分别主管政务与军事,另立三司(户部、盐铁、度支)掌管全国财政。与唐代不同,两府三司之间互不相知也互不统属。此外,在中书省门下还另设副宰相"参知政事"与宰相共同议政,以分化制约相权。宋代还实行台谏合一,台谏总体负责监察。台谏官员由皇帝任命,工作由皇帝安排,却独立运行,可以监察宰相,

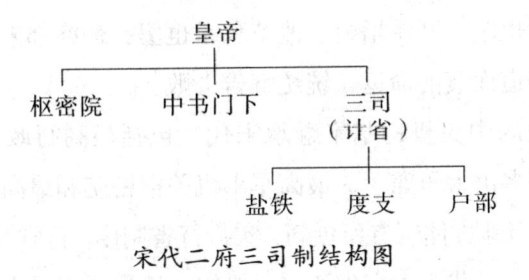

```
            皇帝
    ┌────────┼────────┐
  枢密院   中书门下    三司
                     (计省)
                  ┌────┼────┐
                 盐铁  度支  户部
```

宋代二府三司制结构图

也能批评规劝皇帝。但这种由皇权直接统领且垂直管理的监察体制，无疑进一步强化着皇权。

地方上，两宋以"守内虚外""强干弱枝"为基本指导思想加强中央集权。朝廷推行漕运制度，设置各地的转运使以控制地方财税；安排文官知州，并增设通判加以监督（通判为地方监察官员，所有地方的文书除州长官签署，还需要通判副署）。军事上实行禁军制度，即最强军队归中央管辖，一半守京师，一半戍边塞，并且实行兵将分离，使"兵不识将，将不识兵"，以便控制。

在重文轻武的政策背景下，宋代的科举制度走向成熟。国家放宽了科举录取的名额，逐渐确立起三年一次，由州试、省试和殿试所构成的三级考试制度，并实行糊名法和誊录制以确保考试的公平性。科举制的发展为越来越多的平民进入仕途提供了路径，但也加重了政府的财政负担。

庞大而低效的官僚队伍，严重的土地兼并和流民问题，数量众多而作战能力低下的军队，以及来自少数民族政权的边境威胁，最终积累成"冗官、冗费、冗兵"和"积贫、积弱"，即所谓"三冗两积"的艰难局面。虽然经历了范仲淹等人主持的"庆历新政"、王安石主持的"熙宁变法"，但是裁汰冗员、减轻徭役也罢，开源增财、改革科举也罢，最终都未能改变封建王朝中道而衰的命运，统统宣告失败。

元代的中央机构基本继承宋代，包括最高行政机关中书省（丞相多由太子兼）、最高军事机关枢密院和最高检察机关御史台，但地方体制有所创新，实行行省制度。行省，全名"行中书省"，是代表中书省的派出机构，地位高于过去的地方行政机构，是新的中央以下的最高地方军政机构。各行省在地理上犬牙交错、相互嵌入。这样一来，中央和地方的联系加强，地方州县统合于行中书省之下，行政效率有所提高。但是，元代后期，地方行省权力尾大不掉，削弱了中央集权。

## 二、农耕发达，工商繁盛

宋元时期，传统农业精耕细作的生产体系完全成熟。农业技术有了新的发展，南北农作物得到更多交流，中原先进的农耕技术逐渐实现向边疆地区辐射延伸。棉花、茶等经济作物种植扩大。民谚"苏湖熟、天下足"，反映出古代中国经济中心南移的完成。

传统手工业技术有了新发展，冶炼钢铁时煤得到广泛使用；东南地区的棉纺织业异军突起；宋代出现五大瓷窑，到南宋元朝时，景德镇的青白瓷已经开始行销海外。

农业和手工业的发展，政府商业政策的宽松，各族之间的交往，交通条件特别是元代漕运、海运的发展，促进宋元商品经济的空前活跃。汉唐对商业经营的严格控制在北宋时最终被突破，城市的商业活动从过去固定地点的"市"走向"街""坊"（统一划定的居民区）；从"日中为市"发展到"晨市""夜市"等。北宋时，四川出现了世界历史上最早的纸币"交子"。

北宋的东京（今开封）、南宋的临安（今杭州）、西夏的凉州（今甘肃武威）、金的中都和元大都（今北京）等都市人口密集，店铺林立，车马如流，南北荟萃，出现了"瓦肆""勾栏"等诸多娱乐场所，极大丰富了市民们的生活。张择端《清明上河图》生动地描绘了北宋城市的繁华景象，给我们展现了一千年前中国的勃勃生机。

宋元海外贸易异常发达。两宋时期西北陆地丝绸之路被西夏隔断，加之造船航海技术的巨大进步，以及经济重心转向东南，海上贸易逐渐成为中国对外经济交流的主要方式。泉州成为当时世界上最大的港口城市，中国的商船最远可以到达红海一带。

### 三、科技文化，累累大观

在隋唐基础上，宋元科技继续领先世界，并实现了新的突破。火药在军事领域频繁使用，南宋时发明了管形火器；11世纪毕昇发明活字印刷术，加快了文化的传播；指南针开始运用于远洋航海。至此，古代中国传统科技领域的四大发明问世。其中在宋元时期火药和火器、印刷术、指南针先后西传至阿拉伯和欧洲，对世界文明的发展进步做出了巨大贡献。此外，北宋沈括的《梦溪笔谈》和元代郭守敬的《授时历》，也是我国传统科技文化的重要成果。

宋元文学艺术成就富有时代特色。反映市民文化需求和价值观念的新形式先后涌现：句式灵活、方便传唱的宋词和元曲成为文学主流，苏轼、柳永、辛弃疾、李清照等创作了大量风格不同、脍炙人口的优秀词曲，关汉卿、马致远等人的元曲更是颇受欢迎；大众喜闻乐见的杂剧、话本（说书）也广为传播；

表现民众生活的风俗画日益增多,《清明上河图》是其中最具代表性的作品。

在思想领域,理学的诞生无疑具有划时代的意义。

理学是儒、道、佛三家融合的产物。魏晋以来的儒学危机,唐末五代的政治黑暗,使宋代士大夫们走上复兴儒学,捍卫"道统"的道路。他们高呼"为天地立心,为生民立命,为往圣继绝学,为万世开太平"(张载《西铭》),在批判辩驳的同时,吸纳了佛教心性修养理论和道家天人合一、万物太极的观点,从而完成了儒学更为理论化、思辨化的发展。从北宋程颐、程颢的开创理学,到南宋朱熹阐释孔孟之道的集大成作品《四书集注》,逐渐形成了一个囊括宇宙、伦理、社会、人生等无所不包的普遍性的思想体系,后世一般称此为程朱理学。

理学认为"理"为万物之本,"理"生万物,最高的"天理"乃是儒家的伦理道义,"仁"是天理的本质核心,而三纲五常是"天理"的社会秩序表现。因此,人们只有通过不断研究学习万事万物之中的"理",才能"格物致知",并真正明了、实现个体生命的价值意义。

受唐宋禅宗思想影响,南宋陆九渊(陆象山)另辟蹊径,提出"宇宙便是吾心,吾心即是宇宙",主张"发明本心",并批评朱熹学说的"支离"。到明代,王守仁进而提出"心外无物,心外无事,心外无理",主张"致良知"。他们的理论被称为陆王心学。

宋(明)理学对中华民族重视主观意志和道德气节,强调身体力行和责任担当的民族性格的塑造,产生了深远重大的影响。但"存天理,灭人欲"所体现的超现实的道德追求和泯除人性欲求的观念，很快成为统治文化领域和社会生活的精神枷锁。同时，统治者与士大夫相信理学已穷尽世间一切真理，也导致了中国文化思想长久的保守性。

延伸参考

钱穆：《中国历代政治得失》，生活·读书·新知三联书店

祝总斌：《两汉魏晋南北朝宰相制度研究》，中国社会科学出版社

阎步克：《察举制度变迁史稿》，辽宁大学出版社

田余庆：《东晋门阀政治》，北京大学出版社

余英时：《士与中国文化》，上海人民出版社

陈寅恪：《隋唐制度渊源略论稿》，生活·读书·新知三联书店

邓广铭：《北宋政治改革家王安石》，人民出版社

陈来：《宋明理学》，华东师范大学出版社

［日］内藤湖南：《中国史通论》，九州出版社

# 第四讲　传统帝国的末世危机
## ——明清时期（1840年前）

公元1368年，红巾军起义出身的朱元璋建立明朝，在应天（今南京）称帝，是为明太祖。明初再次实行分封，结果是燕王朱棣起兵以"清君侧"为名夺建文帝之位，并迁都北京。明朝中后期，外有鞑靼、后金的威胁，内有东林党争、宦官专权以及严重的土地兼并问题，导致国家衰败，1644年李自成攻入北京，崇祯帝自缢殉国，明政权灭亡。

东北女真族首领努尔哈赤1616年建立后金，皇太极时改国号为清，改族名为满洲。1644年清顺治帝入关，经二十余年统一了中国。"康乾盛世"是古代王朝的最后一个鼎盛时期，统一多民族国家得到进一步巩固，奠定了中国后来疆域的基础。这一时期，西方经历了新航路开辟、文艺复兴和宗教改革，以及不同形式的革命与改革，大步迈进资本主义时代。由于政治僵化、闭关锁国、思想禁锢、科技停滞等因素，中国却没能实现向近代社会的转型，逐步落后于西方。

由于明清对近代中国影响巨大，所以我们将这一时期单独作为一讲，分政治、经济、文化、对外关系四个部分的小专题展开。

## 第一节　明清时期的中国政治

### 一、皇权专制的空前强化

明清政治的突出特征，首先是专制皇权的空前强化。明洪武十三年（1380年），明太祖朱元璋废除了在中国历史上沿用了一千五百多年的宰相制度，并相权入君权，使六部直接受制于皇帝。至明成祖时，又形成一个皇帝的内侍顾问机构，以帮助皇帝分担繁杂的政务，这就是内阁。阁权完全依附于皇权，终明一朝，它始终未能发展成为法定的最高行政机构。号称"无宰相之名，有宰相之实"的内阁大学士，也只有"票拟"（建议）权，而无"批红"（决策）权，阁员只有通过皇帝的信任或授权，与皇权相结合才具有政治功能，张居正、严嵩权倾一时，但也仅仅是因为皇帝的宠信。

明代君主专制在政治上的畸形发展，还导致出现严重的宦官专权，以及恐怖的厂卫特务机构。以"清流"自居的文官集团如东林党人与皇权、宦官力量在国政礼法各个方面纷争交集，这成为明朝内耗衰亡的重要原因。

在皇权专制方面，明清却有一以贯之的精神血脉，所有的制度安排无一不是围绕着如何加强皇帝的权力而展开的。最初，清朝沿用关外时的议政王大臣会议制度，皇权受到限制。康熙帝时设南书房以掌控机要，而雍正帝借口西北用兵的需要设立军机处，并使之逐渐成为清朝的决策中枢。其机构精简，所有军机大臣概由皇帝钦定，"跪受笔录"并直接向六部及地方传达皇帝旨意。军机处取代内阁成为皇帝秘书班子，并且排除了宦官的掺和，使君主专制发挥到了极致。

在地方上，鉴于元后期行省权力过大，中央难以有效节制的教训，明代在地方（各省）设立三司，承宣布政使司主管民政，提刑按察使司主管监察司法刑狱，都指挥使司主管军户卫所，并分别隶属中央六部、都察院和五军都督府。三司互不统属，各自独立行政，带来诸多问题，而后又分省设巡抚，跨省设都督，以调和地方，保证行政效率。清代沿用这一制度，但在地方行政区划和官僚职能分割上，则更加注重因地制宜和相互牵制。

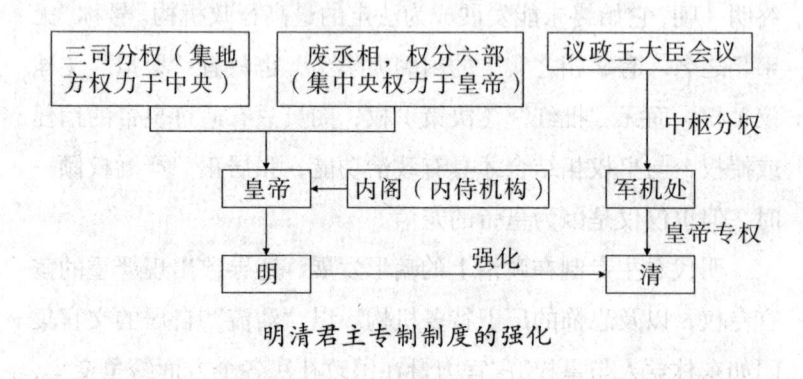

```
┌──────────────┐  ┌──────────────┐   ┌──────────────┐
│三司分权（集地│  │废丞相，权分六部│   │议政王大臣会议│
│方权力于中央）│  │(集中央权力于皇帝)│  └──────┬───────┘
└──────┬───────┘  └──────┬───────┘          │中枢分权
       │                 │                   ▼
       ▼                 ▼            ┌──────────┐
     ┌────┐  ┌──────────────┐         │  军机处   │
     │皇帝│◄─│内阁（内侍机构）│        └────┬─────┘
     └─┬──┘  └──────────────┘              │皇帝专权
       ▼            强化                    ▼
     ┌──┐ ─────────────────────────────► ┌──┐
     │明│                                 │清│
     └──┘                                 └──┘
```

明清君主专制制度的强化

## 二、统一多民族国家的巩固

明朝在北方的"外患"主要是蒙古各部，鞑靼和瓦剌先后威胁中原，尤其是1449年发生的土木之变。为此，明王朝修缮长城，长期屯兵于九边重镇，产生了巨大的军事财政压力。而在西南地区，则较多推行土司制度，这种"以夷制夷"的办法总体上有利于边疆的安定。

清朝的民族政策更加务实灵活。在北方，清军入关之前通过武力征服和政治联姻等办法结盟于蒙古各部贵族，后来又实行盟旗制度，加强了与蒙古地区的联系；在西北地区平定回部贵族叛乱，新疆完全纳入管辖；在西藏地区实行活佛册封，先后册封"达赖喇嘛""班禅额尔德尼"，并加强对西藏的行政管辖；在西南地区平定"三藩之乱"，推行"改土归流"；打败郑氏家族盘踞势力，设置台湾府，促进了台湾的开发。

清朝前期的中国，包括蒙古地区、外兴安岭地区，以及钓鱼岛、赤尾屿和南海诸岛在内，疆域辽阔，生活着五十多个民族，是亚洲东部最大的国家。

## 第二节 传统经济的发展与困局

与过去朝代有所不同，明清时期的经济在传统轨道上已经走到最高点，同时又面临新的选择可能，大体上讲就是，一方面传统经济呈现饱和式发展，一方面新经济因素开始出现但无法走出困局。

首先，中国传统经济结构依旧稳定，依然是农耕为主体，工商为补充。

明清两朝十分重视农业生产，从朱元璋到康雍乾，都是不断强调农耕的重要性。明代中后期，新航路开辟使得来自美洲的高产农作物如玉米、马铃薯被引进中国，由于它们可以在土地贫瘠的山地种植成活且产量可观，极大提高了粮食产量，也为经济作物如棉花、油菜、烟叶、茶叶等的广泛种植提供了条件，加速了农产品商品化。但是到乾隆年间，由于承平日久，加之政府推行"摊丁入亩"政策，取消人头税，以及高产农作物的推广种植，导致人口出现爆炸性增长。各地出现严重的围湖造田、毁林垦荒现象，但仍然不能满足人口增加的需求。大清帝国开始落入马尔萨斯所谓的"人口陷阱"中：人口是按照几何级数增长的，而生存资料仅仅是按照算术级数增长。农业发展带来的成果基本上被消耗于解决几亿人口的"吃饭"问题，很难为工商业与科技发展提供物质支撑，政府最重要的关注点是垦殖"养民"，赈灾安民。

明清手工业技术有了新发展，如双色套印技术、粉彩瓷器等出现。民营手工业地位开始超过官营手工业，规模有所扩大，技艺水平得到提高。家庭手工业活跃，产品大量进入市场，特别表现为东南沿海地区的家庭纺织业尤为突出，苏湖一带由过去的主要产粮区转变成棉花棉布和蚕桑丝绸的主要产地。

国家长期统一安定，农业、手工业的发展，为明清商业的繁荣创造了条件。国内市场扩大，使商品种类变得丰富；区域间长途贩运发达，各地经济联系进一步加强。江南地区工商业市镇大量涌现，各自呈现不同特色。如武汉为木材集散市场，成都为茶叶集散市场等。市镇的不断发展加快了周边农村地区的商品化进程，但是对以自然经济为本质的传统中国，其影响仍然极其有限。

地域性商人群体，即商帮的崛起是明清商业领域一大特色。由于商品行业和数量增多，商人队伍壮大，各地商人利用乡里宗族关系联成地缘性的商人群体，以应对日益激烈的市场竞争，其中以晋商、徽商为翘楚，形成了自己的商业文化和伦理精神，促进了当地工商业的发展和全国商品物资的交流，紧密了中国与世界的经济联系。但专制时代的商人往往依附于官府，商业的独立性不强，尚未形成近代工商业的经营方式和文化理念。

近代前夕，工商业的发展刺激了新经济因素的出现，即资本主义生产关系的萌芽（注：这一提法在史学界有争议）。其基本特征是，江南等局部地区和部分民营手工行业（纺织、冶炼、制茶等）的生产中，出现了相对稳定的雇佣关系，如苏州"机户出资，机工出力"的手工"机房"。这是一种早期资本主义发展的"影子"，比较类似于马克思给"资本家"和"工人阶级"的定义——但是千万不能因此断言明清时的中国有资产阶级或工人阶级。这种新的经济因素在当时的中国几乎没有真正成长的可能性：分散贫穷的农民和地主控制的庄园都是千篇一律的男耕女织、自给自足，市场规模有限；政府重农抑商和闭关锁国的政策牢牢限制着工商业的自由发展；富商大贾"以末致财、以本守之"的经营之道阻碍资金大量进入工业生产领域；传统的"万般皆下品，唯有读书高"等价值观念紧紧束缚着人们的头脑……传统中国在政治、经济、观念各个方面，都无法提供实现经济近代化转型的条件。

## 第三节　科技文化的总结与创新

明清时期中国的科技发展逐渐走向停滞；思想领域承古萌新，出现一批进步思想家，但是基本上仍在传统儒学框架中寻求突破；伴随城市经济发展，市民文化渐成风潮。

明代开始，古典科技文化进入总结时期。《本草纲目》《天工开物》《农政全书》等科技巨著，分别对古代中国医药学、农学，以及明代各类生产工艺技术予以总结性汇编记载；明代《永乐大典》和清代《古今图书集成》《四库全书》洋洋大观，收集整理各类典籍，对保存文化遗产有巨大的贡献。相比较同一时期的西方，中国的科技发展已经逐渐落后，主要内容仍然停留于人们生产生活的经验性总结和实用性技术，缺乏近代自然科学所表现出的实验精神和理论抽象与概括。自然经济为主体的社会经济结构，儒家执着于经义以及"学而优则仕"的传统文化观念，使中国无法提供像伽利略、笛卡儿、莱布尼茨、牛顿这样的科学家成长的经济文化土壤，也就无法实现向近代科学的自然过渡。

明清思想家中，明中后期的李贽变得有些离经叛道，批判"存天理，灭人欲"，提出"穿衣吃饭，即是人伦物理"，体现对人性的承认与张扬。明清之际的黄宗羲、顾炎武和王夫之等，经历了甲申之变"天崩地裂"之后（1644年李闯进京、清军入关、明朝灭亡），痛定思痛，大力抨击君主专制，宣扬立"天下之法""以天下之权寄天下之人"；批判理学空谈，主张经世致用；反对重农抑商，提倡"工商皆本"。这些具有民主色彩的早期启蒙思想和观念，对中国近代前期民主革命产生了一定的影响，但最终未跳出传统儒家的理论框架，就其本质而言，只是立足中国经济文化现实而对传统儒学做出的批判性继承与发展，缺乏近代民权意识和民主观念。

文学艺术领域，明清小说、文人书画和戏剧是主要的成就。城镇经济的活跃和市民阶层的扩大，以及印刷业的发展，使文学进一步走向大众化。《三国演义》《水浒传》《西游记》《红楼梦》等长篇小说，以及《儒林外史》《聊斋志异》等讽刺小说或短篇故事小说先后产生，广受社会各阶层喜爱。明清的文人画发展至较高水平，绘画、诗文、书法、篆刻汇集一卷，名家风格各异。乾隆年间，在徽戏、汉戏和昆曲等地方戏的基础上，京剧艺术开始形成。

另外，明朝后期至清朝前期，先后有利玛窦、汤若望等欧洲传教士来到中国。他们把西方的天文、数学、地理、绘画甚至火器知识带到中国，给中国文化注入新的生机。同时，他们也把中国的儒学、道家学说和国家治理体制介绍给西方，一度引发了欧洲的"中国热"。这些现象说明新航路开辟后的中国，正徘徊于走向世界的路口。

## 第四节　近代前夜的对外关系

明清时期，欧洲殖民扩张势力开始侵扰威胁中国，中国反击外来侵略的斗争开始出现，如明末郑成功从荷兰殖民者手中收复台湾，清初康熙帝击退沙俄在东北的侵略，并与之签订《尼布楚条约》等。

明清时期的对外贸易中的主要商品丝绸、茶叶、瓷器和药材，都是中国传统农业产品和手工业产品。中国商品大量出口海外，保持着长期的贸易顺差。来自美洲和日本的白银源源不断流入中国，使中国一度成为当时世界上经济总体量最大的国家。

古代中国的对外贸易以朝贡方式为主，对周边国家实行以中国为中心的"宗藩朝贡"制度，在明代时达到了非常成熟的状态。明太祖朱元璋明确规定了安南、占城、高丽、暹罗、琉球、苏门答腊、爪哇以及其他西洋、南洋等国为"不征之国"，以及"厚往薄来"的朝贡原则。朝贡体系是传统的儒家思想和封建宗法观念在对外关系上的体现，这种自内而外的等级式局部国际关系体系，仅仅依托于远超周边的传统国家体量。由于缺乏足够和持久的经济和文化输出能力，所以也就无法真正构建起现代意义上的国际霸权。

公元1405年开始（永乐年间），为了宣扬国威并使东南亚各国臣服朝贡，郑和率领庞大的船队七下西洋，目前所知最远到达非洲东岸。所到之处宣喻圣旨，赠送厚礼，展现了强大的国力。郑和船队比欧洲大航海时间早半个多世纪，创造了古代世界历史上的壮举，但这种不计经济效益的奢华的外交活动，耗费了国库的巨资，最终难以为继。

明清对外实行的海禁政策，最初主要是为了对付海上威胁势力，如明太祖时期的方国珍，康熙帝时期的台湾郑氏家族。但是从两朝中期开始，都越来越针对中外之间的民间贸易。期间政策多有起伏，时而"严禁"，时而"弛禁"，但总趋势则是越收越紧。到鸦片战争前，对外贸易只保留了广州一口，而且只能通过政府控制的行商，即所谓"十三行"居中交易。明以来先是因为政治版图收缩，国家对外交流主动转向东南沿海，后是因为来自海域的威胁和固守农耕传统，中国日益走向保守封闭。

1793年马戛尔尼使团访华，要求清政府确定关税开放通商，乾隆皇帝告之"天朝物产丰盈，无所不有，原不借外夷以通有无"，将马戛尔尼的要求全部回绝。清朝统治者的保守和自大，使中国丧失了一次与近代工业文明接触的机遇，也使中国在欧洲人眼中的形象逐渐暗淡下去。

延伸阅读：

［美］黄仁宇：《万历十五年》，中华书局

［美］魏斐德：《洪业》，江苏人民出版社

［法］佩雷菲特：《停滞的帝国》，生活·读书·新知三联书店

许倬云：《万古江河——中国历史文化的转折与发展》，上海文艺出版社

# 第五讲　近代前期的艰难探索

按照传统，我们把 1840 年至 1949 年半殖民地半封建社会时期的历史称为中国近代历史。这 110 年的风云激变中，抵抗外来侵略、争取国家和民族独立，顺应世界潮流、实现现代化转型，始终是中华民族面临的历史主题。

我们把这部分历史划分为近代前期（第五讲）和近代后期（第六讲）两个部分，分别围绕鸦片战争以来晚清到民国初年的中国社会演变和五四运动之后的中国新民主主义革命的历程，摘其要点予以串讲，并分析其中的重大历史事件和突出的历史现象。

近代前期（1840—1918 年）时间跨度大，内容比较复杂，分三小节展开。

## 第一节　外患内忧与"器物之变"

19 世纪四五十年代，西方资本主义国家先后完成工业革命，凭借其强大的经济与军事能力，加紧对亚洲国家的商业殖民扩张，打开古老的"中华帝国"的大门。在痛感主权破坏、国家受辱、传统中国的文明及社会秩序遭遇西方霸权威胁的同时，西方现代文明的示范和刺激诱发着中国从传统农业文明向现代工业文明迈进。经历了两次鸦片战争和太平天国运动冲击的清朝政府，于19世纪六七十年代开始了洋务"自强"运动，近代中国民族工业兴起，日趋衰败的清朝统治出现了所谓"同光中兴"的局面。古老帝国在数千年来的历史纵向惯性，与来自外部强有力的横向冲击的共同作用下，呈现出新旧交织的时代特征。

### 一、鸦片战争

新航路开辟后，英国逐渐发展为欧洲海外贸易的最典型国家。工业革命后，在自由贸易口号下，英国积极扩张海外市场，而拥有众多人口、丰富物产，但闭关锁国的中国，成为英国的重要目标。

近代前的中国，在对外贸易中始终占据优势。为了扭转传统贸易中的逆差，英国商人向中国贩运鸦片，由此引发的中国禁烟运动，成为英国发动侵略战争的借口。战争从1840年进行到1842年，英国舰队先后封锁珠江口，攻陷定海、镇江，威逼天津和南京。面对西方国家的坚船利炮，中国军事技术的落后、组织能力的低下、对国际事务的无知暴露无遗。1842年，清政府被迫签订中英《南京条约》，主要内容为中国割让香港岛，赔偿英国军费，开放东南五口通商，以及同意进出口关税与英国方面"协商"。

条约并未引起清政府上下的重视，被当作只是"抚退蛮夷"的权宜之计。而英国也认为自己未能达到目的，因为除鸦片贸易外，英国商品在中国仍然没有想象中的可观销量。1856年，英法发动了第二次鸦片战争，直到1860年占领北京，迫使清政府再次签订中英、中法《北京条约》，开放东部沿海及长江中下游十个通商口岸为止。

国门洞开之下,西方对华商品输出和收购农副产品力度不断加大。以纺织品为例,英国价廉物美的棉布、棉纱逐渐占据中国市场,东南地区的传统棉纺织业尤其是农村家庭纺织业走向衰败,耕、织分离或纺、织分离迫使自给自足的自然经济开始瓦解,中国社会的商品化进程空前加快。

鸦片战争是中国历史的重要转折点。中国从独立完整的主权国家逐渐沦为半殖民地半封建国家,面临"三千年未有之变局":门户洞开,日益被卷入世界资本主义的洪流之中,原有的经济结构、文化观念和对外政策在外部力量的持续冲击中发生着深刻的渐变。

**例 运用多种史学范式理解中国近代开放的通商口岸**

| 史学范式 | 理解与认识 |
| --- | --- |
| 革命史范式 | 它是西方列强对华商品输出和资本输出的基地,使中国经济主权受到严重损害,加速了中国半殖民地化进程,是列强殖民侵略的重要标志。 |
| 现代化范式 | 它促进了中国自然经济的解体,是中国近代工业的诞生地和相对集中的地区,推动了近代城市崛起。 |
| 整体史范式 | 它加强了中国和世界的联系(尽管是被动的,但也是客观事实),使中国纳入了资本主义世界殖民体系,是资本主义世界体系的重要组成部分。 |
| 文明史范式 | 它是中国了解和学习西方近代工业文明的窗口,最早接受西方民主思想,也是中国传统农业文明最早开始向近代工业文明过渡的地方。 |
| 社会史范式 | 它是传统农业文明与近代工业文明最早交汇的地方,在思想观念、礼仪交往、生活习俗等方面都发生了重大变化,产生相应的社会问题。 |

## 二、太平天国运动

咸丰元年（1851年），洪秀全在广西金田村发起反清起义，随后突围永安，攻陷武昌，1853年夺取南京改名天京，建立太平天国政权，与清政权南北对峙，又被称为"洪杨之乱"。在其军事全盛时期曾经北伐中原、大战湘军及东征江浙，前后历时14年，沉重打击了清政府统治，也导致中国社会经济的严重破坏，以及大约四分之一人口的减少。正是在这一时期，沙俄相机侵入，而处于英法联军和太平天国夹击中的清政府，先后无能地放弃了东北和西北140余万平方公里领土。

太平天国运动的发生，是两广地区长期以来土家和客家争夺中矛盾的累积激变，也是严重的自然灾害下农民以"民变"寻找生存出路的传统轨道使然。洪秀全创立的拜上帝教虽然借助了天主教的一些教义和名称，但仍然是利用迷信动员和组织农民起义的旧套路。自天王以下封王列爵，等级森严。尽管《天朝田亩制度》中有"天下无人不均匀，无人不饱暖"的平均主义的理想表达，但政权中领导上层的奢靡生活及1856年天京血腥内讧，则揭示了这场反清运动在本质上不过是旧式农民战争的延续。至于后期昙花一现的《资政新篇》，与其说是太平天国领导人学习西方的进步，还不如说是新旧交替时代中国人学习西方治国方案的尝试更加准确。

太平天国运动对近代中国政治变局产生了深远影响。为了对抗太平天国的进攻，疲惫迟暮的清政府不得不开始依靠汉族地方士绅。于是在儒家道德与宗族力量基础上发展起来的，拥有强大凝聚力和适应力的地方武装势力和政治集团，以曾国藩、李鸿章、左宗棠、张之洞等拥有专权的实力派地方督抚为中心，形成了对清朝中央权威的削弱或对抗，成为近代中国地方割据问题的发端所在。

### 三、洋务运动的兴衰

自顺治帝以降几近二百年间，面对前来叩门的西方人，中国由抵制而被动，由被动而闭关，严守"中外之大防"，深陷盲目自大的虚妄之中。1840年前后因中西文化科技等各类冲突，出现了近代首批"放眼看世界"的先进中国人。他们编撰了许多先进读物，较早有林则徐禁烟期间组织编译的《四洲志》《华事夷言》，其后有魏源、徐继畬、姚莹等编撰的《海国图志》《瀛寰志略》《康輶纪行》等。他们不仅介绍西方及世界历史、地理及火器、机械知识，还明确提出了"师夷长技以制夷"的口号（魏源），主张学习先进的西方技术以摆脱时局困境。

这些书籍为中国人打开了一扇了解外部世界的窗口，使人们开始摆脱"中国即天下""天下之中央"的华夏中心论，迈出了学习西方的第一步。

受庚申之变的刺激（1860年英法联军占领京师），同治年间在恭亲王奕䜣甚至慈禧的支持下，从镇压太平天国中崛起的地方官僚，如曾、李、左、张等，开始以理性务实的态度接触西方事物，率先实践"师夷长技"，掀起洋务运动。

洋务派在"自强"旗号下从19世纪60年代起，创办了江南制造总局、福州船政局、天津机器局等近代军事工业，并于19世纪80年代推动清政府成立海军衙门，创建了北洋、南洋、福建三支近代舰队，中国军事近代化由此开始。为了解决其中产生的资金、原材料、燃料和交通运输等问题，以及意图"分洋人之利"，在"求富"旗号下从19世纪70年代起又先后筹办了上海轮船招商局、开平煤矿、汉阳铁厂、上海机器织布局等民用工业。洋务企业的民用工业主要有官办、官商合办和官督商办三种类型。通过引进机器设备和技术，创办近代军工民用企业，洋务派成为中国工业化的先驱，并真正迈出了中国近代化的第一步。

近代以前的中国没有单独设立外交机构，清政府把封贡事务交给礼部，把对西洋海国的事务交给两广和两江总督办理（实际上他们又通过海关与行商监督控制外务）。为了更好开展洋务，清朝政府在1861年设立了总理衙门办理外交及洋务事宜，1862年开办京师同文馆以培养翻译人才，1875年任命郭嵩焘出使英国，并开始建立中国对外使领制度，国家主权观念、国际法观念在近代中国逐渐确立起来。洋务派还向欧美发达国家派遣留学生，培养了一批近代科技、军事人才，为中国近代化做出了巨大贡献。

洋务运动受到保守顽固势力的抨击阻挠。大学士倭仁批判说："窃闻立国之道，尚礼义不尚权谋；根本之图在人心，不在技艺……古今来未闻有恃术数而能起衰振弱者也。"郭嵩焘的日记因为赞誉西洋文明而被斥责为异端邪说。李鸿章在致友人的一封信中说"官绅禁用洋人机器，终不得放手为之……文人学士动以崇尚异端、光怪陆离见责，中国人心真有万不可解者矣"。除此之外，民众的守旧无知毫不逊于传统士人，对铁路、工厂、机器、电报等新事物往往以极端排斥，甚至造谣污蔑的方式予以对抗。正如陈旭麓所说，"守卫祖宗之法是常常同民族主义，同爱国之情联在一起的"，"顽固的人们借助于神圣的东西而居优势，迫使改革者回到老路上去"。近代化改革之艰难可见一斑。

这场"富强"运动，终以甲午战争的失败而宣告破产。洋务派以"中学为体，西学为用"为实际指导思想，希望在保留中国政治文化秩序的基础上，通过"器物"的变革来挽救衰亡的大清朝。洋务运动没有，也不可能进行更深层面的制度和文化的近代化改革。

历史冷静地表明，先进的技术手段无法超越落后的制度与文化而独立、充分地发挥作用。中华民族具有悠久的文明与讲求现实的特征，与之同步的是民族自傲的心理及危急关头的进取性格，这些的结合同时影响了民族近代善变又慎变的性格，"决定了中国在与西方的文化交流中绝不可能全盘西化，也不可能彻底化西，只会在西化与化西的矛盾运动中不断前进"。

### 四、民族资本主义产生

鸦片战争后的"欧风美雨"给中国的传统经济带来了巨大冲击。从东南沿海开始，由于传统家庭手工业急剧衰败以及农产品商品化发展，以男耕女织、自给自足的小农经济为基础的自然经济走向瓦解。外商企业的进入和洋务企业的发展，刺激、诱导了部分官僚、地主和商人投资近代企业。19世纪六七十年代，中国近代民族资本主义工业产生，最早的一批企业如上海发昌机器厂、广东南海继昌隆缫丝厂、天津贻来牟机器磨坊等，相对集中于东部沿海的通商口岸。

民族资本主义是在半殖民地的特殊环境中产生的，由于缺乏原始积累和近代科技领域中的空白，所以在资金、技术、人才方面"先天不足"。尽管如此，作为一种不同以往的先进生产方式，它成为中国近代化发展中的重要力量。

## 第二节 民族危机与维新变法

19世纪六七十年代发生的第二次工业革命,使西方资本主义国家迈进帝国主义阶段。为了得到更多的市场与商机,列强掀起瓜分世界的狂潮。尽管危机四伏,但中国依旧徘徊在近代化的十字路口。

甲午战争的战败给中国带来空前的民族危机和心理亟变,面对列强的瓜分威胁,救亡图存成为中国19世纪末期的迫切任务。

### 一、中日甲午战争

19世纪七八十年代以来,帝国主义加紧扩张和争夺领地,中国边疆告急。先是左宗棠在新疆击溃中亚浩罕国入侵势力,清政府收回被沙俄乘机占领的伊犁地区。紧接着法国侵入越南并威逼广西引发中法战争,战争以中国放弃对越南的宗主权并同意开放西南门户而告结束。

1894年,朝鲜发生东学党起义并请求清政府弹压,已经完成近代化的日本借机挑起战端,而中国朝野上下对此缺乏准确判断。战争从丰岛海战开始,先是中日陆军在朝鲜半岛对战,紧接着双方海军主力激战黄海,中国方面丢失制海权,随后日军侵占旅顺大连,最后围攻威海卫,北洋水师全部覆灭。其间尽管有邓世昌等官兵殊死作战,然而因为朝廷盲目轻战、战术落后以及情报不足、指挥紊乱诸多因素导致中国败于一个过去并不在意的"蕞尔小邦",并被迫签订近代以来最严重的不平等条约《马关条约》,承允朝鲜独立,割台湾及辽东半岛,赔款二亿两白银(后因法德俄三国干涉,日本放弃辽东而又另索三千万两白银）。

甲午战争改变了东亚地区的力量格局，也刺激了列强野心，他们在中国划分势力范围，控制铁路及矿藏，形成"瓜分"中国的局面，中国面临空前的民族危机。

## 二、三种救亡行动

甲午战败的屈辱，列强势力的扩张，在不同程度上引发了社会各阶层的强烈反应。按照中学教材的常规讲法，主要包括康、梁等发起的维新变法运动、农民阶级发起的义和团运动，以及民族工商业者号召的"实业救国"。

1895年春，康、梁等在京举人发起"公车上书"，反对签订《马关条约》，要求朝廷大举改革以应对危机，至此，近代知识分子群体开始在民族危机中担负起引领救亡图存运动的历史使命。尽管洋务运动时期郑观应等人曾经提出学习西方实行"君民共主"，但那些主张始终未能跳出传统儒家"仁政"理论的框架，也未能付诸行动。而康有为、梁启超、谭嗣同、严复等维新力量先后兴办强学会、南学会、保国会等近代政治团体，创办《时务报》《国闻报》《湘学报》等报刊，直接介绍西方政制，宣扬兴民权、设议院，学习日本实行君主立宪制。其中康有为以孔子和儒家经典名义"托古改制"，而严复翻译赫胥黎的《天演论》，以达尔文进化论为变法图强提供理论依据，产生了振聋发聩的影响。

1898年（戊戌年）在康有为等维新派的筹划鼓动下，光绪皇帝下诏变法，史称"百日维新"。由于新政举措过急过激，引起保守势力的强大对抗，改革很快失败。"戊戌六君子"被杀，新政中的措施除京师大学堂以外基本被废。

维新变法运动是中国近代化的一次重要探索。甲午战争战败所引发的空前严重的民族危机，迫使知识分子不得不反思洋务运动的缺陷，尝试比"器物"更深层次的政治体制的变革，另一方面在学习西方的同时，又不得不面对西方文化的挑战。所以，从中国自身的政治文化传统中汲取力量来推进近代化变革，几乎是一种必然的选择。它的失败，不能仅仅归罪于慈禧太后等人的守旧反动，更多是因为当时中国社会既缺乏推行民主政治的群众基础和领导力量，也缺乏对社会变革的足够耐心。尽管如此，但它形成了近代中国第一次思想解放的高潮，也激发了国人对办报议政、开启民智的热情。

几乎在同一时间，山东一带兴起了义和团。

近代以来西方国家的扩张，不仅加剧了王朝的统治危机和民众的生计困难，也形成了中西方两种文化之间的剧烈冲突。怀着对帝国主义的愤恨和对洋教的不满，部分底层民众在地方官员纵容甚至授意下，发起了一场规模宏大的排外运动。义和团多以"扶清灭洋"为旗号，以区域民间武装为组织，以咒语巫术和迷信仪式为手段，进攻教堂，掳杀洋人，烧毁洋行，破坏铁路，从乡村进入城市，跨州越府，蔓延至直隶和京津地区。慈禧和部分清朝权贵在拒绝近代化变革的同时，认为"民心可依""仗神威以寒夷胆"，直接向列强宣战。1900年，八国联军以救护"商民教会"为由悍然入侵，在攻陷天津十天后攻入北京，义和团在激烈对战后迅速溃败解体，是为庚子之变。在战败慈禧光绪弃城"西狩"之际，统治者下令和侵略者一起镇压了义和团。

这场反帝排外的农民运动中，爱国主义情感和传统的小农意识紧密联结，反映出"旧式小生产者在民族自强和近代化变革重合交织面前所产生的迷惘"。京师失守和新的不平等条约，成为这场因爱国而误国的盲目排外运动留下来的最大悲剧。这一动荡仅发生在北方，中国南方因为李鸿章、张之洞、袁世凯和刘坤一等地方督抚与列强之间"中外互保"，而得相对安宁。清政府统治下的中央权威一步步衰落。

除此之外，在民族危机中登台的还有近代中国工商业资产阶级。产生于19世纪六七十年代的民族工业，在甲午战争后得到了初步发展。其中原因包括清政府在对日巨额赔款面前做出的政策调整，适度鼓励民间投资发展工商业以扩大政府税源，近代以来商品经济较快发展，自然经济不断解体，以及"实业救国"思潮的兴起。代表人物如张謇，作为科举状元毅然弃官经商，反映了传统士大夫经世致用精神的新发展。19世纪晚期中国工业化既是顺应世界工业化潮流的"自变"，又是救亡图强背景下的"应变"。然而，在几千年的小农经济及其惯性传统的面前，这种"变"新仍然十分有限。

## 第三节　清末民初的社会剧变

庚子之变后清政府主动推行"新政""预备立宪"，企图以此挽救统治危机，但最终在武昌起义的枪声中猝然倒下。

民国初年的中国在帝制与共和之间徘徊片刻后，又走上军人独裁政治和军阀割据之路。而这一时期民族工业的迅速发展，社会风气的焕然一新，以及新文化运动的蓬勃开展，则反映出中国社会在震荡中的近代化转型。

这一历史时期，正是唐德刚先生所言为"帝制"到"民治"

的社会转型阶段。中国在传统与现代、改良与革命、欧美与苏俄之间一次次进行着艰难的抉择。

## 一、清末新政

八国联军侵华后，清政府被迫于1901年再次签订不平等的《辛丑条约》，答应偿付列强各类赔款4.5亿两白银（分39年偿清，本息共计达9亿余）、拆除京津海防炮台并允许驻扎外国军队、惩办支持义和团运动的官吏及地区等。《辛丑条约》标志中国完全沦为半殖民地国家，中国在国际上的地位跌入谷底。反清革命的呼声日渐高涨。

1901年慈禧太后用光绪皇帝的名义颁布上谕，命督抚以上大臣就国政民生等问题详细议奏，并宣称"世有万祀不易之常经，无一成不变之治法"，踩着戊戌变法的脚印走向清末新政（庚子新政），以挽救油尽灯枯的大清帝国。改良与革命开始赛跑。

在经济领域，允许自由发展实业，奖励兴办工商企业，鼓励组织商会团体，并加快修建铁路的步伐；在教育领域废除了科举制度，建立健全各级学校教育体系，并鼓励赴东洋、欧洲留学；在军事领域主要为编练新军。

新政最值得关注的是政治领域的宪政尝试。1905年，清政府派五大臣出洋考察，回国后提出"强国必须宪政"；1908年颁布《钦定宪法大纲》，规定君主大权和"议院不许干涉君主"，宣布"臣民需在法律范围内行使权利"。随后，资政院和各省谘议局选举成立。但是在慈禧和光绪去世后，狭隘庸碌的清朝权贵在1911年新内阁组建中，13名成员中8人为满人且多为宗室，被当时革命党及立宪派讽刺称为"皇族内阁"。

清末新政是清王朝的最后一次自救运动，也是中国近代化的重大事件。新政推动了民族工商业的成长和民族资产阶级的壮大，促进了近代中国教育的巨大发展，也有力地推进了近代中国政治民主化和法制化建设。但是新政也为清政府的灭亡吹响了号角：留学生和新报刊鼓动着革命，新军中埋藏着未来的起义军和军阀力量，而"皇族内阁"的出现基本上使立宪派放弃了对清王朝最后的期望。在捍卫铁路股权的民众喧嚣声里，武昌起义发生了。

## 二、辛亥革命

辛亥革命从广义上讲，是指清末孙中山等领导的推翻清政府统治的资产阶级革命，而非仅仅是1911年的武昌起义。

从1894年孙中山建立兴中会开始，革命组织多与会党联合，以"反满兴汉"为旗号鼓动反清。1905年同盟会成立，孙中山提出"驱逐鞑虏，恢复中华，建立民国，平均地权"的政纲，把反清和西方民主国家建设理论相结合，形成其三民主义理论。革命党以起义暴动、舆论宣传为主要手段展开活动，声势日盛。伴随保路运动以及黄花岗起义等连续冲击，清政府统治已经千疮百孔。

1911年10月武昌起义爆发并成立湖北军政府后，多米诺骨牌效应开始显现，特别是南方各省，立宪党、会党、旧官僚蜂拥而上，各地纷纷宣告"独立"，清政府统治崩溃。1912年中华民国成立，孙中山在南京就任中华民国临时大总统。惶恐之中清廷请出已经被"因病致休"的袁世凯收拾局面，南北之间决定和谈。

手握重兵且善于权谋的袁世凯接受南方条件，宣布拥护共和,并逼迫宣统帝于1912年2月退位。两千多年的帝制在形式上宣告结束。但为了巩固共和成果,约束即将上台的袁世凯的权力,临时政府参议院通过《中华民国临时约法》,宣告民国主权属于国民全体,规定政府实行三权分立,以及责任内阁制(意味着实行虚位总统制)。

辛亥革命是近代中国政治民主化的里程碑,是传统中国从帝制走向共和的分水岭,也为近代民族资本主义的发展和思想文化的解放创造了条件。但是,由于缺乏充分的经济、政治条件和广泛的民众启蒙,与三民主义目标相比,辛亥革命的成果仍然有限。

### 三、民国初的政治

从武昌起义到民国建立、清帝退位,其间不过数月。共和政体的建立既没有经历长期艰苦的斗争,形成团结、强大和富有经验的民主政治力量,又没有依据中国的现状提供成熟的思想理论体系和稳定的经济供给系统。因此,临时政府只维持了几十天就不得不将权力移交给以袁世凯为代表的北洋军人(北洋政府)。但是《临时约法》规定的虚位总统制,又不可能使新政权拥有集中高效的运作机制。袁的个人野心在这种特殊环境中转变成一系列颇为反动的行动,军人政权和民主共和力量甚至部分立宪派力量激烈对抗,引发了"辛亥革命三次余波"。

1913年,由刺杀宋教仁案引发了国民党反袁的"二次革命",孙中山等兵败出走日本,组建中华革命党;1915年,袁世凯宣布复辟帝制,蔡锷、唐继尧等宣布云南独立并起兵讨袁,梁启超发表雄文痛斥复辟丑剧,随后南方其他各省亦纷纷宣布独立,袁世凯被迫宣布取消帝制,并于数月后病逝,是为"护国运动"（护国战争）；1917年张勋带兵入京试图复辟帝制失败，段祺瑞掌握北京政权，拒绝恢复《临时约法》和国会，孙中山号召维护《临时约法》，在广州召集"非常国会"，并联合西南军阀，成立护法军政府，是为"护法运动"（护法战争）。其中最明显的事实是，尽管封建思想根深蒂固，但国民已经普遍接受共和政体的现实，因此帝制的复辟在中国已经绝无可能。

民国初年，从中央到地方基本上都是军人主政，在袁世凯去世后就演变成军阀割据战争的状态。同时，孙中山等辛亥以来的革命派仍然坚持继续革命，努力实现国家的统一和民主宪政。中央与地方的争夺，南方与北方的对抗，军阀与政客的勾结，民主与专制的纠结，形成民国政治的动荡与共振。

### 四、民族工业的春天

民国初年，中国民族工业迎来一个短暂繁荣的"春天"，其原因是复杂的。首先，民国政府——无论是南京临时政府还是北洋政府，在态度上非常重视商业发展，出台了一些措施，成立了中华总商会等组织；同时，清末新政以来的法制建设继续得到延续，军人政权对工商业的控制力因中央集权的涣散而有所削弱，客观上为民族工业的自主发展创造了条件。其次，民国初年的民族主义受1915年"二十一条"等事件刺激，以及其他反对军阀政权的呼声不断高涨，使群众性的"爱用国货"和民族资产阶级"实业救国"的运动出现了新高潮。

但是最重要的是"一战"带来的机遇。欧战使中国进口减少而出口增加，推动了国内棉纺织业、面粉加工业、水泥和火柴制造等行业的空前活跃，近代工业中民族资本的份额增长明显，涌现出一批有名的实业家，如张謇、周学熙、荣氏兄弟等。他们对于技术的重视，也促进了近代中国专业技术人才的培养。

在此过程中，近代民族工业发展中的问题也越发清楚地暴露出来。从产业结构来看，轻工业发展较快而重工业严重滞后；从产业分布来看，东（南）部沿海和长江中下游地区相对集中，西部地区仍然非常落后。在有利的形势下，有的民族资本家盲目乐观，设厂过多而又经营不善，后期出现部分企业倒闭或被兼并的现象。另外，除上海、天津等大城市外，各地受军阀战乱的冲击，也影响了民族工业的发展。

民族资本主义的发展，也成为新文化运动和五四运动的发生条件。

### 五、新文化运动

民国的建立并没有带来和平与秩序，共和形式下的帝制复辟、军阀割据、道德沦落以及帝国主义势力的扩张，在政治动荡中加速了社会价值、社会规范新旧交替的脱节。1915年袁世凯称帝复辟的同时，"尊孔复古"的回流应运而生，这击碎了深受西方教育影响的知识分子对辛亥以来国事的乐观期待。激进民主主义者认为，要确立共和宪政，以及现代法制和经济，必先根除对国人思想影响深重的传统儒家伦理文化。陈独秀大声呼吁"伦理的觉悟，为吾人最后觉悟之最后觉悟"，作为一场思想革命，新文化运动兴起。

1915年陈独秀在上海创办《青年杂志》（后改为《新青年》），面对尊孔复占的潮流宣称"要帝制不再发生，民主共和可以安稳……非先将国民脑子里所有反对共和的旧思想一一洗刷干净不可"，"惟属望于新鲜活泼之青年，有以自觉而奋斗"，从而揭开了新文化运动的序幕。1916年蔡元培出任北京大学校长，打破其求仕官气，以兼容并包的态度海纳不同的学派大家，自由表达各自的理论观点。随着陈独秀、胡适、鲁迅、李大钊、刘师培、辜鸿铭等人纷纷进入，各抒己见，相互争鸣，北大吸引了大量年轻有志的青年前来学习，成为新文化运动的中心。

新文化运动继续学习和借鉴西方文明成果，以"德先生""赛先生"为旗号，把民主、科学作为解决中国问题的主要途径，同时把孔子所代表的传统儒家伦理文化等同于专制、迷信和愚昧，看成是阻碍社会进步的根源，指出"孔子尊君权，漫无限制，易演成独夫专制之弊"，认为三纲五常是"奴隶道德"等，而予以深刻的文化批判。鲁迅在《狂人日记》中揭露了礼教的本质是"吃人"，吴虞甚至提出"打倒孔家店"的激进口号。排孔运动盛极一时。

新文化运动的另外一个重要内容，就是胡适和陈独秀等发起的白话文运动，即"文学革命"。以白话替代文言文，不仅仅是文字表达形式的变革，也是思维方式的一次飞跃：相比较文言文的言约义丰、模糊多解，白话文贴近民众和生活，更加清晰、准确和直接。这一时期，围绕传统文化所谓"国粹"存废，新旧交争激烈，但白话文逐渐占据上风并得到流行使用。

新文化运动是近代中国社会变迁中，传统和近代化冲突交汇的表现，虽然存在对东西方文化绝对化肯定或否定的片面倾向，但这种从文化角度介入的国民性的反思批判和呼吁改造的声音，其实正是近代以来中国人努力寻求文明进步的表现，对于国人的思想解放和中国文化在传承中的创新发展，产生了深远的影响。

新文化运动时期,西方社会的各种思想、学说被大量引入中国,"西学东渐"在文化上达到了巅峰。受俄国十月革命影响,李大钊等又开始大力宣扬社会主义,进一步丰富了新文化运动的内容。至此,现代中国思想界的三大主要流派初具规模,它们分别是自由主义(如胡适)、新保守主义(如梁启超)和社会主义(如李大钊)。

延伸阅读:
李时岳、李德征:《中国近代史》,中华书局
徐中约:《中国近代史》,世界图书出版公司
费正清、刘广京主编:《剑桥中国晚清史》,中国社会科学出版社
茅海建:《天朝的崩溃》,生活·读书·新知三联书店
唐德刚:《晚清七十年》,岳麓书店出版社
陈旭麓:《近代中国的新陈代谢》,中国人民大学出版社
史景迁:《太平天国》,广西师范大学出版社
张鸣:《辛亥——摇晃的中国》,广西师范大学出版社
张宪文:《中华民国史》,南京大学出版社
罗志田:《乱世潜流:民族主义与民国政治》,中国人民大学出版社
[美]柯文:《历史三调》,江苏人民出版社
[美]列文森:《儒教中国及其现代命运》,广西师范大学出版社

# 第六讲　新民主主义革命历程

按照传统划分方法，1919年五四运动以后到1949年中华人民共和国成立前的这段历史，一般被称为新民主主义革命时期（相对而言1840年至此期间谓之旧民主主义革命时期）。所谓新民主主义革命，是指在马克思主义理论指导下，由中国共产党人（工人阶级）领导的反帝反封建的革命斗争。

本讲主要以国际环境影响下的中国政局演变，中共在民主革命各个历史时期成长历程，近代后期中国社会的经济文化概貌等为基本内容，主要包括"以俄为师""国共对峙""抗日战争""解放战争"四个部分。

## 第一节　"以俄为师"

### 一、五四运动

第一次世界大战于1918年结束。战争破坏了欧洲，还催生了俄罗斯苏维埃联邦社会主义共和国（简称"苏俄"）以及其后组建的苏维埃社会主义共和国联盟（简称"苏联"）。这成为其后中国历史发展新走向的宏观背景。

中国作为战胜国之一，在巴黎和会提出废除外国在华特权和取消"二十一条"的要求遭到拒绝。英法还主导将德国在中国山东的"权益"转让给日本，在中国引发了一场从北京开始，以青年学生为主，社会各阶层广泛参与和关注的示威、游行、请愿、罢工等多种抗议形式的群众性运动。参加巴黎和会的中国外交使团最终未在不平等协约上签字，而北洋政府面对国内高涨的民族主义情绪，不得不对学生运动做出让步，撤销部分涉日事务的政府官员，并释放了因"过激"行为在北京被捕的学校师生。史称五四运动。

五四运动成为中国历史发展走向的转折点。对于一直以来作为学习榜样的欧美文明，部分知识分子开始有了新看法：西方文明无法摆脱野蛮的世界大战，而且在本质上依旧是以"强权"破坏"公理"的功利性文明，中国无法从他们那里得到真正意义的帮助。这种失望带来的空隙，很快被苏俄十月革命所洋溢的社会主义理想和热情所填补。

对于中国社会的这些变化，世界有着不同的解读：西方看到的是中国民族主义的高涨；苏俄看到的是中国无产阶级革命的可能。而我们在今天也许应该看到，近代以来的民族危机，变法革新乃至为追求西方式政体而发起的各种革命的"失败"背景下，以俄为师的道路成为一种历史意志的体现。

### 二、中共成立

五四运动后，马克思主义在中国得到较快发展，特别是在一些进步青年组织的社会团体中影响日盛，李大钊、陈独秀于1920年相继在北京和上海建立了共产党的早期组织。在共产国际的帮助下，1921年中国共产党成立。尽管在当时未能引起多少人的瞩目，但是从历史的眼光看，这的确是中国"开天辟地的大事变"——中国近代以来的发展轨道，从这里开始发生了本质性的变化。

中共一大提出革命目标和斗争方式，认为中国革命应该由工人阶级主导，而资产阶级及其政权正是革命要消灭的对象，因此领导发动城市工人运动是当前的中心工作。但是在共产国际的建议下，1922年的中共二大则提出了新的纲领，即"最低纲领"或"民主革命纲领"，认为中国革命的力量不仅有工人阶级，还应该有农民阶级和部分中小资产阶级，斗争对象主要是封建军阀和帝国主义，"反帝反封建"才是中国民主革命的性质所在。相比较而言，二大纲领更加接近中国的实际。

1923年，中共领导的工人运动在军阀镇压之下遭遇重大挫折。显然，国际工人运动的经典方式在半殖民地半封建的中国缺乏法治环境和政治基础，由此得出的结论是，单纯依靠和平方式显然不能解决问题，工人阶级需要革命同盟军，需要强有力的武装。

### 三、国民革命

袁世凯死后中国逐渐演变成军阀割据的局面。以北洋军阀直系、皖系和奉系为代表，为了控制地盘与财富，巩固并扩张自己的势力，他们对外依靠列强支持，对内相互发动战争。于是，"打倒列强除军阀"和"统一中国"成为新的时代主题。

南方的国民党领袖孙中山在坚持宪政共和理想的同时，先后在"护法运动"和陈炯明兵变事件中受挫，进而认为国民党在组织和思想上已经涣散堕落，必须进行改组。他开始接受苏俄革命中的部分方法观念，并且在共产国际的建议下同意和中国共产党合作。1924年国民党一大在广州召开，孙中山重新解释了他的三民主义（即新三民主义），执行了"联俄、联共、扶助农工"的新政策，宣告了国共合作关系的正式形成。同年苏俄援助建立起了黄埔军校，它是近代第一个受到政党思想教育和组织管理的军事力量。

1925年以五卅运动和省港大罢工为中心，各地出现大规模群众性的"废约运动"，同时广州革命政府平定叛乱并统一两广地区，民众力量得到充分的政治动员。1926年新成立的国民政府出师北伐，先后击溃吴佩孚、孙传芳等，迅速进军长江流域，张作霖退出北京。至此，北洋军阀的统治基本被推翻。在此期间，中共组织下的工人武装和农会组织发挥了重要作用。

1927年在北伐胜利前进的号角中，大革命阵营发生分裂。在"清党"旗号下，蒋介石和汪精卫集团先后制造四一二和七一五事变，以"分共"的名义驱除、屠杀共产党员，国民大革命运动宣告失败。

## 第二节　国共十年对峙

### 一、南京政府前期

1927年4月，蒋介石及部分国民党人在南京另行成立国民政府，即南京国民政府。经过复杂的党争和谈判，9月与汪精卫为代表的武汉国民政府合并，史称"宁汉合流"。1928年，东北军阀张学良"易帜"（改五色旗为青天白日旗），声明接受国民政府领导，至此，国民党及南京国民政府完成了全国性的党务和政权形式上的统一。但是，南京国民政府从始至终都未能摆脱这些党内的派系斗争及各种地方势力的羁绊。

1930年，蒋介石与阎锡山、冯玉祥、李宗仁等展开了"中原大战"，最终以地方军阀失败而告终，南京政府的统治基本巩固，之后逐渐加大了进攻红军的力度。从1930年至1934年，国民政府军队向中国工农红军及革命根据地发起五次"围剿"，但最终未能消灭革命力量。

南京政府成立后的前十年（至1937年），采取了一系列举措发展国民经济的，主要有：建立了四大银行，实行了币制改革；通过谈判使各国基本承认了中国的关税自主权；发起"国民经济建设运动"等，民族工业在政府的鼓励支持和民间"爱用国货"的呼声中继续得到较快发展。

## 二、农村包围城市

1927年国共关系决裂，面对国民党的血腥镇压，中共很快发动了八一南昌起义，走上武装反抗和独立革命之路。同年还组织发动了秋收起义和广州起义。其间中共中央虽然在八七会议上提出了土地革命的方针，但在共产国际的指导下，斗争的策略基本上学习苏俄以城市起义为中心的道路。这些起义虽然有重要的政治象征意义，但最终也都失败了。

这年秋冬，毛泽东率领秋收起义后的武装力量选择进入井冈山地区开展游击战，并在这一转折过程中大胆进行了一系列尝试：树立了党对军队绝对领导的原则；在武装斗争的同时开展"打土豪、分田地"的农村土地革命；通过政权建设和经济自足巩固根据地。他把对中国历史的思考和对中国农民阶级的认识融进了中国革命当中，提出"工农武装割据"理论，从而开创了"农村包围城市"的新道路。

受井冈山根据地的启发，20世纪30年代初，中共先后在南方建立了30多块革命根据地，1931年以瑞金为中心成立起中华苏维埃共和国政权，并四次击退国民政府的军事"围剿"。

但是，中共内部对中国革命的道路选择和军事战略方式存在的分歧并未就此减少。受苏联十月革命及共产国际的影响，中共中央的斗争路线越来越倾向于激进和冒险，导致第五次反"围剿"最终失利。1934年红军主力被迫撤出中央苏区，并开始了两万五千里长征。1935年1月的贵州遵义会议，真正开始逐渐确立毛泽东在中共中央和军事指挥中的领导地位。当年10月中央红军得以安全到达延安，一年后红军三大主力会师会宁，中共革命的中心转移到了北方。此时日本军国主义的铁蹄也已经从东北踏进了华北。

## 第三节 中华民族的抗日战争

### 一、关河烽烟

1929年发生的世界性经济大危机给日本带来巨大冲击，社会内部矛盾日益显现：相对狭小的国内市场和工业资源的匮乏，平民阶层对贵族政治的不满，内阁和军部之间的官僚冲突等，越来越集聚于不断增长的民族主义扩张情绪。1931年在少壮派军官的策划下，日本关东军制造了"九一八事变"（"满洲事变"），并很快占领了中国东北三省，建立起伪"满洲国"傀儡政权。

为了转移国际视线，1932年日本寻衅攻击上海制造"一·二八"事变。1933年进攻长城要塞，1935年日本实行国民经济军事化，在中国制造了"华北事变"，企图以"自治"名义推动华北成为第二个东北。1937年制造"卢沟桥事变"，扩大对华侵略。

中华民族面临空前的民族危机，抗日救亡运动蓬勃开展。

东北军民组成的抗日义勇军顽强地战斗在白山黑水之间；长城一线的西北军奋力出击，血战多伦，屡次退敌；上海十九路军顽强抵抗，迫使日军三易主帅。爱国民众更是以各种方式支持抗战：工人、市民、学生、商人，一时间抗日呼声响遍全国。

中共在抗战初期明确号召"驱逐日本帝国主义出中国"，1935年提出"停止内战，一致抗日"的主张，1936年在东北整合力量，建立了东北抗日联军。这一年最重大的政治事件莫过于西安事变。它的发生反映出中国社会多阶层共同抗战的强烈要求，而它的和平解决又为国共双方从内战走向联合抗战创造了重要条件。

二、两大战场

1937年军国主义日本发动全面侵华战争。在随后的八年中先后占领华北、华东、华中和华南的大片中国领土。在占领区，日本不仅通过各种规模的"扫荡"和"三光政策"来巩固统治，还推行"以华制华"的战略培养傀儡政府，1940年以汪精卫为首在日本占领的南京建立起的另外一个"国民政府"即汪伪政权成为日本侵华的新帮凶。另外，日本实行"以战养战"的策略，大肆掠夺中国的金融资产、厂矿企业、粮食和其他各类物资；通过殖民性的奴化教育，消除中国人的民族意识和抗争意识，以求从精神和文化上征服、同化中国。日本军队在交战中违背国际公约，通过细菌战、毒气战等方式，甚至对手无寸铁的中国居民进行疯狂屠杀——1937年12月的南京大屠杀中，30余万中国民众被以多种残酷的方式杀害。中华民族再次面临亡国灭种的危机。

在千钧一发的关头，国共的第二次合作正式实现，在此基础上的抗日民族统一战线得以建立。中共放弃"中华苏维埃共和国"的政权称号，改为陕甘宁边区政府，并同意改编红军和南方游击队为国民革命军第八路军和新编第四军，分别在华北和江淮地区建立起敌后抗日根据地。以国民党为主导的正面战场和以中共为主导的敌后战场就此形成。在延安，毛泽东系统思考此前十年中国内战中的各种问题，并在学习、思考马列主义思想理论的基础上，于此全民族抗战、民族主义思潮跌宕之际，提出了"马克思主义中国化"的重要观点，这成为毛泽东思想在理论上日渐形成的关键。至1945年中共七大召开，毛泽东思想作为继马列主义之后又一重大指导思想，被写入党纲。

面对日寇的猖狂进攻和军事优势，中国军队在正面战场进行顽强抵抗，通过组织淞沪会战、太原会战、徐州会战、武汉会战等，使抗战自1938年秋冬进入相持阶段。面对日本侵略者的进攻，临时迁都于重庆的国民政府组织动员了部分民族企业以及大学西迁，并实行战时统制经济，为抗战的胜利创造了重要条件。而中共领导的抗日武装则通过发起百团大战，并依托根据地开展各种灵活的游击战，沉重打击了日军的气焰，振奋了中国人民的抗战精神。在1940年后的极度艰苦的抗战局面下，特别是国民党顽固势力发起数次反共浪潮的情况下，中共通过组织建设和理论建设增强了自己的凝聚力、战斗力，为其后民主革命的胜利奠定了坚实的基础。

### 三、抗战胜利

在德日法西斯暴虐欧亚，尤其是1941年苏德战争和太平洋战争爆发之后，1942年，中美英苏等26国签署了《联合国家宣言》，建立起反法西斯同盟。中国远征军入缅作战，美国等盟国也加大了对中国抗战的支持，中国成为世界反法西斯战场的重要部分。

1943年中美英三国首脑在开罗召开会议，《开罗宣言》明确了共同打击日本侵略者的立场，并在法律上确认了中国对台湾地区无可辩驳的主权。同年，中国宣布废除近代以来列强在华的治外法权。

在反法西斯战争胜利前夕，1945年8月苏联对日宣战并重兵出击盘踞中国东北的日本关东军，美国先后在日本广岛和长崎投放原子弹，中国方面则发起"对日寇最后一战"的全面反攻。在盟国强大的攻势下，日本裕仁天皇发布《停战诏书》，宣布日本投降。9月2日日本正式签署投降书，9月9日在南京举行中国战区受降仪式，中国抗战取得了最终胜利，被占领五十年之久的台湾也得到光复。

抗日战争是近代以来中国对抗外来侵略的第一次真正胜利，极大增强了中华民族的自尊心和自信心，提升了中国的国际地位。抗战的艰苦性和正义性，成为我们民族历史上反抗暴政、维护主权与和平最光辉的一页。

## 第四节　人民解放战争

一、重庆谈判

1945年，世界反法西斯战争和中国的抗日战争处于胜利前夕。美、苏、英等大国通过雅尔塔等会议开始确定战后政治版图的划分，"冷战"的种子正在其中悄然滋长。而在中国，选择怎样的国家发展道路也成为国共两党所面临的重大历史问题。

中共七大会议上,毛泽东做了《论联合政府》的政治报告,提出"废止国民党一党专政,建立民主的联合政府",以及"放手发动群众,壮大人民力量"的主张。同年7月,黄炎培等作为"中间力量"的民主人士访问延安,和毛泽东在窑洞中进行了关于历史兴亡周期率的著名对话,史称"延安窑洞对话"。但随着国民党六大的召开,坚持国民党一党独裁的蒋介石关于"消灭中共"讲话的发表,使民主建国的希望在硝烟未散的现实中变得越来越渺茫。

8月,国民政府在准备内战的同时,为了占据舆论优势,邀请毛泽东赴重庆谈判。经过43天谈判,国共双方达成《政府与中共代表会谈纪要》,即《双十协定》。双方宣布了避免内战、和平建国的基本方针等,但是在中共军队和解放区政权合法性两个根本问题上没有达成协议。

重庆谈判并没有阻止内战的步伐。但它得到"中间力量"的认可,使中国共产党的主张得到了国内外舆论的广泛同情和支持,也使国民党陷入被动。

二、国共决战

1946年夏国共内战全面爆发。在此后的一年多中,中共收缩力量用以反击国民党的进攻,尤其是在西北和山东战场击退了国民党军队的"重点进攻",并抓住日本投降的时机,在东北发展壮大干部队伍和军事力量。

1947年夏,解放军以刘伯承、邓小平所部为前锋实施战略大反攻,渡过黄河,千里跃进大别山,兵锋直指长江,威慑武汉、南京，双方的战略态势开始迅速发生逆转。此后，中共在解放区开展了大规模的土改运动，从而使解放战争有了强大的后方保障。

从1948年秋到1949年春，解放军主动发起战略决战，先后组织了辽沈战役、淮海战役、平津战役，国民党主力基本被歼灭。在渴望和平的社会呼声中，国共双方再次于北平进行和谈，在美国支持下的国民政府"代总统"李宗仁派出代表，尝试通过谈判实现国共"划江而治"，而表面"下野"却握有实际大权的蒋介石仍然继续准备组织军事反击。谈判破裂，1949年4月人民解放军在渡江战役中迅速占领南京，国民党政权最终败退台湾。

作为国际承认的主权国家政权，蒋介石政府借抗战胜利之威，在内战初不仅获得了美国支持，实际上也使得苏联不得不在立场上表明"中立"，在占据巨大军事优势的同时，也控制着更多的经济资源和人口资源。但是，思想和组织上的涣散，各种派系势力的内讧，官僚资本集团的膨胀，以及经济上的种种失措导致了最终的失败。而中共自延安以来已经形成高度凝聚的共识力量和高效的军事、经济组织手段，通过在解放区推行土改和加强基层组织的建设，把分散脆弱的农民阶级变成强大的战斗力，从而改变了传统中国的政治面貌，取得了"农村包围城市"的最后胜利。

延伸阅读：

［美］费正清主编，刘敬坤等译：《剑桥中华民国史》（上、

下卷),上海人民出版社

［美］费正清、赖肖尔著,陈仲丹等译:《中国:传统与变革》,江苏人民出版社

李泽厚:《中国现代思想史论》,天津社会科学出版社

# 第七讲　新中国的建设与外交

从 1949 年至今，中华人民共和国在社会主义建设道路上经历了艰难曲折的探索，从计划经济到社会主义市场经济，从半封闭状态到走向全球化，中国取得了巨大的成就，特别是改革开放以来的四十年，中国在经济、科技、文化诸多领域的建设，以及不断提升人民生活质量方面成果赫然。一个开放、发达、包容、民主的中国将会为世界的发展进步做出贡献。

本讲按时间段可划分出中华人民共和国成立初期、曲折探索和改革开放新时期三部分，按内容则每阶段基本包括了国家政治生活、经济和文化建设、外交政策及活动等。

## 第一节　中华人民共和国成立初期的新面貌

1949 年春，中共七届二中全会在西柏坡召开，毛泽东告诫党内同志在即将"进京赶考"时，务必保持谦虚、谨慎、不骄不躁和艰苦奋斗的作风。1949 年 10 月 1 日的开国大典则宣告了中华人民共和国的诞生。诗人胡风激动地写道："时间开始了！"

### 一、三大制度

中华人民共和国成立初期，解放战争在西南、华南地区进行到尾声，人民政府通过一系列强有力手段，巩固了新生政权，同时，建立起中国社会主义民主政治的三大制度。

一是人民代表大会制度。中华人民共和国成立时的临时性立法机构是中国人民政治协商会议，其中除了中国共产党，也包含了支持新中国政权和建设的社会各方面代表。1949年9月在北平召开了新政协第一次会议，讨论了新中国政权成立和新政府的构成问题，通过了作为临时宪法的《共同纲领》。1954年，在北京召开第一次全国人民代表大会，它通过的《中华人民共和国宪法》，规定人民代表大会是国家最高权力机关，人民代表大会制度是国家的根本政治制度。

二是中共领导下的多党合作、民主协商制度。它的实际运行开始于新政协第一次会议，1954年之后其临时性的立法职能被人大取代，随后转变为重要的参政议政和民主监督机构。

三是民族区域自治制度。鉴于中国自古以来就是一个以汉族为主，多民族分区聚居的国家，以及实行民族平等、共同团结发展的愿望，允许在主权统一和中央领导下，于少数民族地区建立各级自治行政区域，最大限度保证少数民族的各种权益。

二、"一五"计划

1949—1952年人民政府通过没收官僚资本、建立全民所有制经济，以及在上海打击不法商人等手段，逐渐掌握了国家经济命脉和市场主导权，通过在全国开展土改运动消灭了地主土地所有制，基本实现了"耕者有其田"的理想，使国民经济得到恢复和初步发展。如何尽快改变贫穷落后的面貌，使中国向社会主义工业化强国过渡，则成为新中国发展道路上的关键问题。为此，中共中央借鉴苏联经验，从1953年开始实行了第一个五年计划。不同于一般性的建设计划，它的独特之处在于对生产资料私有制的"社会主义革命"和有计划地开展大规模工业化同步实施，史称"一化三改造"。

"一化"指社会主义工业化建设。"一五"时期的工业化不仅得到苏联在技术上的大力支持，也秉承了苏联的工业化道路，国家集中力量以行政手段采取高积累多投资的方式，有计划地优先推进重工业，在原有基础上建立起东北重工业基地，实现了钢铁、煤矿、汽车甚至飞机制造业的重大进步，初步改变了中国工业长期落后的局面。

所谓"三改造"，指的是对个体农业、手工业和资本主义工商业的社会主义改造，具体而言就是通过动员个体农户和手工业者加入合作社的方式，以集体所有制替代了个体小农户私有制；通过加工订货和"公私合营"、和平赎买，最终把资本家改造为"社会主义劳动者"，把私营工商业逐渐转变为国营经济。"三大改造"在1956年基本完成，它的政治意义在于标志着社会主义制度在中国的基本确立；它的经济作用在于为新中国工业化的起步提供了必要的粮食、资金和原料保障。

需要强调的是，后来长期占据主导地位的计划经济体制，即单一的公有制体制和高度集中的计划管理模式，也正是这样在"一五"期间逐渐确立起来的。

三、外交伊始

新中国成立之初外交面临着极其复杂的问题，一是"二战"后的国际形势，二是中国共产党在意识形态原则和现实外交利益当中的权衡。战后世界正在美苏"冷战"中逐渐形成两大阵营、两极格局，传统殖民体系走向崩溃，亚非拉地区独立运动高涨。

新中国继续得到盟友，得到和平保障和建设条件，但是美国在"冷战"思维的影响，以及对新中国政权认识不足的情况下，对新中国采取了一系列封锁、孤立的政策。这一时期，来自苏联及其东欧盟友的支持则成为新中国外交的必然选择。实际上，开国大典后24小时内，苏联就率先承认了中华人民共和国。

外交伊始，毛泽东用形象的语言表明了中国的立场："另起炉灶""一边倒""打扫干净屋子再请客"，宣示了新政权的独立地位，明确了与社会主义国家的特殊关系，但是也为中西方发展外交留下了空间。

1950年的朝鲜战争中，中国在"抗美援朝、保家卫国"的口号下出兵朝鲜半岛，把美国和韩国的"资本主义势力"逼停在"三八线"附近，稳定了半岛的政治局势，当然也加深了中美之间的对抗。此后近三十年中，中国被迫选择对外的半封闭状态，"关起门来搞建设"。但是，这场战争的确使美国扩大战争的可能性破灭，减轻了来自周边地区的军事压力，并扩大了中国在新民族独立国家中的地位。

1953年开始，中国外交的目标显然是想突破"社会主义阵营"的意识形态框架，与周边国家和亚非拉新生民族独立国家建立更广泛的联系。这年和印度政府谈判边界问题时，周恩来提出了"和平共处五项原则"，得到国际社会的肯定和赞誉；1954年作为"世界大国"参加了在日内瓦召开的关于朝鲜半岛、印支半岛的和平问题的讨论。1955年在印尼万隆召开的亚非会议上，周恩来又提出更加灵活的"求同存异"的外交原则，这使中国得以打开了接通亚非国家的大门。

20世纪50年代前期，中国保持着与苏联的亲密关系。

1950年缔结了《中苏友好同盟互助条约》;"一五"计划中苏联不仅援助了中国的重工业项目,还派出大量的专家参与了新中国的建设。苏式服装、学习俄语是那个时代的流行符号。苏共二十大以后,特别是20世纪50年代末开始,双方渐行渐远。

## 第二节 曲折前进的二十年

1956年,生产资料的社会主义三大改造完成,中国迈进全面建设社会主义阶段。鉴于苏联政治、经济建设中暴露出的问题,中国更加注意寻求加强内部团结,稳健推进经济,试图探索自己的社会主义建设道路。但是由于种种原因,"左"倾冒进主义思想最终占据了上风。经济建设领域的群众运动方式,意识形态领域"以阶级斗争为纲"的出笼,实际上为"文化大革命"运动的发生提供了全民动员的手段和全民想象的情境依据。

1966年后的十年,中国基本笼罩在"文革"大幕之中。在欧美资本主义国家、日本以及"亚洲四小龙"科技腾飞、经济跨越之际,中国虽然有"两弹一星",有基础建设领域的一些成果,但仍然被认为在第三次科技革命中,失去了宝贵的二十年。

鉴于中苏、美苏关系的新变化,中国在强调"国际无产阶级革命"立场的同时,调整对美国的外交政策。这成为中华人民共和国成立后外交领域最重大的突破。

### 一、全面建设

1956年,随着三大改造的完成,中国的社会主义经济体制基本形成，全面建设社会主义成为必然的考虑。毛泽东为此做了《论十大关系》的报告，尝试谨慎地、不走苏联"弯路"地探索中国自己的道路。中共八大召开，先是定下基本的方向：团结一切力量，把中国建设成为社会主义工业化强国；然后是定下经济建设的基本原则，"在综合平衡中稳步前进"。除此之外，还提出在政治领域加强党的民主建设，并与其他民主党派"长期共存，互相监督"；在文化科技领域实行"百花齐放，百家争鸣"的方针。

1957年反右运动扩大化，使"全面建设"出现了过激的政治色彩。这种过激的思想在其后的二十年中从经济到政治，以及向文化领域不断渗透，成为影响中国现代化进程的主要因素。

1958年，"鼓足干劲，力争上游，多快好省地建设社会主义"的总路线被提出。紧接着，强调"速度是灵魂"的"大跃进"运动开始。全民"大炼钢铁"，各类浮夸的"放卫星"，多地宣称"已经建成共产主义"等闹剧纷纷登场。同年，"人民公社化"运动也席卷中国农村，"吃食堂""大锅饭"成为时髦。规模更大、公有化程度更高的人民公社体制取代了农村合作社。在"三面红旗"（总路线、"大跃进"、人民公社）指挥下，一切都如同登上"快车"，"赶英超美"并成为社会主义阵营新楷模的理想仿佛触手可及。

但是1959年开始的"三年困难时期"粉碎了这些理想。统制经济被一再强化，各种票证如粮票、布票、油票、糖票等成为严格控制消费的重要手段。在艰难度日的1960年，中央政府不得不同意政策调整，减少工业指标，加大农业扶持，甚至默许一些地方对产品进行少量"奖励性分配",以提高农民生产积极性。这些调整措施使国民经济得以再次恢复。

总体上看,1956年以来的十年建设,虽然经历了曲折坎坷,但是仍然取得了较大成就,钢铁、能源、交通等领域都颇有建树。1964年第一颗原子弹的成功爆炸,是军工领域最了不起的成就。它使中国进入世界拥核国家行列,极大提高了中国的国防实力和国际地位。

**二、十年浩劫**

1966年夏,中共中央先后发出通知,要求开展"文化大革命",向党、政、军、文各界的"资产阶级代表人物""开炮"。全国范围内先是红卫兵运动汹涌而来,后是纷纷产生各级"革委会"和各派"革命力量",冲击党政机关,相互"武斗""夺权"。全国陷入混乱当中。中共中央许多高层领导先后被"打倒""批判",作为国家主席的刘少奇甚至搬出宪法都无法自保。其余上自国家领导,下至普通百姓,包括民主党派、文化名流等,被冠以"走资派""封资修""地富反坏右"等罪名,惨遭关押审判、游行批斗、强迫劳改等迫害。

这种不计成本的政治斗争,破坏了中国新建的脆弱的民主法制,打击了国民经济的正常建设与发展,也冲击了文化建设和教育事业——响应领袖号召"上山下乡"的青年固然得到"贫下中农的再教育",但是中国失去了在第三次科技革命中的十年宝贵时间。1976年的"文革"结束时,中国的经济、教育已经处于崩溃的边缘。这是中国现代史上破坏性最强、持续时间最长的政治运动,所以也被称为中国现代史的"十年浩劫"。

"文革"发生的原因值得深思。漫长的封建专制历史所累积的高度集权惯性,"一言堂"之下缺乏权力制约机制,过分强调意识形态斗争的固化思维,对国际形势的严重误判等,最终形成"以阶级斗争为纲"的路线方针,并通过各种方式的个人崇拜引导"群众"发起运动,以求"改造"社会,并在复杂的世界形势下确保"革命成果"的不变色,最终酿成一场悲剧。这一民族性的历史大动荡,反映出了中国现代化探索中的艰难曲折与严重错位。

### 三、外交成果

20世纪60年代的中国,在国家外交方面形势严峻。中苏关系不断恶化,甚至在中国东北、西北地区出现了局部武装冲突。双方不仅在中苏、中蒙边境地区形成武装对峙,也在意识形态领域相互指责批判,社会主义阵营走向分化。这一时期,美国在越南扩大了战争,也引起中国的担忧。通过抗美援越的行动,中国努力防止美国势力在南方的渗透。这样,"打倒苏修和美帝""两个拳头打敌人",以及全面备战政策等,展现出中国对外的强硬姿态。

但是直接对抗两个超级大国并不是符合客观利益的最佳选项。很快,毛泽东就提出"一条线""一大片"的新外交策略,要求加强对亚非第三世界国家和东欧部分社会主义国家的联系和援助,并逐渐改善与西欧资本主义国家的关系,努力扩大中国在国际舞台的空间,对抗美苏的威逼。

转机在20世纪60年代末逐渐出现。美苏争霸中开始处于下风的美国,不得不考虑调整对外政策,缓和与中国的紧张关系,用以减轻来自苏联方面的压力。同样,中国面对咄咄逼人的"苏联修正主义"的政治打压和军事威胁,也急需突破僵化的意识形态束缚，进一步改善自己的国家外交环境，而对美关系显然是扭转不利局面的关键所在。1970年中美乒乓球运动队的互动，1971年基辛格秘密访华，是中美双方关系走向"破冰"的重要环节。

1971年，在美国事实上已经承认中华人民共和国合法性的背景下，尽管中美之间对台湾问题仍存在巨大分歧，但第26届联合国大会上，在亚非众多国家的支持下，中国终获联合国合法席位，特别是常任理事国的地位。

1972年，尼克松总统访华，中美在上海签订《联合公报》，标志着双方二十多年敌对状态的结束，中美关系开始走向正常化。受此影响，日本首相田中角荣于同年高调访华，并迅速实现了中日邦交正常化。这一时期，西方国家纷纷与中国建立正式的外交关系，而中国的外交则自此打开了新的局面，迎来中华人民共和国成立后的第三次建交高潮。中美关系正常化，是20世纪70年代中国外交的关键所在。

## 第三节　改革开放的新时期

1976年毛泽东主席去世，"文革"也随之结束。此后两年中，中国始终在保守与变革之间徘徊。保守者坚持毛泽东时代的基本路线与思想，宣称"两个凡是"："凡是毛主席做出的决策，我们都坚决维护；凡是毛主席的指示，我们都始终不渝地遵循。"这固然有利于局势的稳定，但也反映出旧思维的延续。而以邓小平为代表的变革者则从文化领域开始迈出步伐，1977年恢复了高考制度，1978年初召开全国科学大会，努力推动教育和科技发展，同时还在《光明日报》《解放军报》等报刊上掀起了关于真理标准问题的大讨论，深刻促进了这一时期的思想解放。

1978年党的十一届三中全会的召开，否定了"无产阶级专政下继续革命"的论调，肯定了"实践是检验真理的唯一标准"的论断，决定实行改革开放，从而成为中华人民共和国成立后中国发展历史中转折性的决策。此后的中国进入社会主义新时期，社会主义民主政治的三大制度得到恢复，在拨乱反正中，中国经济通过改革开放迅速发展起来。

## 一、改革开放

1978年中共十一届三中全会，是中国走向改革开放的开端。会议停止了"以阶级斗争为纲"的极左路线，决定以经济建设为中心任务，实行经济体制改革和对外开放政策。会议也实际形成了邓小平的核心领导地位，他主张"实事求是，解放思想"，是现代中国改革开放的"总设计师"。

20世纪八九十年代是改革开放的初期阶段。中国的广大农村逐渐放弃"人民公社"的"大锅饭"体制，赋予农民生产自主权，实行"家庭联产承包责任制"。这种土地国有前提下的小农经济，极大提高了农民的生产热情。在城市，1984年起政府同样扩大了国有企业（当时只有这种企业）的生产、管理自主权，并且尝试允许私人经营部分小规模工商业，以及开放农副产品市场。城市经济的活力逐渐得到释放。

从1980年设立经济特区，到进而设立沿海开放城市和经济开放区，到20世纪90年代中国初步形成以东部沿海地区为前沿的对外开放格局，扩大对外贸易，引进外资技术，使现代中国走向了国际经济舞台。

面对经济全球化的时代潮流，以及苏联解体带来的各种冲击，1992年邓小平连续发表"南方谈话"，排除意识形态下的"道路"质疑，强调坚持深化改革，特别是市场经济体制改革的重要性。同年召开的中共十四大把建设中国社会主义市场经济体制确立为总目标——中国的改革开放进入新的阶段。1997年中共十五大完善了社会主义基本经济制度的理论，指出多种所有制是社会主义经济的组成部分。国企的股份化改革，民营企业、外资企业及合资企业大量涌现。

2001年，中国经过艰苦谈判，成为世贸（WTO）组织的一员，对外贸易随之进入一个高速发展时期。

二、"一国两制"

自古以来，中国就是以统一为主流的多民族国家，以儒家为中心的传统文化所承载的大一统观念和家国天下的情怀，养成了国人在历史和文化中对国家统一的高度认同，而近代中国反抗外来侵略、追求独立富强的曲折过程，则无疑加强了对国家统一和民族复兴的情感诉求。

台湾问题是第二次国共内战所导致的历史遗留问题。在中美之间的长期对抗中，它演变为一个焦点。20世纪70年代末期，中国走向和平发展、对外开放，中美之间的关系持续缓和。在这一大背景下，如何解决台湾问题考验着中国领导人的智慧。大陆先是在行动上释放出和平善意，紧接着通过全国人大发表《告台湾同胞书》，提出和平统一的愿望。到20世纪80年代初期，邓小平多次阐述"一国两制，和平统一"的政治构想，期望在一个中国的主权框架下，大陆实行社会主义制度，而港、澳、台则可以保留资本主义，这是结合中国国情，对传统的社会主义国家学说的一次大胆突破和创新。

1997年、1999年，经过中英、中葡谈判，港、澳和平回归，实行港、澳自治的"一国两制"体制，成为保持其繁荣稳定的重要保证。但台海两岸的关系虽然自20世纪80年代开始破冰，经济文化交流也十分频繁，"九二共识"达成至今先后有国民党、亲民党的高级领导亲赴大陆展开政治互动，但是在岛内复杂的民情以及大国之间的博弈等等历史、现实因素之下，国家的统一之路仍然曲折而艰难。

### 三、多边外交

20世纪80年代以来，国际形势日趋缓和，这给改革开放、大力发展经济的中国带来良好的机遇，国家对外政策也随之发生调整。

适应现实需要，中国开始推行"无敌国"外交理念，于是"不结盟"成为新时期和平外交的基本政策。

1978年以后的三十余年中，中国外交的主要内容包括以下几个方面。

一是以联合国为中心开展多边外交，加大与世界各国在经济文化交流，国际反战、反恐、反贫困等领域的合作。充分利用安理会常任理事国的地位，积极参与各类国际事务的处理。二是加强与周边地区国家的友好关系，发展新型区域合作，如1991年加入"亚太经合组织"，2001年倡导建立"上海合作组织"，以及与"东盟"组织成员国的多边合作。三是谨慎处理与美国的关系，承认并管控分歧，寻求多领域合作，推动经济全球化、国际关系民主化的有序发展。

总体上，新时期外交政策的合理调整，以及灵活务实的多边外交，成为中国经济腾飞和国际地位提升的重要保障。

延伸阅读：

陈廷湘编：《中国现代史》，四川大学出版社

［美］R.麦克法夸尔、费正清编：《剑桥中华人民共和国史》，中国社会科学出版社

［美］杜赞奇：《从民族国家拯救历史：民族主义话语与中国现代史研究》，江苏人民出版社

［美］史景迁：《追寻现代中国》，四川人民出版社

# 第八讲　古代西方的政治文明

"不学习中国历史，就不知道中国的伟大；不学习世界历史，就不知道中国的落后。"从本讲开始进入世界史部分，围绕"影响人类文明进程"的突出内容，主要了解古希腊的民主政治和古罗马的法制成果。

## 第一节　古希腊民主政治

古代希腊是西方历史的开源，位于地中海东部，大致以希腊半岛为中心，包括爱琴海诸岛，小亚细亚西部沿海，爱奥尼亚群岛以及意大利南部的一些岛屿。古希腊早期出现过克里特文明和迈锡尼文明，并先后衰亡。公元前12世纪开始，经历了相对混乱动荡的三百余年（即"荷马时代"），再次进入繁荣时期。

### 一、古希腊城邦

古希腊地理环境比较特殊，地处亚非欧三洲交会之处，希腊半岛三面环海，整个地区多山多岛。柏拉图说："我们环绕大海而居，就像青蛙环绕着池塘。"这种环境不利于大规模的农耕活动，但总体上商业活跃，海外贸易和殖民活动频繁，并由此形成了自由开放的胸襟和个体平等的价值观念。

公元前8世纪起，古希腊地区先后出现了数以百计的城邦，并且在其后长达二百年的殖民运动中，希腊人先后建立起更多的殖民城邦。城邦是古希腊的一种国家形态，它们是古希腊文明的基本政治单位。

城邦一般包括一个中心城市，加上城市周围的郊区和农村。多数城邦都有自己的神庙和广场，它们是城邦的精神信仰和文化交流场所；也会有集市设立在城市中，用以解决人们的商品交易。由于各个城邦的地理地形不同，所以经济上也是各有特点。如雅典，海岸线曲折，有天然良港，所以工商业就非常发达；而斯巴达以农业为主，工商业不够突出，甚至没有中心城市。

古希腊城邦的突出特点是小国寡民，各邦独立自治。各城邦面积很小，人口较少。古希腊最大的城邦斯巴达面积仅8400平方公里，人口总计不过40万，而90%左右的城邦人口不超过1万，面积不过几十平方公里甚至更小。这些城邦都不具备绝对实力，因此相互间承认彼此的主权独立。

这些城邦有不同的政体，但在本质上都是公民的集体统治。公民，在古希腊语中的本意就是"城邦的人"，其范围只局限于除妇女、奴隶和外邦移民之外的本城邦成年男子。公民集体构成城邦，统治城邦。他们只有通过城邦才拥有政治权利，以及占有土地和房产的特权。所以亚里士多德说："人是城邦的动物。"

城邦是公民共同体，所以完全意义上独立自由的公民个体是不存在的，他们只能存在于城邦之中。城邦既承载公民的自由，又约束着公民的自由，公民与城邦是共存亡的，失去城邦则公民失去一切权利，沦为奴隶。

小国寡民的状态为古希腊城邦实行公民政治提供了必要前提。

**二、雅典民主政治**

雅典城邦是古希腊文明的典型代表,它在政治、经济、文化等各方面都取得了辉煌的成果,是古代人类文明多地区发展中的杰出表现者。

雅典城邦兴起之初曾经经历君主制度,但它很快被贵族政治所替代——东方式的绝对专制在古希腊文明中没有土壤。这些贵族,又可以称为氏族贵族,他们对城邦进行小范围的联合统治,而来自原住部落的其他自由民,以及形式上的部落大会及公民大会没有实质性权利。雅典的公民主要由传统贵族和平民构成,平民中除了大量的农民,还包括新崛起的工商业奴隶主。为争取政治权利,平民与贵族发生了长期的斗争。雅典的民主政治先后在梭伦、克利斯提尼和伯里克利时代得到确立和发展。

公元前594年,梭伦作为执政官进行了一系列改革,主要目的是缓解平民与贵族之间的矛盾,并发展雅典工商业。改革中最能体现其中庸性特点的是公民四等级划分法。规定按一年农产品收入的总量把公民分为四个等级,各等级的政治权利依其财力之大小而定。通过财产等级取代血缘等级,对贵族世袭权利既有限制,又有保留,同样对于平民既有限制,又有保护,扩大了其政治权利。改革内容还包括,设立四百人会议作为公民大会的常设机构和最高行政机关;设立陪审法庭(民众法庭)作为最高司法机关,陪审员由所有等级的公民经抽签方式选出。梭伦改革奠定了雅典民主政治乃至西方民主政治的基础。

公元前506年，执政官克利斯提尼推行了一系列重大改革。他规定废除传统的四大部落选区，代之以国家统一划分的十个新的（部落）行政选区，并从十个选区任何等级公民中，经抽签各选出五十人组成五百人会议以取代四百人会议，从而进一步打破了传统贵族对国家政治的垄断，也标志着雅典国家的形成。推行陶片放逐法，用以打击政治野心家，"捍卫全体人民的利益"。当然它有两面性：一方面是维护了雅典的民主政治不受个人独裁的冲击；另一方面有可能形成群众的非理性选择，容易受人利用，从而形成权力的滥用与误用。

伯里克利时期（公元前5世纪），雅典的民主政治发展到顶峰，主要表现在：国家公职几乎对所有公民不分等级地公平开放；国家最高权力机关公民大会、最高行政机关五百人会议、最高司法机关陪审法庭，结构健全而且职责明确；国家通过诸多手段刺激公民的参政意愿；选举制、任期制等完全成熟。伯里克利在演讲中骄傲地说："我们的城市是全希腊人的学校。"

```
         ┌──────────┐
         │  公民大会  │
         └────┬─────┘
    ┌─────────┼─────────┐
┌───┴───┐ ┌───┴───┐ ┌───┴───┐
│五百人  │ │民众陪  │ │十将军  │
│议事会  │ │审法庭  │ │委员会  │
└───────┘ └───────┘ └───────┘
```

**伯里克利时期雅典民主政治示意图**

但是，雅典的民主政治依然存在致命的缺陷。首先，它仅仅是雅典公民内部的民主，它把其他人排除在国家政治之外，因此这种有限民主仍然是维持着社会不公的统治手段。其次，它是一种小国寡民前提下的直接民主，它不仅不具备普适性，还存在巨大的内在危机：专业知识不等，道德素质不同的公众，通过进入公民大会直接参与国家事务的管理与决策，在这里野心家、演讲家几乎都等同于政治家，民众的集体无意识也就决定着国家的命运和前途。而在陪审法庭，那些临时抽签产生的陪审员成为最高法官，这种机会均等完全不能保证审判结果的公正。苏格拉底对此进行过嘲笑，而柏拉图则提出"哲学家王"的主张，可见即使在古代雅典，民主政治仍然是饱受质疑。再次，雅典的城邦民主是以保证城邦的独立自由为目标的，个体自由的雅典人从来都不存在，无论你是伟大的苏格拉底，还是了不起的伯里克利，都未能跳出集体优先、城邦至上的框架。

可见，民主、自由、平等是三个不同的问题，民主是一种国家政治运行方式，决策权掌握在大多数人手中；自由侧重于个人的人权保障；而平等强调人的社会地位或身份均等。

但最终我们不得不说，雅典城邦的公民集体统治的方式，是人类早期文明的重大成果，开民主政治之先河，为近代民主政治提供了思想渊源和制度借鉴。

### 古代中国与古希腊政体比较

|  | 古代中国 | 古代希腊 |
| --- | --- | --- |
| 政体 | 中央集权的君主专制政体 | 以雅典为代表的民主政体 |
| 政体特点 | 皇权至上、皇位世袭 | 主权在民、轮番而治 |
| 形成背景 | 依托大河平原、小农经济，国大民众 | 依托海洋环境、工商繁荣，小国寡民 |

续表

|  | 古代中国 | 古代希腊 |
| --- | --- | --- |
| 政体之利 | 维护国家统一安定，保持文明发展的稳定性和连续性 | 使公民有自由发挥才能的空间，促进思想文化空前活跃 |
| 政体之弊 | 易导致暴政和腐败；后期阻碍社会进步和转型 | 易导致权力滥用误用；权力的分散性是古希腊文明衰落的原因之一 |
| 作用 | 进入文明时代以后的中国、希腊，都取得了辉煌的成就；它们开创的政治制度为后代沿袭和仿效 ||

## 第二节 罗马人的法律

古罗马兴起于意大利半岛台伯河畔，公元前510年建立起共和国，并逐步征服了意大利半岛，经过长期扩张，公元1世纪前后成为横跨欧亚非的庞大帝国。公元4世纪罗马帝国分裂为东西两部，西罗马帝国亡于476年，东罗马帝国（拜占庭帝国）则亡于1453年。罗马人在某种程度上是希腊文化的继承者。

罗马人的法律既包括自罗马国家产生至西罗马帝国灭亡时期的法律，也包括公元6世纪中叶以前东罗马帝国的法律，还包括法学家的案例解释及法学理论。内容极为丰富，形成了古代世界最典范的法制体系。

如同其他文明一样，罗马人早期实行的是习惯法。贵族垄断法律，掌握司法权和法律解释权，引起平民的不满和持续抗争。迫于压力，罗马最高统治机构元老院成立了立法委员会，于公元前449年颁布了《十二铜表法》。它条款明晰、具体，内容广泛，涉及多个方面，当然也保留了习惯法中的野蛮习俗。《十二铜表法》是古罗马第一部成文法典，也是第一部可以按律量刑的法，它以明确的条文规定法律，从而限制贵族的专横与垄断，在一定程度上维护了平民的利益。《十二铜表法》的制定是平民与贵族相互斗争和妥协的产物。

在罗马人不断扩张，走向帝国的过程中，出现了两种法律适用体系，即公民法和万民法。大体上说，从罗马建国到公元前3世纪中叶所产生的法律，被称为公民法（又叫市民法），它是仅仅适用于罗马公民的法律。公民法注重形式和程序，缺乏灵活与变通，内容上侧重于国家事务，而涉及个人财产关系等问题的私法规范则不够完善。但是，公民法保障了罗马人的权利，使平民的政治、经济和社会地位空前提高，从而极大地激发和调动了他们国家认同的荣誉感与参政的积极性。

而万民法则适用于解决罗马公民与外邦人，以及外邦人之间的关系。在持续的扩张中，罗马境内的商品经济发展和外邦人口增多，导致各种新的社会矛盾日益凸显。疆域辽阔，民族众多，新征服地区秩序的维护只能依靠其本地贵族和军队，如何保证这些贵族和自由人的法律地位，以及怎样判定他们之间的诉讼都是新问题。罗马人的办法是结合公民法，汲取各地自身的法律传统与政治习俗，灵活务实地解决问题。万民法简洁高效，注重调节贸易及财产等经济和民事纠纷，因而能适应帝国时期新的社会发展要求。到公元3世纪时，这两大法律体系之间的界限越来越模糊，万民法也逐步取代了公民法，使法律具有了更大的适用范围，成为巩固罗马统治的重要工具。

公元6世纪，《查士丁尼民法大全》问世，标志着罗马法体系的高度成熟和完备。但是，罗马法学的最高成果，无疑当属自然法的提出。罗马人认为，人定法都不可能是完美的法律。真正完美的法律是像神一样自然存在的，是客观上的公平正义所在。西塞罗是自然法的重要倡导者，他认为自然法高于一切人为法和人为权，是万事万物的公平存在之道。他的法学思想对近代启蒙运动有很大影响。

总体上看，罗马法所呈现出的基本的法制原则，一个就是法律至上、公平公正，法律面前人人平等；另一个就是强调人的基本权利如私有财产神圣不可侵犯。

德国著名法学家耶林说："罗马三次征服世界，第一次是以武力，第二次是以宗教，第三次是以法律，而第三次征服也许是其中最为和平、最为持久的征服。"罗马法是西方近代资产阶级法律体系的先驱。罗马法中人人平等、公正至上的法律观念，具有超越时间、地域与民族的永恒价值。

## 第三节　西方人文精神的起源

黑格尔曾说，古希腊是"整个欧洲人的精神家园"，这个说法稍微有点夸张。欧洲文明从根本上说来自"两希文化"——希伯来文化和希腊文化。古希腊文化赋予后世以人文和理性的精神。

### 一、"人是万物的尺度"

以宙斯神话体系为中心，构成了较早的希腊人的精神世界。不同于中国传统的神仙体系，希腊人的神一开始就充满人性。诸神之间的爱恨情仇，以及神与人之间的诸多交流与关系，既表现出神的强大、人的弱小，也反映出神自身因某些人性特征而不可避免地具有弱点。在古希腊世界，神的地位永远高于人。

进入城邦时代后，希腊人开始越来越关注世界的自然特征。泰勒斯提出，"水生万物，万物复归于水"，他认为世界的本原是水，从而开启了西方自然哲学之源。不同于神话虚构、传说和笃信的方式，他用新的理性思考世界的原因和秩序，这标志着人类思想的一大进步，西方哲学绵延不断的理性主义传统在一定意义上也得益于这个充盈的源头。

公元前5世纪，希腊出现了智者学派。一定的社会存在决定一定的社会意识，智者学派产生于雅典民主政治走向巅峰，工商业高度繁荣时期。一方面，"人"对社会发展的作用愈加明显，另一方面，各种社会问题也越来越复杂。智者学派的代表人物普罗塔哥拉对传统宗教神学提出了怀疑："我既不知道他们是否存在，也不知道他们像什么东西。"他提出"人是万物的尺度，是存在的事物存在的尺度，也是不存在的事物不存在的尺度"，强调人作为认识客观事物的主体的意义，于是"人"开始摆脱了对原始宗教和自然的崇拜，被置于世界万物的中心。这是西方人文精神的起源。

但是，智者学派的这种观念存在明显局限。由于每个人对事物的认知感受并不相同，所以"尺度"成为主观相对主义的东西，客观的真理和真相几乎被否定，甚至沦为不可知论。这种绝对个人主义逐渐形成对城邦精神与法律的冲击。伯里克利时代是智者学派大行其道的阶段，也是希腊民主衰败，功利主义日渐盛行的阶段。所以，这些智者学派在后来也往往被称为

"诡辩学派",甚至遭到更多思想家的抨击批判。

## 二、"认识你自己"

据说德尔菲神庙的入口处刻有一条神谕:"人啊,认识你自己!"苏格拉底把它作为自己最基本的哲学主张。

苏格拉底认为,"那些有自知之明的人知道什么东西适合他们,而且知道他们能够做什么和不能够做什么。通过做他们擅长的事情,他们既达到了目的又取得了成功;通过不做他们不擅长的事情,他们避免了错误并且逃脱了不幸"。他强调知识的作用,提出"美德即知识,愚昧是罪恶之源"(美德即知识),强调人必须具有知识,才能达到至善,道德行为必须以知识为基础,最高的知识就是对"善"的认识,包括健康、财富、地位、荣誉以及正义、勇敢等。他反对以智者学派为代表的功利主义,更反对对权威的盲目推崇,所以从某种意义上讲,苏格拉底是对智者学派主张的批判继承。

"认识你自己",是真正意义上的人的自我发现,是人类追求理性与个人思想自由的呼声。从原始神话崇拜到朴素自然哲学,再到苏格拉底,"人的哲学"终于得以树立。

如果与东方的先贤对比,那么孔子的思想重在构建人伦道德的和谐秩序,而苏格拉底的哲学主要在于宣扬个人的自我完善;孔子儒学着眼于现实,具有实用主义理性的特征,而苏格拉底的理性则着眼于人对世界和自己的思考,是比较典型的逻辑主义理论理性;孔子是将人放在社会关系中,注重人在社会中的作用和应有的地位,苏格拉底则强调个体性的人;孔子强调社会性的人最终目标是家国天下,苏格拉底重视发展人的个性达到独立。

站在理性主义的立场上，苏格拉底对雅典民主政治的缺陷展开了反思与批判。他说："没有人愿意用抽签的方法去雇用一位舵手和建筑师、吹笛手或其他行业的人，而这类事若出错的话，危害还比在管理国家事务上出错轻得多。"他认为，忽略公民自身道德与素养差异，而赋予其平等的管理权力，必然会导致城邦的破坏。苏格拉底坚持言论自由和理性批判，公元前399年，他被雅典以"反对城邦的旧神、试图引入新神和腐蚀青年"的罪名处以死刑。而公元2012年在雅典举办的一次模拟审判中，深受经济危机困扰的希腊人为了重申民主理念和价值，重新对苏格拉底进行了审判，并且最终宣告了他的无罪。

苏格拉底之死从程序上说，是雅典民主的胜利；从本质上说，则是雅典民主政治的失败与悲剧。

延伸阅读：

顾准：《希腊城邦制度》，贵州人民出版社

杨共乐：《古代罗马史》，北京师范大学出版社

［英］爱德华·吉本：《罗马帝国衰亡史》，商务印书馆

# 第九讲　欧美资本主义国家的崛起

公元476年西罗马帝国灭亡，欧洲走进中世纪历史。在西欧，日耳曼人建立起众多的封建国家，基督教会（西欧为天主教）也趁机建立起神权统治。在东欧，东罗马（拜占庭帝国）于1453年亡于奥斯曼土耳其。大大小小的封建领主和教会统治着欧洲。

经历了长时期战争动荡及天主教会禁欲主义桎梏的西欧，在中世纪晚期开始生发出新活力，14世纪到16世纪时资本主义的曙光出现，新航路的开辟引发欧洲的商业革命和殖民扩张；文艺复兴、宗教改革运动和启蒙运动先后形成巨大的思想解放潮流，为欧洲资本主义的发展和向近代社会转型提供了强大的思想动力；在早期资产阶级革命和探索中，英、法等国率先确立起不同类型的近代资本主义代议制度。欧洲开始成为世界文明新发展的先行者。

## 第一节　新航路与殖民主义扩张

### 一、资本主义的萌芽

资本主义就其本质而言，是一种近代开始在西欧兴起的生产生活方式乃至文化价值观念。从经济领域看，一般认为资本主义生产方式的萌芽出现在13世纪，最早兴起于意大利的一些自治城市或共和国,其主要表现为商品生产过程中雇佣关系的形成。

中世纪晚期的意大利是四分五裂的,但是优越的地理位置却使它在东西方地中海贸易中占据优势。在商品经济日益活跃的背景下,那些被市民和商人所控制的自治城市的陆续出现,使传统贵族的封建统治大为减弱。实力较强的如威尼斯、佛罗伦萨、都灵、热那亚等,更像是独立自治的雅典城邦,孕育着不断庞大的平民阶层。平民和商人通过市政机构和法庭维持着自己的地位,公开追求商品和财富,这是古代中国无法想象的。虽然中国古代商品经济也有很高水平的发展,但一直屈尊为农业附属地位,是农业的补充部分而已。封建专制统治下,资本主义萌芽几乎不存在真正意义的发展空间。

早期的资本主义生产方式产生于前工业化时代的手工工场,包买商在其中起了关键的作用。他们为了更加直接的商品供应和更大的利润空间,开始自己购买原料、雇佣工人和组织生产。一些作坊主也放弃师徒关系,转而经营雇佣制的手工工场。这种手工工场经历了由简单协作(分工不那么细,组织不那么集中)到更高水平的工场手工业(分工细、规模大、较集中)的演变。早期资本家和早期工人产生了。

商品经济和资本主义的萌芽,成为西欧社会发生巨变的最深刻内因。

**二、新航路的开辟**

中世纪末尤其是十字军东征以后,西欧社会的商品经济因受到刺激而发展较快,来自东方的商品和扩大生产的货币需求,使人们对黄金、香料等产生了狂热的渴望。一度被认为是谎言和笑料的《马可·波罗游记》，一时竟变成畅销书籍，关于神秘东方的各种传说对西欧人产生了巨大诱惑。问题在于，长期以来意大利商人凭借其在地中海的优越位置垄断着东西方贸易，而更加麻烦的是崛起于小亚细亚的奥斯曼土耳其帝国，通过野蛮征税和掠夺，实际上几乎阻断了传统的东西方贸易商路。西欧出现了严重的商业危机。

不过这并不能动摇西欧人的决心。比利牛斯半岛的西班牙和葡萄牙在击退阿拉伯人和完成民族独立的过程中，不仅开始形成强有力的王权，还在西欧借此掀起基督教狂热：他们希望向东方扩张，得到财富、领土，并使更多的异教徒得到皈依和"救赎"。同时，西欧长期以来积累的造船技术，以及丰富的航海知识（许多水手甚至已经接受了地圆学说）为人们的远洋探险提供了资本。开辟新航路的动机、能力都有了，还等什么呢？

葡萄牙和西班牙王室开始在这场探险之旅中赛跑。在15世纪晚期到16世纪早期，即公元1500年前后的几十年间，葡萄牙人开辟了绕过非洲南端好望角，并由此进入印度洋的新航路，达伽马成为率先成功抵达印度半岛的探险家。而西班牙王室雇用的热那亚（现意大利）航海家哥伦布，1492年率领船队横渡大西洋，驶抵巴哈马群岛、古巴、海地等地，发现了"新大陆"——美洲（他误以为是印度）；1519年出发的麦哲伦船队则在历史上首次完成了环球航行的壮举，并且证明了地圆学说的正确。此后，英国、尼德兰等纷纷加入新航路的探险队伍，西欧国家就此走向了世界。

新航路开辟是人类历史上最重要的事件之一。商品市场的空前发展，远洋贸易的活跃和贸易公司的出现，以及欧洲商贸中心从地中海向北大西洋的转移，即为欧洲的"商业革命"；大量金银的流入导致物价飞涨，传统贵族在经济上衰败，工商业阶层借此攫取暴利，从而形成了加速社会分化的"价格革命"。

新航路的开辟也使得过去时断时续的各个地区之间被真正联系在一起——不管以什么方式，世界市场开始出现，不同文明的交流加强，一部新的世界历史就此拉开大幕。

### 三、西欧国家的殖民扩张

新航路的开辟，为西欧国家打开了一扇海外贸易和外扩掠夺的新大门。葡萄牙和西班牙走在了队伍的前列。

葡萄牙的扩张方式主要是建立商站，垄断东向的商路，征收商业税以及欺诈性贸易；而西班牙则以在美洲野蛮掠夺贵重金属为主。葡、西两国殖民势力分别向东、西向扩张，但在拉丁美洲又有交集。葡萄牙占领了巴西，西班牙则控制了几乎其他的拉丁美洲——因为在墨西哥以北并未发现太多银矿。白银在此后很长时期内都是国际贸易的流通货币。

西班牙殖民者为了征服和控制殖民地，先后对印第安人的阿兹特克和印加帝国发动攻击，屠杀本地居民，破坏原有建筑。同时，欧洲人带来的各种传染病菌则整村整村地消灭着没有抵抗力的人口。但是，那些掠夺来的财富却"如同屋顶上的水"，最终流入工场手工业更加发达的西欧其他国家。1588年英国打败西班牙"无敌舰队"，宣告了西欧海洋控制权的易主。

16世纪开始，英国、荷兰、法国纷纷加入海外殖民扩张的行列。它们授权本国商人建立起强大的商业武装殖民公司，甚至允许这些公司代表国家（王室）对外占领土地，开辟商路，宣战与媾和。英国东印度公司在北美东岸的扩张中，先后建立起十三个殖民据点,并不断向西推进。

1581年荷兰共和国成立。到17世纪,他们凭借高度发达的金融业和无比强大的航海贸易能力,成为"海上马车夫",阿姆斯特丹成为西欧最繁荣的港口、国际贸易和金融中心。同时,荷兰也在非洲海岸、东南亚以及南北美洲加紧殖民扩张。

早期西欧国家的野蛮行径,还包括以贩卖黑奴为特征的"三角贸易"。为了填补美洲因为大量死亡导致的劳动力空缺,16世纪开始的三百年间,西欧殖民国家的奴隶贩子装载盐、布匹、朗姆酒等出发,在非洲换成奴隶后穿过大西洋,又在美洲换成糖、烟草以及金银和其他工业原料返航。这是西欧国家资本原始积累过程中的又一罪恶。

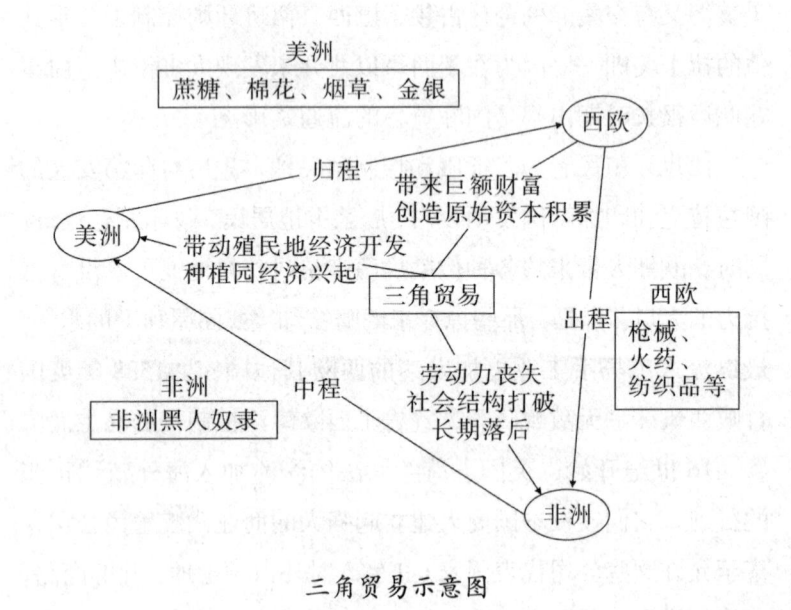

**三角贸易示意图**

三角贸易中，欧洲输出商品，非洲输出黑奴，美洲输出原料与贵重金属。中国与欧洲的贸易主要是正当贸易，一度处于出超地位，以白银为通行货币。

**四、英国殖民霸权的确立**

16世纪最强大的殖民国家无疑是葡萄牙和西班牙。但是因为封建生产方式的束缚，可能还有马克斯·韦伯认为的天主教伦理观念的影响，以及传统意义上的王朝（家族）战争，到17世纪时它们丧失了在航海和贸易中的优势。

17—18世纪，英国、荷兰和法国在国际贸易和海外殖民地争夺中进行了激烈角逐。最终，英国先后通过英荷战争和英法七年战争击败对手，从而确立起殖民霸主地位。那么，英国是怎样崛起的呢？

新航路的开辟为英国的崛起带来重要的历史机遇。地处大西洋航道的中心，丰富的航海经验，为英国海外贸易与掠夺创造了重要的条件。而同时，英国社会经历了都铎王朝、斯图亚特王朝和克伦威尔时代的风云变幻，从封建主义向资本主义迅速过渡。

15世纪晚期红白玫瑰战争结束后建立起来的都铎王朝，在亨利八世时通过《至尊法案》确立了英国国教，以及国王在政教两界的专制统治地位，作为近代欧洲民族国家典范的英国开始形成。至伊丽莎白一世统治时，英国通过推行重商主义政策，大力发展手工工场，鼓励对外贸易和海外掠夺，强化圈地运动，有力地促进了英国资本主义迅速发展。

重商主义是欧洲资本主义发展早期的重要经济思想和经济政策。伴随王权的日益强大，其所代表的民族国家趋向对外扩张争夺。为了支付不断增长的王室开支和军事费用,并在国际竞争中处于相对优势,各国普遍接受了重商主义。它认为,国家强大的标志是金银富足,所以应该鼓励本国工商业生产及扩大出口贸易,同时政府应该制定政策严格限制进口其他国家产品(如征收重税、垄断商路);政府应该通过各种手段支持对外贸易竞争(甚至是商业战争),以保证财富特别是金银的不断流入。重商主义的最初推行者是封建王室,到英国资产阶级革命初期仍然有强大的生命力。重商主义推动了欧洲资产阶级发展,形成王权与资产阶级在经济上的共同利益与需求,从本质上反映了资本主义发展早期对原始资本积累的强烈要求。克伦威尔时期,为了遏制荷兰在航运、贸易领域的优势,英国颁布了《航海条例》,并由此引发了三次英荷战争,最终以荷兰的失败而告终。英国逐渐成为西欧国家贸易中的领头羊。

英国圈地运动,是商品经济渗透农村的结果。传统贵族在商品购买和消费中对货币有更大的需求,实物地租逐渐退出农村经济,但在"价格革命"冲击下,贵族们依靠固定地租收入,已经无法满足生活所需。于是,有的贵族改变了自己封地的使用方式,出租土地给商人并接受新的经营方式,即赶走土地上的农民,雇佣农业工人建立新的大农场或大牧场,以生产呢绒或其他产品获利,这就是"羊吃人"的圈地运动。圈地运动带来三个方面的主要影响:促进农业资本主义的发展;为工业革命提供条件,最典型的表现为可自由雇佣的劳动力在为工业革命扩大市场的同时,为工业革命提供一定的资本原始积累;推动早期城市化的发展(大规模的城市化发展在"农业革命"之后)。从道德上看,这的确证实了马克思的观点:"资本来到世间,从头到脚,每个毛孔都滴着血和肮脏的东西。"但从生产发展角度，尤其是对比中国历史悠久的小农经济和"平均主义"理想来看，马克思认为它是一场英国的"农业革命"，也是完全正确的，毕竟这是英国历史上社会生产方式的突破性发展。

1756—1763年，英国在印度和北美的殖民扩张中打败了法国，最终确立其殖民霸主地位。但真正意义上的"日不落帝国"是英国在工业革命后实现的。

## 第二节 欧洲的思想解放运动

就西欧历史而言，所谓资本主义的兴起不仅仅是在经济领域。那种力图摆脱中世纪教会控制，在生活观念、价值观念以及宗教观念上建立新的目标，那种立足现实而放眼未来的创新精神，在14—16世纪分别以"复古主义"的形式在文学艺术和宗教领域发散开来，从而形成了两个突出的历史景象：文艺复兴和宗教改革。

17—18世纪发生在欧洲的启蒙运动，是继文艺复兴、宗教改革之后的又一思想解放运动。但不同于前者的是，它高举"理性主义"的旗帜，斗争矛头直指封建专制主义、宗教愚昧和特权主义，要求实现政治民主、权利平等和个人自由，为资本主义制度的建立提供了一系列制度蓝图。

### 一、文艺复兴运动

14—16世纪的文艺复兴运动发源于意大利，是一场以"复兴"古希腊、古罗马古典文艺为形式的新文化运动，是中世纪末欧洲城市经济发展、市民文化发展与基督教禁欲主义之间矛盾斗争的产物，本质上则是欧洲早期资产阶级在意识形态领域反对封建教会思想桎梏，树立世俗化生活观、价值观的思想解放运动。

在中世纪的欧洲，基督教确立了对所有人的精神统治，不管是平民还是贵族或者君主。布克哈特说："在中世纪，人类意识的两方面——内心自省和外界观察都一样，一直处在一层共同的纱幕之下，处于睡眠或半醒状态。这层纱幕是由信仰、幻想和幼稚的偏见织成的。"基督教会宣扬上帝是自在永在的，无所不知、无所不能的，作为负有"原罪"的众生，应该坚守禁欲主义，寻求"救赎"，以此构成了对大众的控制，束缚着人性。

其他的历史背景还包括：14世纪肆虐欧洲的黑死病导致大量人口死亡，基督教会的权威受到质疑，而在灾难之后的城市复兴中，世俗化生活观念不断成长；15世纪拜占庭帝国的灭亡，使罗马所在的意大利成为古典文化的集中地，尤其是在一些城市中，这些学者还得到了商人与银行家的资助。

文艺复兴的核心思潮是人文主义，即肯定人和人性，重视人的价值，肯定人开拓创新、追求现世幸福的正当性，批判中世纪神学禁欲主义的价值观，抨击基督教会的腐朽。文艺复兴运动并未否定上帝，只是怀疑绝对权威。

意大利文艺复兴运动的代表人物但丁，通过他的长诗《神曲》揭露批判教会的黑暗；薄伽丘的小说集《十日谈》体现出对个性解放和现世生活的追求；达·芬奇、米开朗琪罗和拉斐尔通过他们的画笔，使充满人性光辉的贵族夫人、基督教圣母和大卫的形象出现在人们眼前。随着文艺复兴的逐渐扩散，西欧各国涌现出更多的人文主义者。英国戏剧家莎士比亚通过他的作品，塑造出复杂多样的人物形象，提升了人性的高尚与尊严；西班牙文学家塞万提斯的《堂吉诃德》则表现出强烈的现实批判精神和理想主义光芒。

文艺复兴所激发出的面向现实、实践开拓的时代精神，也为近代科学的诞生创造了条件。人们在思考现实的同时，努力观察世界。天文学领域的革命成为近代科学的开端。波兰天文学家提出了"日心说"，冲击了教会宣扬的"地心说"，从精神上动摇了封建神学，使科学开始摆脱宗教神学的束缚。意大利科学家伽利略、英国思想家培根等从不同角度宣扬倡导科学研究，促进了西欧近代科学，即以观察、实验和抽象概括为基础的自然科学的形成发展。

总体而言，文艺复兴运动的历史作用主要表现在三个方面。一是思想解放意义。它冲破了中世纪神学对人性的束缚，宣扬了资产阶级价值观念，推动了资本主义发展，在精神上为资本主义发展开辟了道路。二是推动了近代自然科学的形成，从而为欧洲近代科技的巨大进步奠定了基础。三是文艺复兴中所创造的文学艺术辉煌成就，如诗歌、戏剧、小说、绘画、雕塑、建筑等，成为人类文艺宝库中的宝贵财富。另外，文艺复兴也促进了西欧各国教育的发展。

需要补充的是，文艺复兴的矛头是指向神学思想禁锢，特别是禁欲主义的，而非基督教本身。同时，文艺复兴文学作品大部分为拉丁文，应该只有部分学者能够深入其中，艺术品的创作交流也主要存在于社会上层，普罗大众的参与仍然有限。群众性的精神层面的变革与冲突，发生在宗教改革运动中。

## 二、宗教改革运动

宗教改革是16世纪的西欧最重要的历史事件，相比较文艺复兴的"高冷"，它几乎把所有的人都卷了进来，而且它的影响可能更加深远。

在宗教改革以前的中世纪西欧，"基督教"就是罗马天主教。当时的欧洲在政治上是"二元"制的，由世俗封建势力（君主和贵族）和基督教会构成。两者势均力敌，彼此交替消长，既相互区别排斥而自成体系，又相互交融渗透。教会宣称，所有的人都有原罪，只有通过供奉教会才能得到"救赎"，成为上帝所接受的"义人"，即"因行称义"。

罗马教廷日益腐朽、挥霍贪婪，最终成为西欧社会各阶层的斗争对象，引发了改革教会甚至改革教义的社会性运动。

这场改革起始于德意志，四分五裂并被教皇控制勒索，被称为"教皇的奶牛"。1517年教皇寻找借口，派使者在德意志大量出售"赎罪券"，马丁·路德发表《九十五条政纲》予以抗争，他公开否定教皇和罗马教廷的权威，宣扬"救赎"无须通过教会或他人，人人有权阅读《圣经》并与上帝直接对话，虔诚信仰者即可获得灵魂的自救。简而言之，他主张"信仰即可得救"，在宗教信仰领域解放了人的自主性，使宗教信仰从高高在上的罗马教廷来到了普罗大众中。除此之外，他还主张简化宗教仪式，建立民族教会等。

宗教改革运动迅速扩展。在日内瓦，加尔文创建了共和化、民主化的激进教派加尔文教。他们宣扬的"先定论"，要求信徒更加努力地工作，更加节俭地生活，以"荣耀上帝"；在英国，亨利八世通过《至尊法案》，建立起以英王为最高领袖的英国"国教"（即英国圣公会），并大规模驱逐天主教势力，掠夺天主教会财产。英国国教与路德教、加尔文教并称西欧三大新教。在尼德兰，发生了"圣像破坏运动"和反对西班牙统治的战争，最终信奉新教的荷兰独立。

宗教改革强有力地更新了基督徒的信仰和基督教的思想。在神学观念上，路德和加尔文这些伟大的改教家为"信仰与世界"的关系带来全新的看法。他们宣称上帝与被造的世界有所分别但无法割裂，因此基督徒根本不应该弃绝世界，因为弃绝世界就是弃绝上帝。基督徒被上帝呼召在这个世界上工作，基督徒对世界的尊重、关心和服务就是为上帝救赎世界。这些教义否定"出世"的信仰而肯定"入世"的信仰。

宗教改革是一场宗教世俗化运动。它不仅把宗教自主的权利还与大众，还把宗教选择的权利还给各个民族，确立起"教随国定"的原则，推动了世俗王权的加强，使欧洲国家进一步走向政教分离，从而促进了民族国家在文化教育和精神层面的自立与发展。

宗教改革运动在精神上为资本主义发展创造了条件。尤其是加尔文教派以及清教徒，他们所接受的新教义为资本主义发展提供了精神动力和伦理保证，适应了早期资产阶级创造财富和资本积累的要求。

宗教改革运动从更加广泛的社会层面和更加深刻的心灵角度，为启蒙运动的到来和英国资产阶级革命提供了思想上的准备。

**三、启蒙运动的政治学说**

17世纪的欧洲，资产阶级力量日益壮大，君主专制和教会神权越来越成为资本主义发展的障碍。同时，以牛顿经典力学为代表的近代自然科学突飞猛进，也使得更多的人相信人类理性的伟大力量不仅可以发现自然规律，也必定能够发现社会运行中的合理秩序，这为人们的思考和判断提供了新的思想武器。所以，启蒙运动的发生，是特定历史环境下社会经济、政治、科技乃至于文化传统的惯性合力的结果。

英国早期的资产阶级革命及其在经济、科学领域的先锋地位，使它成为启蒙运动的发源地。霍布斯通过《利维坦》一书表达的观点是，国家不是根据神的意志，而是根据人的社会契约所建立。人民和君主的契约关系一旦形成，就应该完全服从君主，哪怕是专制统治。他用社会契约论否定了君权神授，但同时又在一定程度上承认君主专制的合法性。他的观点反映出英国革命初期的两面性特点。洛克则通过他的《政府论》一书，提出更加成熟的民主观点。他认为"人天生都是自由、平等和独立的，如不得到本人的同意，不能让任何人受制于另一人的政治权力之下"，人们让渡个体权利，接受契约成立国家，从根本上是为了保护个人权利如生命、自由和财产，因此政府不应该被赋予绝对权力，而应该受到明确限制。他还主张实行君主立宪制，由议会掌握立法权，由君主掌握行政权和外交事务权。洛克的思想对后来美国的宪政和政体产生了极大的影响，他被认为是现代民主主义的鼻祖。

18世纪三级制度下的法国社会矛盾尖锐，成为启蒙运动的中心，产生了许多了不起的思想家，把启蒙运动推向了高潮。他们当中最著名的有以伏尔泰、孟德斯鸠、卢梭和狄德罗为代表的百科全书派。

伏尔泰反对教权、专制，提倡人权、法制；反对宗教迷信（不反对信仰上帝），宣扬人的理性。他的名言"我不同意你说的每一个字，但是我愿意誓死捍卫你说话的权利"，反映出对言论自由的坚定立场。另外，他主张借鉴英国政治，实行开明专制。他的这些观点，使他一度痴迷中国"儒学治国"的开明和"秩序"。这既可能是他宣传自己观点的一种需要，也可能是18世纪欧洲对中国所知甚少的一种表现。

孟德斯鸠在他的代表作《论法的精神》一书中，对政治自由提出深刻的见解："一个公民的政治自由是一种心境的平安状态……要享有这种自由，就必须建立一种政府。在它的统治下一个公民不惧怕另一个公民。"他认为"自古以来的经验表明，所有拥有权力的人，都倾向于滥用权力，而且不用到极限绝不罢休"，所以在继承洛克思想的基础上，以权力的"制约与平衡"为思想核心，明确提出了立法权、行政权、司法权三权分立的原则。这成为西方宪政最基本的原则之一。

卢梭是其中最激进的思想家，他的政治学说主要被写在《社会契约论》和《论人类不平等的起源和基础》当中。他认为国家最高权力属于全体人民，人民（整体概念上）是国家主权的主体、拥有者和行使者，这种主权不可转让、不可代表、不可分割；他强调议员、政府受托于人民，"只是办事员"，人民不仅拥有最高立法权，还拥有革命、反抗的自然权利；他提出个体应该服从公共意志，"如果有任何人不服从公共意志，全体就要强迫他服从"。他不反对私有制，但要求社会财富比较平均地分配。他的观点充满了革命性和鼓动性，成为对法国大革命影响最深的思想家。

以狄德罗为代表的百科全书派的思想家们，推崇科学精神，宣扬人的自然权利，主张建立法治国家，推进科学与民主的时代潮流。

### 四、启蒙运动的人文光彩

启蒙运动在发展过程中，围绕人的理性思考得到进一步提升。

德国思想家康德认为人的自由最终必须通过思想的自由而获得，强调自觉运用理性，自由表达思想言论的重要性。在他的巨著《纯粹理性批判》中，他提出"人非工具，人就是人，而不是达到任何目的的工具""人是自己的目的"，他对理性的哲学思考，确立了人的主体地位。

卢梭在宣扬"主权在民"的政治理性时，却又认为对理性的过分推崇是不可靠的。理性主义可能侵占了人的"自然美德"以及人的尊严，破坏了人的自发情感与天然本能，使人走向异化。正如大卫·休谟所主张的"理性是激情的奴隶"，理性的绝对控制是人的悲哀。

卢梭的这一观点使他成为"浪漫主义之父"。他指出人类理性的局限性，也就提出了对科学主义的反思和批判，凸显了人性自身的地位。但是，这种思潮也极有可能导致个人主义的泛滥，以及反智主义思想，即否定科技进步给人类带来的享受权利。

总体上看，欧洲启蒙运动的社会意义是其主流。启蒙思想家对专制的批判，对民主、自由和平等的宣扬，以及对未来"理性王国"蓝图的描绘，不仅推动了欧美资本主义的发展，也为后来亚洲各国的民族独立和近代化运动提供了强大的思想武器。其对近代中国社会变革的影响集中于19世纪晚期到20

世纪初，如康有为便深受伏尔泰的影响，梁启超具有较典型的民权意识，孙中山的五权宪政思想，以及新文化运动之"德先生和赛先生"等。

## 第三节　资产阶级革命与代议制度

17—18世纪，欧美资本主义发展迅速，英、美分别以反抗王权专制和追求独立自治的方式演绎了资产阶级革命。革命后的英国以渐进改良的方式确立起了君主立宪制度，美国则通过1787年宪法确立起联邦共和制度，它们为现代资产阶级民主政治的发展开创了道路。

发生在18世纪末的法国革命则十分激进剧烈，它在摧毁了封建势力的同时，不仅把法国带进了漫长的曲折反复的政治斗争，也对欧洲的政治版图和民族主义发展产生了重大影响。

### 一、英国资产阶级革命

所有的政治事件必有其历史渊源和现实原因，资产阶级革命也是如此。

1215年约翰王被迫签署《大宪章》，明确界定了封建贵族和国王的权利和义务，有三点内容影响深远：一是规定除封建义务所要求的贡金和赋税外，国王不可征收任何兵役免除税或捐助，如果要征税，应召集教俗贵族开会讨论；二是规定贵族不经审判不得逮捕、剥夺财产、处死；三是提议由贵族组成御前会议，监督国王对宪章的实施。如果国王违反大宪章的诸项条款，贵族有权造反。这是人类历史上第一部宪法的雏形，它树立了"王在法下"的基本原则，也催生了早期的英国议会。

17世纪初的斯图亚特王朝开始统治英国。它先是鼓吹"君权神授",实行君主专制,又大肆迫害清教徒,推行宗教专制政策,引起新贵族和资产阶级的强烈不满。1640年英国议会与国王的矛盾激化,随后发生议会与国王之间的内战,英国革命爆发。清教徒克伦威尔在内战中多次率军击溃国王军队,地位日益显赫。1649年经议会审讯,国王查理一世被处死,英国宣布成立共和国。但是,克伦威尔建立的护国主独裁政体、查理二世的王位复辟,以及詹姆士二世试图恢复天主教,却使英国政局陷入动荡不安之中。显然,英国既不可能割弃历史传统,接受激烈的革命与共和政体,同样也无法接受宗教复辟和君主专制。

复杂的政治斗争中,议会出现了代表不同利益集团的近代最早的政党辉格党和托利党。双方最终相互妥协并基本达成一致,于1688年发动政变,由议会选择并邀请詹姆士二世的女婿、荷兰执政威廉,以及他的女儿玛丽共同入主英国(双王制)。这是一场没有流血的和平夺权,史称"光荣革命"。在曲折反复的斗争后,议会通过"光荣革命"开始在实际上掌握国家政权,这成为英国近代君主立宪制度的政治基础。

## 二、英国君主立宪制的确立

1689年,英国议会颁布了《权利法案》,以明确的法律条文限制国王的权力和规定议会的权利。主要包括:凡未经议会同意,国王不得停止法律或停止法律实施,不得临时征收赋税,不得招募和维持常备军;议员不在议会之外受到弹劾或质询;议会之选举自由、言论自由、定时集会等。

1701年议会又通过了《王位继承法》,宣称"鉴于英国法律是英国人民与生俱来的权利,因此,凡得登上英国王位的国王和女王,都应依照英国法律的规定管理政务,他们所属官吏和大臣也都应按照同样的法律为皇帝效力",进一步约束了国王的权力。

议会通过《权利法案》和《王位继承法》确立了议会至上、法律独立于王权等英国政治生活的基本原则,使国家政权的重心真正把握在议会手中,标志着英国从人治到法治的巨大转变。君主立宪制初步确立。

不过,这些并不代表议会无所不能。国王不仅在形式上是至高统治者,而且通过自己的内阁掌握着最高行政权力,在实际上仍然掌控国家要务。18世纪初,英国安妮女王去世后无嗣继承,远亲乔治一世从德国入主英国。他不熟悉英语,对国家事务也漠不关心,掌控行政大权的内阁会议逐渐由国王主持转向由财政大臣主持,沃波尔控制了内阁,实际上成为英国的第一任首相。1742年下院在辩论和不信任动议投票中失败,沃波尔同意从政府辞职。1746年,乔治二世否决首相提案,导致全体阁员集体辞职,乔治二世被迫做出让步。这一切都成为英国责任内阁制中积累形成的传统与规则:作为国家最高行政机构的首脑(政府首脑),首相应该是来自下院多数派的党魁,形式上由国王任命,但实际上对议会负责;首相组建内阁,并且和内阁成员共进退。内阁制度的形成使得议会内部的力量形成了利益基础上的分化组合,从而催生了现代意义的政党政治,这也成为代议制度的重要特征。

18世纪中期的英国首相威廉·皮特说:"即使是最穷的人,在他的小屋里也敢于对抗国王的权威。屋子可能很破旧,屋顶可能摇摇欲坠，风可以吹进这所房子，雨可以打进这所房子，但是国王不能踏进这所房子，他的千军万马也不敢跨过这间破房子的门槛！"

随着责任内阁制的形成，英国的虚君制度形成，国王是国家世袭元首，但是"统而不治"。英王的权力完全被关进法律和制度的笼子里。英国君主立宪制至此完全形成。

```
                  形式         首相          下院
                  任命      （政府首脑）      产生
      国王          →                   ←      议会
（国家世袭元首）                               （国家立法机构）
                  ←                   →
                  形式         内阁          实际
                  负责      （最高行政机关）    负责
```

英国君主立宪制示意图

### 三、美国独立战争

自17世纪初开始到18世纪早期，英国先后在北美东海岸建立了十三个殖民地（新英格兰）。1620年一艘名为"五月花"的帆船上的清教徒移民，在上岸之前由船上四十一名成年男性签了一份简短的公约，立誓要创立新的自治社会，这个社会最核心的理念是，"基于被管理者的同意而创立，且将依法而行自治"。后人称之为《五月花号公约》。它奠定了新大陆自治和法制的基础。

尽管是在英王统治的名义下，但是这些殖民地在发展中，拥有了相对独立的地方立法议会和行政管理机构，逐渐形成了独立的经济体。但是作为宗主国的英国只是把新英格兰作为它的商品市场和原料产地来对待，禁止北美殖民地向阿巴拉契亚山脉以西移民,并将英国繁重的税收负担的一部分转嫁给他们。

18世纪上半期,启蒙思想在北美殖民地得到传播。潘恩、富兰克林、杰斐逊等思想家宣扬人权平等和自由,反对英国的暴政和压榨。

1775年独立战争爆发。1776年,北美殖民地的代表们发布了《独立宣言》,以天赋人权、自由平等为理由宣称"当任何形式的政府对这些目标具有破坏作用时,人民便有权利改变或废除它",并正式宣告美利坚合众国的诞生。

1781年北美的英军主力向华盛顿率领的大陆军投降,战争宣告结束。1783年,英国承认了美国的独立。

从世界历史的观点看,美国革命之所以重要,并不是因为它创造了一个独立的国家,而是因为它创造了一个新的、不同类型的国家——在那个时代独一无二的联邦制民主共和国家。

**四、美国民主共和制的确立**

北美独立战争的目标在于殖民地人民的自由。他们是为了自由而独立,而不是为了建国而独立。所以建国初期的美国,保持着各州(邦)的独立性和自主权,是一个松散的"邦联"国家。邦联没有强有力的中央政府,没有国家军队,没有统一的税收和国内市场,对内无法保证社会秩序的稳定,对外无法抗衡其他国家的军事威胁和经济竞争。华盛顿说:"我们正迅速地临近无政府和混乱的边缘。"在各州权利和国家权威的矛盾中,经过长时间的激烈讨论,来自各州的代表共同制定了1787年宪法。

宪法规定美国实行联邦制度,即中央和地方进行分权,从而在赋予联邦政府大权的同时,保持各州充分的自治权。联邦制度是美国历史与现实的结合,以及政治领域智慧妥协的表现。它结束了"邦联"无力涣散的局面。

宪法确立了联邦政府内三权分立的共和原则。怀着对权力的疑虑,麦迪逊说:"如果人人都是天使,就不需要任何政府了;如果是天使统治人,就不需要对政府有外来的或内在的控制了。"宪法根据三权分立原则把国家职权分为立法、行政和司法三大部门,分别由国会、总统和最高法院执掌;为了防止国会过于强势,还把它分为参议院与众议院。三权之间的制约平衡,防止了专制独裁的发生。

宪法规定美国民主选举制,即总统、国会议员由人民选举产生,并有一定的任期。总统首先对宪法负责,其次对民众负责。国会参议员由各州议会选出,每州两名;众议员则由各州按人数比例选举产生,但黑人只能按五分之三人口计算。这均衡了大小州和南北州的利益,但也留下种族歧视的历史烙印。美国为此付出了代价,1861—1865年的内战一度威胁到联邦制,但最终以北方获胜、黑人奴隶得到解放而宣告危机结束。

1787年宪法成功凝聚了新生美国的力量,保持了地方的创造性和活力,为美国资本主义的迅速发展铺平了道路,也对西方近代共和政体与民主宪政的发展提供了重要的借鉴。

1789年美国第一届联邦政府成立,同年,美国增加了十条宪法修正案,明确规定了人民拥有言论、出版、集会和信仰等基本权利。德国的音乐家和诗人舒伯特由衷地赞叹道,在美国"十三扇金色的大门向不容异说和专制政治的受害者们敞开着"。

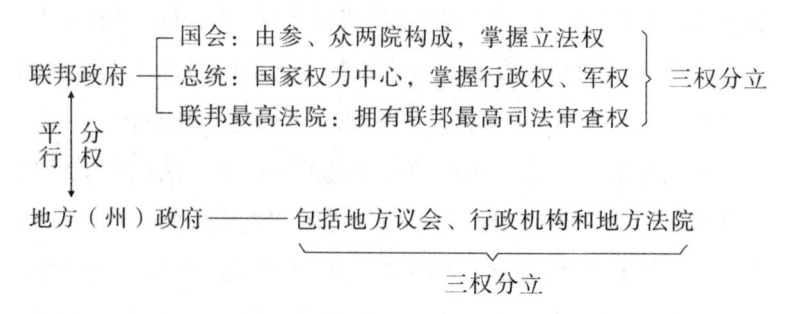

```
联邦政府 ┬ 国会：由参、众两院构成，掌握立法权     ┐
         ├ 总统：国家权力中心，掌握行政权、军权    ├ 三权分立
         └ 联邦最高法院：拥有联邦最高司法审查权    ┘
 ↕ 平行│分权

地方（州）政府 ——— 包括地方议会、行政机构和地方法院
                   ⎵⎵⎵⎵⎵⎵⎵⎵⎵⎵⎵⎵⎵⎵⎵⎵
                          三权分立
```

美国联邦共和体制示意图

## 五．法国大革命

大革命前夕的法国，在经济领域有较快发展，但在政治方面比较保守。教会、贵族和第三等级（平民）构成了三级社会制度，专制王权的日益强大，资产阶级财富的增长，旧贵族的没落，底层劳动者的强烈不满，以及启蒙思想的鼓动作用形成了革命的潜流。

法国大革命的导火索因税而起：波旁王朝路易十六时财政入不敷出达到极限，但他却不愿裁减庞大的官僚机构和缩减王室与政府的庞大开支。他为了征税被迫召开停止了一百七十多年的三级会议，引发了反抗专制统治、追求自由平等的大革命运动。从1789年巴黎部分群众攻占巴士底狱事件开始，法国陷入长期动荡之中。第三等级代表组成的制宪会议宣布实行君主立宪制，而王后通过自己奥地利公主的身份联络奥地利王室，希望借助外国干涉中止国内革命。"祖国在危险中"，内忧外患中的法国开始失控，未经审判的关押、屠杀和各种游行时时发生，1793年，在巴黎革命广场，路易十六及王后先后被以人民的名义推上断头台，民众对于旧贵族的仇恨已经走向血腥和恐怖,这成为欧洲的君主国家组成反法联军围攻法国的理由。罗伯斯庇尔所领导的雅各宾派把这种"革命的恐怖主义"推到了顶峰,直至1794年热月政变中他本人被送上断头台。

在反法联盟压境和国内政局混乱的情况下,法国历史给自己选择了一个铁腕强权,如同当年英国的克伦威尔一样,拿破仑建立起他的军事独裁,甚至于1804年称帝建立起法兰西帝国。他在法国经济改革、教育和法制建设等方面取得了积极的成果,先后五次击退反法联军的同时,还企图通过对外战争在欧洲大陆扩张法国的政治版图。拿破仑的扩张在极大冲击着欧洲的封建秩序的同时,也引发了被侵犯各国的反抗,欧洲大陆的近代民族主义得以进一步发展。1814年在反法联军的压力下,他被迫退位。

路易十六、罗伯斯庇尔和拿破仑先后作为统治者登上历史舞台,而从路易十六时期君权和神权被拉下神坛,到罗伯斯庇尔时期制度化的恐怖,再到拿破仑的军事独裁,混合以巴黎的民众暴动,整场法国大革命始终处于动乱之中。于是在拿破仑的统治结束后,法国大革命的核心政治问题仍然是政体问题。恐怖政策或是对外战争未能真正带给法国自由和平等,也未能长久维系其统治。法国需要的其实不是新的革命,而是建立一个捍卫自由并且长治久安的宪政政体。若无宪政设置边界,民主不会带来自由,而会导致专制和动乱。

延伸阅读:

陈乐民:《欧洲文明的进程》,生活·读书·新知三联书店

［德］贡德·弗兰克：《白银资本》，中央编译出版社

［德］马克斯·韦伯：《新教伦理与资本主义精神》，北京大学出版社

［瑞士］雅各布·布克哈特：《意大利文艺复兴时期的文化》，商务印书馆

［美］R.R.帕尔默等著：《近现代世界史》，商务印书馆

［法］托克维尔：《旧制度与大革命》，商务印书馆

［美］埃里克·方纳：《美国自由的故事》，商务印书馆

丁建弘主编：《发达国家的现代化道路》，北京大学出版社

林达："近距离看美国"系列《我也有一个梦想》《总统是靠不住的》《如彗星划过夜空》《历史深处的忧虑》，生活·读书·新知三联出版社

# 第十讲　工业化时代的历史巨变

从18世纪中后期到"一战"前,两次工业革命的狂飙几乎席卷了整个世界。在机器和电光中,人类走进工业化时代。

整个世界的面貌发生着巨变:传统的家庭经营和田园生活逐渐被社会化生产的工厂、企业所代替;资本主义宪政制度不仅在欧美建立或巩固,甚至在亚洲得到扩展;在坚船利炮和廉价商品的进攻下,亚非拉地区成为世界市场的被迫适应者,不同文明在交流碰撞中相互认知和改变。自由主义、社会主义、民族主义成为历史的新潮流。

正如狄更斯所说:"这是最好的时代,这是最坏的时代……人们面前有着各样事物,人们面前一无所有;人们正在直登天堂,人们正在直下地狱。"

## 第一节　大工业的狂飙时代

### 一、第一次工业革命

"如果人们把整个人类社会的演进用十二个小时来表示,那么现代工业时代只代表最后五分钟。"英国是最先发生这"五分钟"时间的地方。人们不禁要问,为什么是英国?

原因是,英国最先确立了资本主义制度,它为工业发展提供了制度性的保护和支持,这是政治前提,且没有例外;英国长期以来的殖民掠夺和海外贸易使其有足够的原始积累和国际市场——这些市场不仅培育了它的国际商业文化,也为英国提供了巨大的市场需求和刺激;英国的农业革命和高度商业化为工业化发展提供了"飞鸟般自由"的大量劳动力;手工工场时代积累起丰富的生产经验,培养了大批优秀的技术工人。《共产党宣言》指出:"市场总是在扩大,需求总是在增加,甚至工场手工业再也不能满足需求了,于是蒸汽和机器引发了工业生产的革命。"

工业革命是从英国棉纺织领域开始的,一般认为1765年哈格里夫斯发明"珍妮纺纱机"是开端标志。在机器不断发明的过程中,新的生产组织方式——近代工厂出现了。工程师瓦特改良的蒸汽机解决了工业生产的动力问题,推动了工业革命的进程,此后汽船、蒸汽机车陆续发明,近代工业城市如雨后春笋般拔地而起。

1840年前后,英国完成了大机器替代手工工场的过程,率先完成工业革命,成为世界上第一个工业化国家。伦敦成为国际金融和贸易中心,1851年英国举办了第一次世界博览会,展现了强大的工业技术和国家实力。

工业革命的浪潮席卷了欧美,法国、美国继英国之后于19世纪中期进入了工业革命的高潮阶段,其中美国的这段历史尤其引人注目。事实上,18世纪末的工业、交通领域的许多发明创新已经在美国本土出现,尤其是惠特尼发明的机器零部件标准化生产和通用互换技术,历史性地开创了工业产品的大量生产,直接促成了高效的美国制造体系的诞生。不断扩大的领土,丰富的自然资源,充足的就业机会以及宽容的宗教政策等，吸引着源源不断的外来移民和资金，也推动了大规模的、持续的"西进运动"，从而激化了支持废奴的北方与保留奴隶制的南方之间的矛盾——从根本上看是北方资本主义工商业与南方种植园经济两种生产方式之间的矛盾，最终引发了1861—1865年美国内战。战争以林肯总统带领的联邦政府和北方取胜而宣告结束，一个开放的、统一的、空前开阔的国内市场至此形成，伴随着机器的轰鸣和铁路网的延伸，美国迅速地由当初的农业国转变成为又一个工业国家。

工业革命浪潮也通过西方的廉价商品和炮舰冲击着东方国家的传统生产方式，迫使它们做出反应。被迫开放的中国、日本和埃及等亚非部分国家，也开始走上近代工业化道路。

工业革命带来了史无前例的生产力革命。马克思、恩格斯在《共产党宣言》中说："资产阶级在它不到一百年的时间里所创造的生产力，比过去一切时代创造的全部生产力还要多、还要大。"

工业革命带来了社会面貌的巨变。工业资产阶级力量因此而壮大，城市化进程因此而加快。忙碌的工厂，拥堵的街道，延伸的铁路，喧嚣的市场……怀着对理想的憧憬或对现实的失望，英国文学家狄更斯发出感叹："这是一个最好的时代，也是一个最坏的时代。"

**二、第二次工业革命**

工业革命进一步解放了科技创新。在电磁学、物理学、化学、生物学等领域的科学研究成果，被不断地投入工业生产的技术革新中，在19世纪六七十年代引发了新一轮的科技革命，人们称其为"第二次工业革命"。

第二次工业革命以美国、德国为中心，主要成就表现在四个领域：一是电力的广泛运用，德国人西门子制成发电机，美国人爱迪生发明了电灯、留声机、电影放映机、电车以及供电系统，为工业生产和生活提供了洁净的新能源；二是内燃机的创制和使用，使汽车、远洋轮船甚至飞机等工具得以发明，人类的交通进入立体时代；三是电信领域电话、电报的发明为人们提供了新的信息传递手段；四是化学工业的建立，刺激了军事工业、现代农业和医药产业的发展，人类走进"电气时代"。与第一次工业革命相比，第二次工业革命使科学与技术真正紧密联系在一起，科学真正开始引领技术的进步，科技对经济的作用越来越强。

在第二次科技革命中，工业生产的组织方式发生了重大的变化。生产的社会化进一步提高，竞争更加激烈，企业的兼并重组和联合扩张渐成常态，导致资本和生产的高度集中，各种新型的垄断组织陆续出现，在美国、德国、英国等国纷纷出现了托拉斯、卡特尔、辛迪加等形式的超级大企业，甚至是跨国垄断组织。这导致资本主义国家纷纷向帝国主义过渡。

这些垄断性质的企业较之普通中小企业拥有强大的优势：和金融业的结合使它们得到更多的资本；独立的科研机构、市场调研机构等使它们在生产和市场开发方面有更强的竞争力；经营权与所有权的分离，提高了企业管理的专业化水平；对众多子企业生产的统一规划，一定程度上克服了生产的无计划状态。但不管怎样都应该客观认识到，垄断组织的出现是科技革命的结果，是生产关系对生产力的必然反应，是资本主义发展中生产模式的自我调整。

在第二次工业革命中,世界经济格局再次发生变化。过于依赖殖民地市场的英国最终丧失了"世界工厂"的地位。1894年,美国工业产值跃居世界第一,而到20世纪初期,德国工业产值也超越英法,升至欧洲第一、世界第二。这些变化引发帝国主义国家在国际利益争夺中的复杂矛盾,成为第一次世界大战的根源所在。

## 第二节　代议制的多样化发展

工业革命壮大了资产阶级和自由主义者的力量,反映在政治上的是欧洲在19世纪中期持续发生的资产阶级革命、改革和统一运动,以及受西方文明冲击,进而走上资本主义道路的日本。

各自的历史传统和现实状况,决定了代议制宪政的多样化发展。在近代化中步履蹒跚的中国,也于19世纪末兴起了以"立宪"政治为目标的维新变法运动,清政府甚至在20世纪初不得不进行宪政改革的尝试。

### 一、英国代议制的完善

代议制是由选举产生的代议机关行使国家权力,特别是立法权的制度,属于间接民主的形式。在英国君主立宪制形成和完善过程中,围绕议会制需要关注两件事,即议会选举制度的改革和议会政党政治的发展。

中世纪的英国议会,贵族代表作为国王顾问的身份,由国王邀请(上院来由);骑士和市民代表则由选举产生(下院来由)。关于选区、选举权的各种复杂苛刻的规定,使贵族和地方地主依仗土地财富操控选举，普通民众几乎没有机会。进入19世纪后，这一情况发生了变化。

工业革命的深入发展极大地改变了英国的经济地理结构和社会关系结构：传统农村地区不仅衰败，而且在迅速减少；工业资产阶级和工人阶级队伍迅猛发展。同时，19世纪深受法国大革命影响的欧洲大陆，民主潮流冲击着旧秩序，也辐射着变革中的英国。1832年，英国议会进行改革，调整行政选区，增加了新兴工业城市的议席名额；调整选民的身份资格，扩大了工业资产阶级的政治权利。未能获得选票的工人阶级，随后于1836年发起了宪章运动，要求保障自己的选举权。议会选举制度的改革，推动了英国近代政治民主化进程，也为英国资本主义进一步发展创造了条件。

在议会内部特别是下院多数党的政治角逐中，辉格党和托利党逐渐被自由党和保守党所替代。政党政治成为西方近代宪政的重要内容。

### 二、法国1875年宪法

1789年法国发生大规模革命，正如斯塔夫里阿诺斯所言："同古往今来的其他革命一样，先是温和地开始，逐渐地变得愈来愈激进。"此后一个半世纪中，深受卢梭思想影响，富有浪漫气质和革命精神的法国多次发生暴动与政变，在政治动荡中，帝制与共和制交替出现。相比较英国的政治改良，法国的革命显然更具破坏性。

法兰西第二帝国在1870年时因普法战争的惨败而倒台，第三共和国得以匆忙建立。从1873年到1875年，国民议会围绕政体问题发生激烈争论，最终以一票多数通过了法兰西第三共和国宪法,在法律上确立起共和制。

宪法规定国民议会拥有立法权,但却赋予总统名义上极大的行政权力,甚至经过参议院同意可以解散众议院;宪法又规定内阁对参议院负责,以及参议院可以否决众议院通过的法律。它同时满足帝制与共和两派的要求。不过实际上当时的共和派很快就控制了参议院多数席位,以及总统的选举。在共和派的坚持下,宪法规定凡统治过法国的家族成员不得当选为共和国总统,以保证永久的"政府共和国形式"。

从大革命爆发到 1815 年,法国贸易总额仍未能恢复到革命前水平,直到 1830 年"七月王朝"时期法国才真正迈出工业化的步伐。19 世纪六七十年代是欧洲工业化的迅猛发展阶段,法国在第二帝国时期工业发展实现了起飞。"一票共和"的结果,既是法国各派政治力量在错综复杂的社会矛盾面前为了获得稳定的局面不得不做出的相互妥协,也是法国工业化时代的必然要求。

### 三、德国 1871 年宪法

工业革命的扩展刺激着竞争中的欧洲各国。在拿破仑时代成长起来的民族主义,也越来越成为后起国家的发展动力。

19 世纪中期的德意志各邦国不同程度地接受着资本主义生产方式和工业化的成果,但四分五裂的现实使德意志缺乏统一的市场、税收和货币体系。无法与西欧其他国家在国际贸易和殖民扩张中竞争。

统一的旗帜最终落到普鲁士手中:它经济、科技实力较为突出,更重要的是以俾斯麦为代表的容克阶级(资产阶级化的普鲁士贵族),意志坚决而军事力量强大。从 1864 年到 1870

年通过三次王朝战争，普鲁士分别击败丹麦、奥地利和法国，最终于1871年完成统一并建立起德意志帝国，通过了德意志帝国宪法。

宪法规定统一后的德国实行联邦制，各邦国的君主或贵族地位得到保留。但是不同于美国联邦制的是，它实际上给予普鲁士以特殊地位：普鲁士的国王成为帝国皇帝，宰相成为帝国宰相，在议会中占据着较大比例。

宪法确立了二元制君主立宪政体，不同于英国，帝国宪法规定皇帝权威至上，拥有创制法律、任命官吏统率军队、主宰议会以及对外决策的大权；内阁服从宰相，宰相只向皇帝负责；规定议会拥有立法权并实行两院制——由任命形成的联邦议会和由普选产生的帝国议会，其中联邦议会是帝国最高机构。

这部宪法表明德意志帝国在政治上的双重特征：一方面，它正走上代议制宪政道路（课本上更多叫作资本主义发展道路）；一方面保留着浓厚的专制主义色彩。容克的封建传统和军国主义传统，沉淀为德意志最深层的政治底色。

**四、日本明治维新**

近代前夕的日本，天皇是名义上的最高统治者，但国家的实际控制权掌握在德川幕府的将军和各地大名（封建领主）手中。到19世纪前期，传统的封建统治秩序由于受到国内工商业发展带来的经济侵蚀、下层武士与农民暴动的冲击，以及西方文化的渗透影响，开始发生动摇。

1853年，美国海军准将马休·佩里率领舰队叩开日本的大门，史称"黑船事件"（亦称"黑船开国"），二百多年来闭关锁国的日本被迫开放门户，陷入严重的内外危机中，被迫走上革新之路。

推翻幕府之后，新政府以明治天皇的名义颁布《五条誓文》，通过"殖产兴业""富国强兵""文明开化"等措施，在经济、军事、教育、社会生活各方面进行了大规模的西化改革。在自由派的推动和伊藤博文等人的主导下，明治政府派出使团考察欧美制度，并借鉴德国经验，于1889年通过了《大日本帝国宪法》，使日本成为亚洲第一个近代君主立宪制国家。

但和德国一样，宪法基础上形成的二元制君主立宪保留了大量封建残余，尤其是具有浓厚专制色彩和神化特征的近代天皇制度，成为日本现代化道路上实质性的障碍。企图以这种体制维护新贵利益和凝聚力量，以"弯道超车"的方式赶上欧美发达国家，却最终走上穷兵黩武的军国主义失败道路。

## 第三节　工人运动与社会主义

### 一、马克思主义的诞生

19世纪诞生了许多伟大的思想学说，但论及对人类社会影响最为深刻的，当首推马克思主义学说。它既是天才的构想，也是一个变革时代的产物。

从历史宏观角度看，工业革命的确是马克思主义登上历史舞台的基本背景。西欧社会在生产力不断提高的背景下，社会的贫富两极分化却更加严重，工人们工资增加的幅度根本无法与资本家的巨大获利相比较，而且在政治上他们没有自己的话语权——底层劳动者甚至没有选票。伴随工业革命的深入开展，欧洲的民主化运动逐渐发生变化，由猛烈反对封建主义，转向反对资本主义私有制的罪恶。欧文、圣西门、傅立叶等英法的空想社会主义者，无情地揭露和批判黑暗的现实，呼吁建立更加公平的理想社会。对自由和富足的向往，从资产阶级转向了工人阶级。

19世纪三四十年代，英国宪章运动，法国里昂工人起义，德国西里西亚纺织工人的起义持续发生，工人阶级成为新的革命者。

马克思和恩格斯的贡献，在于他们系统研究思考近代欧洲经济、哲学的同时，改造了当时已经有所影响的空想社会主义学说，创立起完整的理论体系，使之成为工人阶级，即无产阶级的寻求解放的指导理论。马、恩的伟大不仅仅在于他们天才的思想，更在于他们为人类的自由、解放所担负起的历史意识和展现出的无比勇气。

1848年《共产党宣言》的发表，标志着马克思主义的诞生。马克思提出，人类社会发展有必然的客观规律，会从低级到高级经历原始社会、奴隶社会、封建社会、资本主义社会，最终走向社会主义和共产主义社会。资本主义制度已经证明了它相比于封建社会的巨大优势，而无产阶级必然会推翻资产阶级统治，消灭私有剥削制度，建设更加先进的社会主义。可见，阶级斗争是阶级社会发展的基本动力，无产阶级是资产阶级的"掘墓人"，有着共同理想的无产阶级，应该打破国家界限，让"全世界无产者联合起来"。

马克思主义的学说不仅成为指导无产阶级斗争的理论武器，也成为影响西方社会的重要思想。如果我们能够暂且放下狭隘的阶级斗争的理论说教，去看一段《苏菲的世界》一书中的评价，"马克思主义造成了很大的社会变动，毫无疑问，社会主义已经大致改善了社会上不人道的现象。无论如何，我们所生活的社会已经比马克思的时代更加公平，更团结。这一部分要归功于马克思和整个社会运动"，更有益于我们对马克思主义宗旨的认识。

## 二、工人运动的新发展

1864年"国际工人协会"在英国成立（即第一国际），六十多个国家的工人组织派代表出席，它标志着工人运动国际化的发展。

1871年普法战争后，不愿意接受政府屈服态度的法国市民和工人发起武装暴动，占领巴黎并通过选举成立了一个新政权——巴黎公社。新政权废除旧议会、旧军队和旧的刑狱机构，建立了自治性质的委员会，宣布了旨在维护工人阶级平等权益的选举和工资规定。但由于缺乏斗争的经验，没有形成严密的政治组织，没有控制巴黎的军事、经济资源，没有动员宣传及整合其他可能的革命力量，很快失败了。从唯物史观的角度分析，那么资本主义处于上升阶段、无产阶级革命的客观历史条件并不成熟，也许是更深层的历史解释。

巴黎公社是历史上无产阶级夺取政权的一次重要尝试，它为后来的无产阶级革命留下了宝贵的经验和借鉴，其追求自由、公平的理想和英雄主义勇气，在《国际歌》中被永远缅怀。

19世纪末西方国家民主政治，包括政党政治进一步发展，欧美各国的工人政党也得以纷纷成立。一些国家的工人党领袖认为无产阶级革命的条件已经不复存在且无必要，应该予以"修正"，主张以民主竞选、社会改良等方式实现向社会主义的和平过渡。同时由于受"一战"前民族主义情绪的影响,各国工人党的国际主义立场发生转变。

在俄国,列宁坚持把无产阶级专政写进了社会民主工党的党纲中。他的支持者后来发展为布尔什维克党。

## 第四节 世界市场的最终形成

### 一、自由主义经济

工业革命中释放出巨大能量,在冲击封建政治秩序的同时,要求摆脱传统经济政策的束缚,自由主义经济思想和经济政策应运而生。

1776年,英国经济学家亚当·斯密发表《国民财富的性质和原因的研究》(中国近代翻译为《国富论》),从人的利己性("经济人")假设出发,讨论了自由主义市场经济的必然性和必要性,驳斥了重商主义学说,明确要求经济发展中的自由经营、自由竞争和自由贸易,主张限制政府在经济中的操控,而由市场机制这只"看不见的手"来调节生产和销售。他对自由主义经济理论的系统阐述,加快了英国工业革命的发展进程,并对经济自由主义思想和市场经济体制的发展产生了深远的影响。

资产阶级很快接受了自由主义经济理论,他们强烈要求政府提供保护和服务,通过立法手段维护自由经济的法制环境、劳动力市场和公共秩序,扮演好"守夜人"的角色,而对私有经济活动采取自由放任的政策。

英国逐渐放弃了重商主义,议会宣称把"自由贸易"定为基本国策予以推行。1825年英国取消了机器出口的禁令，1846年废除限制粮食出口的《谷物法》，1849年废除《航海条例》，到了19世纪下半叶工业革命完成后甚至一度单方面执行零关税政策。法国紧随其后宣布废除关税保护政策而奉行自由贸易原则，并与英国、德国等签订自由贸易条约。

工业革命为世界提供了自由贸易的资本、商品、交通条件和内在动力，以及一个在国际贸易领域实力强劲、野心勃勃的工业化国家作为推手。国际自由贸易迎来了黄金阶段。

但必须认识到，发达国家在工业化初期，其实大都曾经实行高筑关税壁垒、出口补贴和产业政策内外有别的重商主义之策，西方国家概莫能外。19世纪中期的英国，凭借其强大的工业生产和航运能力推行自由贸易政策的同时，美国工业资产阶级仍然要求政府保持较高的关税，以保护民族工业在国内市场的竞争力，直至美国超过英法成为第一工业大国，并在20世纪再次成为世界自由贸易的新旗手。

## 二、世界市场最终形成

工业革命引发了列强全球性的扩张。资产阶级生产能力的迅速提升，刺激着不断扩大商品市场的需求；资本主义国家经济、军事实力的增强，为它们的殖民扩张创造了条件。以英国为例，到19世纪中期，它在亚洲大肆扩张，除占有印度外，还占领了新加坡，侵入了阿富汗和伊朗，并通过两次鸦片战争打开了中国的门户。另外，它在大洋洲占据了澳大利亚和新西兰，在非洲渗透到以埃及为主的北非地区。

和早期殖民主义野蛮掠夺的形式不同，19世纪列强多以强迫性不平等条约为主要方式，为商品输出和资本输出创造条件。作为"世界工厂"的英国,成为世界市场的主要供货商,它的产品特别是纺织品行销世界各地,同时世界各地也为英国提供工业原料和农业产品:棉花、金银、矿石、牛羊、粮食、木材、茶叶等。19世纪中期,亚、非、拉国家在纷纷沦为殖民地半殖民地的同时,以英国为中心的世界市场基本形成。

在这个空前规模的世界性经济交换体系中,资本主义国家占据了完全的主导地位,殖民半殖民地区沦为西方国家的"经济附庸"——作为它们的商品市场和原料产地而存在,从而形成了东方落后并从属于西方的国际格局。

19世纪晚期和20世纪初期,在第二次工业革命和垄断组织作用下,西方世界迈向帝国主义新阶段,列强对世界市场和殖民地的争夺逐渐进入白热化。英法德等欧洲国家在非洲掀起瓜分狂潮,整个非洲在不到30年中几乎被瓜分完毕。英国殖民者罗得斯甚至说:"可惜我们不能到达夜间在我们头顶上的星星那里,如果可能,我就要吞并那星星。我经常想到这件事,我看到它们这样亮却又那样远,只觉得心中难受。"

19世纪的美国在孤立主义和对外扩张中走出了"新道路"。1823年门罗总统提出美国不会涉足欧洲内部事务,但不允许欧洲列强干涉美洲事务,宣称"美洲是美洲人的美洲";1898年发动美西战争把西班牙挤出美洲,到20世纪初确立了西半球霸权。1899年美国针对列强在中国的瓜分狂潮提出"门户开放政策",要求在"尊重中国主权"的前提下列强相互开放"势力范围"。总之,美国通过一系列保证其经济、政治利益的"新殖民主义"策略,更加隐蔽地参与了殖民主义新秩序的重建。

到20世纪初期,资本主义力量控制了世界的绝大部分地区和人口,世界成为一个越来越密切联系的整体。随着科技、物资、物种、人口的广泛流动和交换,国际分工的逐渐清晰,以殖民主义和国际贸易为基本途径,世界市场最终形成。

世界市场的形成就其本质而言,是资本主义扩展的必然结果。在这一过程中,不能仅仅看到在西方侵略下东方国家的"沦陷",也要认识到在西方先进的生产方式和思想观念影响下,东方国家开始接受工业革命的成果,突破传统经济生活和保守观念的束缚,创建民族工业和尝试建立近代政制,并形成了真正意义上的民族主义意识。

工业革命改变了世界面貌。一个以西方为中心的世界——不仅是市场,还有政治体制、科学技术甚至文化价值观念都是以西方为中心的世界形成了。马克思说:"它迫使一切民族——如果他们不想灭亡的话——采用资产阶级的生产方式……它按照自己的面貌为自己每天造出一个世界。"

延伸阅读:

[美] R.R. 帕尔默:《工业革命》,世界图书出版公司

[英] 罗伯特·艾伦:《近代英国工业革命揭秘:放眼全球的深度透视》,浙江大学出版社

[美] 斯科特·戈登:《控制国家:西方宪政的历史》,江苏人民出版社

[英] 威廉·G.比斯利:《西方日本研究丛书:明治维新》,江苏人民出版社

[英] 霍布斯鲍姆:《革命的年代》《资本的年代》《帝

国的年代》，江苏人民出版社

［美］约翰·里德：《震撼世界的十天》，人民出版社

沈志华主编：《一个大国的崛起与崩溃：苏联历史专题研究（1917—1991）》，社会科学文献出版社

# 第十一讲　两次世界大战

20世纪的前五十年，世界大战先后发生。"一战"动摇了欧洲国家的地位，带来了世界政治体系的巨大变化。十月革命及苏联的社会主义建设，开辟了前所未有的现代化发展新道路，重新建构了国家政治版图。

资本主义世界经济大危机中，西方世界发生分化。以罗斯福新政为典范的国家垄断资本主义模式初现雏形，而德国、日本则走上法西斯军国主义道路。反法西斯主义的第二次世界大战经历了曲折艰苦的过程，它的胜利成为世界现代政治、经济发展中的里程碑。

## 第一节　第一次世界大战

### 一、世界大战的起因

第一次世界大战的起因，《全球通史》中给出了这样的解释："（各国）经济上的竞争、殖民地的争夺、相冲突的联盟体系和势不两立的民族主义愿望。"

第二次工业革命和自由资本主义的疯狂发展，引发了英、法、德、俄、意、奥等欧洲国家的激烈争夺。一方面是对国际市场份额的竞争，另一方面则是对海外殖民地的瓜分和争夺。在工业革命中"后发先至"的德国伴随经济、军事力量的增强，强烈要求"阳光下的土地",力图打破由英、法控制的国际政治格局。而经济水平相对落后但扩张成性的俄国则希望能在远东地区得到更多利益。

国家之间的利益对抗刺激了民族主义的亢奋,成为政府转移国内矛盾,鼓动对外战争的手段。列宁曾经就此批判说:"每当一个国家的政治、经济出现重大危机的时候,爱国主义的破旗就又散发出臭味来。"

20 世纪初期,欧洲形成了两大军事集团:英、法、俄三国协约和德、意、奥三国同盟(大战发生后,意大利改投协约国,奥斯曼土耳其加入了同盟国阵营)。

1914 年,奥匈王储在巴尔干半岛的萨拉热窝遇刺,成为大战的导火索。

### 二、大战的过程

从 1914 年到 1918 年,协约国集团和同盟国集团在欧洲及其近海展开激战,主要战场包括西线战场、东线战场以及海上争夺战。

1914 年至 1916 年间,双方的较量主要在英法俄对德国的西线和俄国对德奥的东线。战争异常残酷,"绞肉机"式的惨烈战况不断上演。这一时期战火也蔓延到世界其他地区。

由于最初实力接近,双方很快发现不可能速战速决,战争进入胶着状态,双方的损失都十分惨重。1916 年发生的日德兰海战,德国不仅未能冲出英国的封锁线,反而进一步失去海上主动权。

1917 年俄国因连续发生二月革命和十月革命,最终宣布"退出帝国主义大战";而美国则借口反对德国"无限制潜艇战",先后有二百万士兵被派往欧洲战场加入了对德作战。这一年,中国宣布加入协约国一方。

1918年11月德国宣布投降,第一次世界大战结束。

### 三、"一战"的影响

"一战"历时四年多,有三十多个国家和十五亿人口被卷入战争中,它给人类造成巨大的物质损失并带来了巨大的精神伤害。

"一战"改变了世界力量的对比。德国战败,奥匈帝国和奥斯曼土耳其帝国瓦解,英法受到重创而实力削弱——这是欧洲衰落的开始,也为欧洲以外的世界提供了崛起的机会——美国在战争中获得了巨大的经济和政治利益,一跃成为世界经济强国;亚洲殖民地半殖民地国家的民族意识进一步觉醒,在中国、印度兴起反对帝国主义、寻求民族独立的群众性运动。

"一战"为俄国社会主义革命创造了条件。第一个社会主义国家的建立,标志着全新的世界政治格局的开始。

战后由协约国主导建立的凡尔赛—华盛顿体系,虽然暂时调整了纷乱的国家关系,但是未能消除各国之间的矛盾,反而埋下极端民族主义的祸根。法国元帅福熙预言:"这不是和平,这是二十年的休战。"

## 第二节 苏联的崛起

### 一、1917年俄国革命

有人把第一次世界大战的结束作为现代史的开端,有人把1917年十月革命作为现代史开端,从时间上来说非常接近,但是这种划分反映了不同的立场：前者关注欧洲文明的兴衰，后者强调社会主义的创立。

1917年俄国革命的发生背景十分特殊。战前的俄国不是马克思构想的发达资本主义国家，而是相对落后的半近代化国家。尽管经历过1861年废除农奴制的改革和近代化发展，但在沙皇和地主统治下，俄国的主要人口依然是贫穷的农民和工人，阶级矛盾十分尖锐。1904年日俄战争的失败引发了1905年国内激进民主主义者的革命，此后沙皇政府对国家的实际控制力逐渐下降。在民族主义的激情和渴望大战胜利带来巨大利益的憧憬下，俄国民众支持国家加入协约国集团参加世界大战。此时，作为革命家的列宁则敏锐地发现了机遇，认为大战将使俄国成为"帝国主义链条上最薄弱的一环"，提出了"变帝国主义战争为国内革命"的目标。但他的这一主张一开始并没有得到党内的共同认可。

1915年开始连续出现的前线失利，使沙皇政府成为众矢之的。由于食品和燃料的极度缺乏，1917年3月（俄历二月）彼得格勒发生示威并演变成罢工和暴动。危机之下的沙皇尼古拉让位给他的兄弟米哈伊尔，而米哈伊尔却很快就放弃了王位，腐朽没落的沙皇专制政权就这样倒塌了，史称"二月革命"。革命中布尔什维克掌握了一定的武装，并成立了"工兵代表苏维埃"机构，这为它的进一步革命创造了机会。

俄历四月，列宁从瑞士返回彼得格勒。他强烈谴责临时政府继续参战的行为，承诺将把"和平、土地和面包"还给人民，并呼吁民众支持苏维埃和平夺取政权。俄历六月的科尔尼洛夫军事叛乱事件，在苏维埃的抵制下最终失败，该事件极大提升了苏维埃及布尔什维克的社会影响力,但随后通过示威请愿方式要求"全部政权归苏维埃",却遭到了无情镇压。

1917年11月7日(俄历十月),布尔什维克在彼得格勒举行起义,几乎没有遇到任何抵抗就占领了火车站、桥梁、银行和政府大厦,推翻了临时政府,宣布成立了世界上第一个工农苏维埃政府。1918年初,布尔什维克在俄国真正掌握了国家政权,列宁接受了《布列斯特—立陶夫斯克和约》,俄国退出了第一次世界大战。

俄国十月革命有着极其重大的历史影响:十月革命不仅为俄国的现代化发展开创了新的道路,还打破了近代以来的西方资本主义主导的世界政治,开创了资本主义、社会主义长期并存的新局面,并通过不断扩大辐射范围和对抗西方,从而形成了现代历史上最具持久影响力的革命潮流。

## 二、列宁的经济政策

十月革命后的俄国并没有因为退出世界大战而得到和平:来自协约国的武装干涉和国内强大的反对苏维埃的武装叛乱势力,使布尔什维克政权处于内忧外患当中。为了保证内战中的胜利,解决前线所需的物资和人力,苏维埃采取了种种非常措施,形成了战时共产主义。

战时共产主义政策主要包括:推行余粮征集制,要求农民按规定把口粮之外的农产品(无偿地)上缴国家;所有企业全部实行国有化;取消一切商品贸易,实行统一的实物配给制;强制劳动,"不劳动者不得食"。这些措施缓解了"战时"困难,对于巩固新生政权发挥了重要作用。

该措施在实施中同时也被认为是向社会主义(共产主义)

过渡的途径，这是因为马克思主义学说主要围绕无产阶级革命展开，对革命后的建设缺乏清晰的指导意见，而这种情况又是过去从来没有过的，无经验可借鉴。所以列宁承认"不存在将资本主义制度具体改造成社会主义制度的现成方法……我们必须根据实验做出判断"。

内战结束后的1921年，严重的饥荒引发了经济危机和政治危机，暴动者提出要建立"没有布尔什维克的苏维埃"。注重实际的列宁认识到，战时共产主义不能适应现实，必须摒弃。根据他的建议，苏俄实施了新经济政策。

新经济政策几乎是战时政策的反向版本：废除余粮收集制，征收固定的粮食税；在控制经济命脉的前提下，国家允许私人资本家或外国资本经营部分企业，实行"国家资本主义"；允许商品贸易，特别是农副产品的自由贸易等。对列宁来说新经济政策之所以在一定程度上恢复了资本主义，是为了更好地发展社会主义的经济成分，"后退一步为的是前进两步"。

新经济政策以其务实的态度和灵活的策略取得了成功。它迅速发展了国民经济，从而为苏维埃政权的进一步巩固和苏联社会主义工业化建设的开展奠定了坚实的经济基础。

在此期间，1922年苏维埃社会主义共和国联盟成立。一个幅员辽阔、雄心勃勃的社会主义大国站立在了欧亚大陆的中间。

**三、斯大林模式形成**

列宁去世后，斯大林成为苏联最高领导人。他认为，苏联比先进国家落后了近百年，所以需要在十年内迎头赶上。"我们要么做到这一点，要么被人打倒。"为了尽快实现国家经济的独立，加快社会主义建设的速度，1925年苏共十四大提出苏联社会主义工业化的总方针,并在实际上取消了新经济政策。

苏联的工业化有三个重要特征。一是由国家(政府)有计划地进行集中投资和形成规模化建设,每五年为一个周期,称为"五年计划";二是优先发展重工业,如钢铁、石油、飞机、船舰、机械制造等,以增强国家军事实力,并为完整建立国家工业体系提供基础设备;三是同步实行农业集体化。

1928年第一个五年计划启动。为了解决工业化建设中所急需的粮食问题,也为了给工业建设提供足够的资金和原料,苏联于1929年开展了大规模的农业集体化运动,动员个体农户加入集体农庄,甚至把这一行为上升到阶级斗争的高度:"谁不加入集体农庄,谁就是苏维埃的敌人。"富农的反抗遭到政府的无情镇压,他们被赶出了村庄,关进了监狱和西伯利亚劳动营。到1932年底,富农阶层消亡。而到1938年时,苏联农民的土地都被合并到了集体农庄和国营农场中。

苏联的前两个五年计划在工业建设上取得巨大成功。1937年时的苏联工业产值跃居欧洲第一、世界第二位,形成了比较齐全的工业化体系,成为社会主义工业强国,也为"二战"中打败法西斯德国奠定了物质基础。尽管这样的工业化存在许多缺陷,如过分重视重工业建设速度和数量,导致工业品质量偏低和轻工业发展的不足,以及工业化中农民付出沉重代价等,但是苏联社会主义建设的成就仍然证明了新体制的优势所在。和同一时期西方经济的大萧条相比较,它引起了全世界的瞩目。美国新闻记者林肯·斯蒂芬斯从苏联回国后声明:"我看到了未来,它行得通。"

在前两个五年计划的建设过程中,斯大林模式得以形成。

它在经济上的主要特征包括：片面强调重工业；实行单一公有制；高度集中的行政性经济管理体制和排斥市场的计划经济等。一分为二地说，这种模式下的经济结构失衡，不利于国民经济的健康发展和人民生活质量的提高，抑制了地方、企业、个人的创新能力，但是它的集权体制显然更容易集中力量实现国家意志，推进实施整体战略，或动员力量保障国家安全及利益，这也是后来的发展中国家更倾向于学习借鉴这种模式的一个主要原因。

关于斯大林，除了很多涉及他的令人感到恐怖的专制独裁，也有不少客观的好评。丘吉尔就曾经说过：他接过的是一个扶木犁的穷国，而他留下的是一个拥有核武的强国。

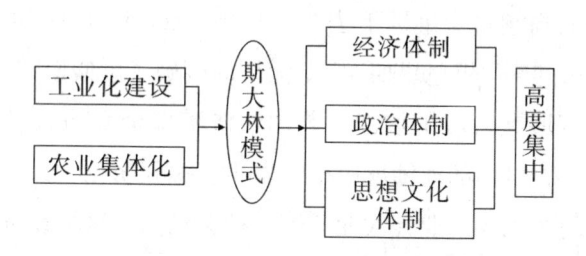

斯大林模式的形成与特征

## 第三节 大萧条与大危机

开始于1929年的资本主义世界经济大危机，在美国多被称为"大萧条时代"。这场经济危机，导致了资本主义的道路大分化，催生了资本主义发展中的新模式。

一、**大危机的发生**

1825年英国发生了近代西方第一次经济危机，其后经济危机开始周期性出现，主要表现为"生产的相对剩余"。但是迄今为止规模最大、时间最长、影响最广的莫过于1929年资本主义世界经济大危机。它开始于美国。

"一战"后的美国呈现空前繁荣。大战使美国获得巨额财富，并成功打开了欧洲市场；科技革命成果在工业上的广泛运用，刺激着美国的汽车、建筑和金融业。尤其是在柯立芝总统主政的20世纪20年代被称为"柯立芝繁荣时代"。但繁荣的背后危机却在不断积累：民众收入与生产率增长之间的反差不断扩大；国际经济不均衡状态影响了美国的农业出口；国际信贷和国内信贷性消费及过热的股市投机使美国的金融业面临巨大风险。对此缺乏清醒认识的财政部部长梅隆向公众保证"这一繁荣的高潮将会继续下去"，直到1929年10月24日美国纽约股市迎来"黑色星期四"，无情地刺破了虚假繁荣的泡沫。

随着股票市场的崩溃，美国经济随即全面陷入毁灭性的灾难之中，可怕的连锁反应很快发生：疯狂挤兑、银行倒闭，工厂关门、工人失业，农业萎缩，社会动荡。这场经济危机很快从美国蔓延到其他资本主义国家如英、法、德、日等。各国为维护本国利益，纷纷采取贸易保护的措施和手段，通过贸易战、关税战和货币战等方式来减轻自身的压力。1930年美国霍利·斯穆特关税法把关税提升至50%以上，导致了多国的高关税报复，国际贸易一度萎缩了70%。经济民族主义情绪在此背景下逐渐高涨。

大萧条使资本主义制度面临空前危机。中产阶级的破产，劳动人民的贫困，数以百万计的流浪队，数以千万计的失业大军，引发了资本主义国家此起彼伏的示威游行和暴动骚乱。在历史的十字路口，西方国家走向不同的道路。德国和日本选择了法西斯军国主义，而美国则通过新政改革，固守了西方的民主传统。

**二、罗斯福新政**

1929年入主白宫的胡佛总统很快成为大危机不幸的象征名词："梅隆拉响汽笛，胡佛敲起钟。华尔街发出信号，美国往地狱里冲！"流浪者的"胡佛村"，要饭用的"胡佛袋"，缺乏燃油而由畜力拉动的"胡佛车"，露宿者身上盖的报纸"胡佛毯"。实际上胡佛政府并非无所作为，他尽管坚持着自由主义的传统，尝试过让市场"自我治疗"，以及倡导工商界和劳工组织"自愿联合"实行互助，但后来成立复兴金融公司和扩大公共工程项目，却成为罗斯福新政的先导。

1932年罗斯福以"新政"为口号当选总统。自1933年开始，他由最终的应急性举措，到后来制度性深化改革，在国会的支持下通过国家立法、健全机构、落实各项措施，引领美国渡过了难关。

罗斯福新政的主要内容可以概括为四个方面。

一是在金融领域整顿银行，稳定公众信心；二是补贴农业，以实现减耕减产，提高农产品价格；三是在工业领域，立法规范工业生产和市场竞争，调节劳资关系，减少盲目生产，保证公平竞争，确保工业生产的稳定恢复；四是在社会保障方面，实行"以工代赈"，通过公共工程项目提高就业和消费，举办社会救济和建立保障体系以缓解社会矛盾。

"新政"在推行中也面临各种挑战，如《工业复兴法》中关于工人最低工资和最高劳动时间的规定，被部分议员攻击是

"从《共产党宣言》第十八页抄写出来的"；国会赋予总统不断扩大的权力，也被认为是对美国宪政的破坏（这个说法至今仍然存在）等。但是"新政"取得的成果足以让人称道：虽然中间有过波折，但1933年后的美国金融业走向稳定，失业人口数大为下降，国民生产总值和国民收入有明显的回升增长。这为美国在反法西斯战争中成为盟国的"兵工厂"，以及再次实现经济繁荣奠定了基础。

罗斯福的"新政"如同他自己所说，是"旧民主秩序的新应用"。强大的工业基础，悠久的民主传统，以及建立在宪法之上的国家政权，是美国成功渡过难关的原因，而"新政"在本质上只是资本主义制度做出的一次自我调整。

"新政"改革不仅稳定了美国资本主义制度，也开创了资本主义国家干预经济的资本主义新模式。

### 三、法西斯主义

大萧条对资本主义世界产生的后果之一，就是法西斯军国主义的上台。

法西斯主义是现代种族主义、极权主义、军事国家主义和经济社团主义的混合概念，1920年代在意大利兴起，但是真正影响世界局势的则是希特勒的德国纳粹党。

大萧条对德国的打击特别严重，"一战"后建立起来的魏玛共和国面对严峻的形势：三分之二的工人失业，空前严重的通货膨胀，日益高涨的群众运动。政府的软弱无能，给法西斯主义的泛滥提供了机会。希特勒和他的纳粹党以"民族主义"和"社会主义"为招牌，把现实问题归罪于民主政体和犹太人，要求废除不劳所得和"利息奴役制"、托拉斯国有化和对大企业实行分红制；要求重整军备，通过争夺"生存空间"给德国人更多的工作机会。纳粹党的政治纲领为德国民众的不幸提供了替罪羊，也为战败的德国如何"再现荣耀"提供了行动纲领。

1932年纳粹党在国会选举中成为第一大党，第二年希特勒出任总理，标志着法西斯主义控制了德国政权。

世界性大危机同样冲击了日本。由于工业基础薄弱，国内资源匮乏和市场不足，部分财阀的经济垄断等，在大萧条时期，日本工农业生产遭到严重破坏，大批农民破产，民众生活异常艰苦。日本政府无法迅速摆脱这种局面，而依托于皇权的军部，以及部分军官要求建立独裁体制，并对外扩张。1936年"二二六"兵变后，日本军事法西斯内阁政权得以组建。相比较而言，日本法西斯主义更像是天皇专制政体、武士道精神和军国主义的结合体。

## 第四节　第二次世界大战

### 一、走向大战

第二次世界大战的酝酿和形成，经历了大约十年时间，是在日本不断侵略中国和德国在欧洲的公开扩军备战过程中形成的。

1931年日本关东军在中国东北制造"九一八事变"，并通过建立傀儡政权"满洲国"的方式在实际上占领该地区。"一战"后由英法主导建立的"国际联盟"未能有效制约。尽管日本国内有不同意见，但在军部的推动下，日本的侵略继续扩大，1937年发动了全面侵华战争

1935年希特勒政府公开撕毁"一战"后明文遏制其军事力量的《凡尔赛和约》，扩充军事力量，实行国民经济军事化，并在占领非军事区的冒险行为中得逞。1938年德国吞并奥地利，1939年控制了捷克斯洛伐克。

在意大利侵占埃塞俄比亚不久，出于共同的利益需要，1937年在"反共"旗号下，德意日三国轴心形成。

大战的威胁日益临近，但反法西斯力量却处于分散中。美国在孤立主义外交思想主导下固守"中立"政策；英法政府执行谈判为主的"绥靖主义"路线；苏联出于自身利益与德国签订《苏德互不侵犯条约》；中国的抗战几乎处于孤立无援的状态。

1939年9月1日德国突袭波兰，英法对德宣战，第二次世界大战全面爆发。在以"闪电战"击溃波兰后，希特勒军队大举进攻北欧和西欧国家，占领了法国，对英国发动猛烈空袭；1941年6月突然向苏联发动全面进攻，苏联被卷入战争。同年12月，为了侵占东南亚和夺取西太平洋控制权，日本突袭美国海军基地珍珠港，美国正式向轴心国宣战。它同时卷入了在欧洲和太平洋的战场。至此，"二战"达到空前规模。

## 二、众志成城

法西斯势力的侵略遭到顽强的抵抗。在中国，国共两党再次实现合作，形成了全民族共赴国难、坚持抗日的局面；在欧洲，英法军队完成了"敦刻尔克奇迹"，在经历不列颠空袭后，丘吉尔代表英国人民高呼"决不投降"，以坚韧不拔的意志在欧洲、大西洋和北非对抗着法西斯军队；卫国战争中的苏联人民，在浴血奋战中包围了莫斯科，打破了法西斯德国"不可战胜"的神话；罗斯福总统宣布美国将成为"各民主国家的兵工厂"——这家"兵工厂"的最高生产纪录是每天生产一艘船，每五分钟制造一架飞机。

法西斯势力的肆虐最终使反法西斯同盟得以成立。实际上，由于自身利益受到威胁，美国在20世纪30年代后期已经开始以经济手段制裁日本。在卷入战争前，美国开始对反法西斯国家包括苏联提供援助。1942年中、美、英、苏等国倡导并共同签署《联合国家宣言》，宣布将团结一致彻底打败法西斯国家，标志"二战"中反法西斯联盟的正式形成。

1942年6月，在太平洋战场中途岛海战中，美国重创日本海军，夺取了战场主动权，由防御转为进攻。10月，英军在北非战场取得阿拉曼战役的胜利，德意军队损失惨重，失去在该地区的战略优势，最终投降。1943年初，苏军在苏德战场斯大林格勒战役中击溃德军主力，转入战略反攻。

1943年，墨索里尼政府垮台，意大利宣告投降。中、美、英三国首脑签署《开罗宣言》，声明对日作战到底的立场，明确规定日本所占东三省、台湾和澎湖列岛的中国领土必须归还。1944年，盟军在诺曼底登陆成功，两面夹击德国。1945年欧洲战争胜利前夕，美、英、苏首脑举行雅尔塔会议，规划了三国之间合作作战的后续内容，提出战后惩办战犯及成立联合国的决议，也初步勾画出带有大国强权色彩的美苏政治版图。

1945年5月，苏美军队攻占柏林，德国无条件投降。负隅顽抗的日本，在美军登陆冲绳岛并投下两枚原子弹，以及苏联对日宣战并击垮关东军之后，天皇下诏宣布停战投降，9月2日正式签署无条件投降书。第二次世界大战至此结束。

### 三、历史影响

第二次世界大战历程中,先后有六十一个国家和地区二十亿人口被卷入战争,它所带来的破坏和灾难空前严重,使和平主义思想在战后深入人心。为此,中、英、美、苏、法等战胜国在战后发起成立了联合国,以维护国际和平与安全。

战争进一步改变了国际力量对比,以美苏为首形成的两极格局和两大阵营,既相互激烈对抗,又寻求和平合作,形成了新的国际政治局面。

战争重创了欧洲,激发了亚非民族独立运动的高涨,导致地理大发现以来所形成的世界殖民地体系最终瓦解。

战争在客观上推动了科学技术的迅速发展。大战中的科技发明在战后的和平运用,为第三次科技革命的兴起奠定了坚实的基础。


延伸阅读:

[美]威廉·夏伊勒:《第三帝国的兴亡》(上中下),世界知识出版社

[美]本尼迪克特:《菊与刀》,商务印书馆

[美]亨廷顿:《文明的冲突与世界秩序的重建》,新华出版社

# 第十二讲 "二战"后的国际政治与经济

第二次世界大战极大地改变了传统的世界政治、经济格局。欧洲衰落的同时，美苏两极格局在"冷战"中形成，世界民族解放和独立运动高涨，社会主义阵营壮大。20世纪六七十年代，多极化趋势逐渐显现，而东欧剧变以后，国际关系在总体缓和的形势下，表现出局部性、深层次的复杂与动荡。

战后以美、苏为代表的两种经济体制都经历了持续的改革，但却产生了不同的最终结局。其中，以美国为中心的资本主义世界经济体系的形成，不仅促进了战后西方国家的经济恢复，也为经济全球化发展创造了条件。

20世纪八九十年代以来，经济区域集团化和世贸组织的建立，成为经济全球化发展到新阶段的重要标志。

## 第一节 战后国际政治格局的演变

### 一、美苏两极格局形成

战后的国际形势发生了重大变化，特别是欧洲、美国和苏联的综合实力与国际地位，在战后对比消长。在欧洲整体进一步衰落的背景下，美苏主导了世界。

战后美国凭借其强大的工业实力和丰富的黄金储备，以及在军事上拥有的多个航母战斗群、近五百个海外军事基地，以及掌握原子弹等，成为资本主义世界的头号强国，并建立起以美元为中心的世界金融货币体系。苏联则凭借在大战中所形成的强大军事工业和庞大军力，横贯亚欧大陆的辽阔疆域，在"解放"东欧和出兵东北亚过程中所形成的势力范围与区域影响，成为唯一能抗衡美国的社会主义大国。

在美苏均势的基础上，雅尔塔体系建立起来。两个大国按照自己的战略利益需要划分了战后的国际政治版图。但是，双方在国家利益争夺和意识形态上的分歧斗争却越来越成为新的问题，战时的同盟关系很快走向破裂。

1946年丘吉尔在美国发表演说，他宣称"从波罗的海边的什切青到亚得里亚海边的的里雅斯特，已经拉下了横贯欧洲大陆的铁幕。这张铁幕后面……不仅落入苏联影响之下，而且越来越强烈地为莫斯科所控制"，鼓动西方国家共同遏制苏联，拉开了东西方"冷战"的序幕。1947年杜鲁门总统发表国会咨文，提出"美国的政策必须是支持各自由民族，他们抵抗着企图征服他们的掌握武装的少数人或外来的压力……如果我们在起领导作用方面迟疑不决，我们可能危及世界和平"，这成为美国对苏全面"冷战"的开端。1948年，美国实施援助西欧的马歇尔计划（欧洲复兴计划），用以对抗苏联和东欧社会主义国家。1949年，美、英、法等国成立了针对苏联的"北大西洋公约组织"（北约）。

苏联则采取了一系列针锋相对的措施：1947年与东欧国家成立了"共产党和工人党情报局"，以统一各国行动；1949年成立"经济互助委员会"，在经济上与西方分庭抗礼；1955年建立了苏联及东欧的军事政治集团"华沙条约组织"（华约），标志着两极对峙格局的最终形成。

与传统的方式不同,"二战"后美苏的"冷战"尽可能排除了双方直接战争的可能,主要限制于美苏为首,两大阵营之间在政治、经济领域的对峙和文化领域的对抗批判,这在客观上避免了新的世界大战的发生。但"冷战"中双方的激烈争夺,仍然加剧了世界的紧张形势。主要表现在以下三个方面。

一是导致部分国家的分裂。如1949年的德国被迫分裂为东德(民主德国)和西德(联邦德国),分别成为社会主义和资本主义阵营在欧洲对抗的前沿国家,而柏林也同样被一分为二,甚至从1961年开始东德还筑起"柏林墙"以示分隔。1948年的朝鲜半岛在美苏抗衡中南北分裂,分别建立起资本主义性质的大韩民国和社会主义性质的朝鲜民主主义人民共和国,这成为双方长期对抗、半岛难以安宁的根源。

二是在亚洲部分地区出现的"热战"(国际局部战争),如1950年以美国为主,以"联合国军"名义出兵干预南北内战的朝鲜战争。苏联以军事援助的方式实际介入,中国以"抗美援朝"的理由卷入了战争,直至1953年《朝鲜停战协定》的签署。1961年至1973年间,为了对抗"北越共产党"(越南民主共和国,俗称"北越"),美国发动了越南战争,这是"二战"后持续时间最长的大规模局部战争。

三是美苏双方军备竞争,使世界处于核战威胁当中。如1962年发生古巴导弹危机,美苏一度动员武装力量进入最高戒备状态,以及其后双方在核导弹武器、太空领域的竞争都十分激烈。

两极格局下的美苏"冷战"是全方位的:不仅巩固各自阵

营，也积极争取"中间地带"；不仅在政治、经济、军事上对抗，也在科技、文艺等领域加大研究和宣传力度；不仅在欧洲，也在亚非拉地区激烈争夺。

以东北亚地区为例，除了朝鲜半岛外，美国对华政策和对日政策的变化调整明显受到"冷战"思维的影响。在中国的内战中美国曾经试图促成国共两党"划江而治"，而在中共取得胜利后，则拒绝承认新政权，并推行遏制孤立政策。随着中国政局的变化，美国由战后惩治日本转为扶植援助日本，将其培养成在远东"冷战"的主要代理人。

总体上讲，美苏在"冷战"初期几乎势均力敌，20世纪六七十年代时，由于苏联加大军备竞争力度，以及在亚洲和北非的势力扩张，美苏争霸中呈现出"苏攻美守"的态势，20世纪80年代后的美国逐渐占据了主动权，而苏联则逐渐走向战略收缩，直至最终解体。

## 二、多极化趋势的出现

20世纪六七十年代，由于欧共体成立和日本的崛起，资本主义世界由战后美国一枝独秀转向美、欧、日经济三足鼎立的新局面。同时，资本主义和社会主义阵营内部逐渐走向分化，发展中国家在国际舞台上日趋活跃，国际政治力量开始出现多中心发展的趋势，两极格局受到冲击。

"二战"后的西欧丧失了长期以来在世界政治、经济的中心地位，不得不在国际政治领域追随依附于美国。但伴随着西欧国家的经济恢复，它们开始努力摆脱美国的控制，要求在经济领域加强合作，在国际政治问题上走向独立自主。1967年欧共体的成立，为欧洲在对外事务上"用同一个声音说话"创造了条件。法国总统戴高乐宣称"欧洲是欧洲人的欧洲",他拒绝遵守美国和苏联在莫斯科签订的"禁核条约"(法国和中国拒绝了这个条约),甚至不顾美国的抗议,在外交上完全承认了中华人民共和国,并向利比亚出售战机。

在美国扶植和改造下的日本,由于经济上的崛起和科技能力的增强,不仅开始与美国展开激烈的市场竞争,还积极争取与美国建立"平等的"战略伙伴关系,力图成为一个国际政治大国。

20世纪中期民族独立运动空前高涨,革命浪潮席卷亚非拉殖民地,新航路开辟以来由欧洲建立的世界殖民体系崩溃,新兴独立国家的数量空前增长,这使它们日益成为国际政治舞台上的一支重要力量。

在两强相争的国际环境下,部分"中间力量"为了保证自身的独立安全,尽可能不卷入两大阵营当中。以印度、埃及、南斯拉夫为代表的第三世界发起了不结盟运动,1961年的首次不结盟国家首脑会议在贝尔格莱德召开,标志着不结盟运动的正式形成。它以独立自主、非集团、不结盟为原则,在支持和巩固成员国民族独立和经济发展、维护成员国权益等方面发挥了重要作用,成为国际社会的重要力量。

以苏联为首的社会主义阵营从20世纪50年代中后期开始发生裂变。为了加强对东欧卫星国的控制,苏联军队曾经包围波兰首都华沙,开进匈牙利首都布达佩斯,甚至在1968年占领捷克斯洛伐克。勃列日涅夫时代的苏联大肆扩张其政治版图,一度陈列重兵于中国北方,并在局部地区与中国发生了武装摩擦。20世纪六七十年代后,中国通过加强与第三世界的合作、调整与美国的关系，以及加快国防科技发展步伐等，努力扩大自己的国际影响力，真正成长为平衡国际格局、维护地区和平的重要力量。

### 三、两极格局的结束

东欧剧变结束了近半个世纪的两极格局，国际力量对比再次发生变化，世界格局暂时呈现出一超多强的特征。

20世纪80年代末期，由于苏联采取"战略收缩"和对东欧国家的"松绑"，特别是戈尔巴乔夫的"民主的、人道的社会主义"理论的影响，使各国长期以来积累的内部矛盾最终在释放中爆发，并从1989年开始陆续发生剧变。波兰的反对党团结工会获得执政权，其领袖瓦文萨经过选举成为波兰共和国总统；匈牙利接受了多党制和议会民主制，把"匈牙利人民共和国"改为"匈牙利共和国"，安托尔领导的民主论坛取得组阁权，自由民主主义者联盟领导人根茨出任临时总统，完成了由政治体制变革带动政权转移的过程；民主德国（东德）经历大批公民出走联邦德国、开放柏林墙后，最终加入联邦德国，德国再次统一；罗马尼亚因为群众示威游行而引起突发事件，军队发生哗变，共产党及国家领导人齐奥塞斯库被处决，罗共自行解体；保加利亚共产党放弃一党体制，举行了自1931年以来的首次自由选举，同年改名为保加利亚共和国；捷克斯洛伐克政府改组，共产党在联合政府中成为少数，议会选举"公民论坛"领导人哈韦尔为总统；阿尔巴尼亚发生公民大规模出逃事件后举行多党选举，走上政治多元化和议会民主的道路；多民族的南斯拉夫实行多党制，南共联盟解体，南斯拉夫联邦瓦解，民族间的武装冲突和内战不断，波黑地区的战乱动荡尤为惨烈。

苏联自身在这一时期的政治变革主要体现在意识形态领域和国家政治制度两个方面。在戈尔巴乔夫"民主化""公开性"的政治改革中，苏共决定放弃共产党的领导地位而采用多党制。同时，各个加盟共和国在自由主义和民族主义思潮高涨之际，先后发表了"主权宣言"。企图挽回局面的政治力量于1989年发动"政变"即"八一九"事件，但在内外压力下很快失败，苏共随后走向分崩离析。1991年12月，俄罗斯等11国签署《阿拉木图宣言》，宣告了苏联的解体。

东欧剧变和苏联的解体标志着两极格局的瓦解和"冷战"的结束。美国成为唯一的超级大国，凭借强大的综合实力在世界各地和各个领域推行霸权主义。1999年以美国为首的北约组织发动科索沃战争，空袭了"制造人道主义危机"的南联盟；以反恐名义于2001年发动了阿富汗战争，2003年发起了伊拉克战争（即第二次海湾战争）。另外，美国在宣称承认多元文化的同时，极力传播西方的文化价值观念和宪政体制，努力构建文化霸权地位。

与此同时，欧盟、中国、俄罗斯和日本作为重要的国际力量中心，仍然推动着世界多极化发展。尽管遭遇挫折，但政治经济一体化的欧盟组织成员国在国际舞台上保持着协同对外的姿态。综合国力迅速发展的中国和保留强大军力及政治影响力的俄罗斯，以及经济、科技水平发达的日本，都成为多极化世界发展中的重要角色。

**四、新冲突与新对抗**

"冷战"结束后世界政治局势进一步缓和，弗朗西斯·福山甚至提出"历史终结论",认为自由民主制已经获得全面胜利,人们将不再会关注政治制度和意识形态领域的斗争,而只会致力于经济问题和技术问题。但是历史发展的现实基本否定了这一乐观的论断,迄今为止新的世界秩序并未形成,新的矛盾冲突和危机仍然威胁着世界。

首先,两极格局掩盖下的深层矛盾在局部地区爆发,包括民族和种族矛盾、宗教教派矛盾、领土争夺等。其中,中东地区、巴尔干地区、高加索地区和非洲部分地区的武装冲突和局部战争此起彼伏,所谓的"民族自治""公投独立"则加剧了这些地区的紧张形势。

其次,在民族主义和民粹主义推动下,不同文明之间的对抗逐渐替代过去政治制度和意识形态的对抗。一方面,伊斯兰世界与西方国家的矛盾冲突不断加剧,中、俄(亨廷顿认为这代表了儒教文明、东正教文明)与美国的对抗又一次凸显;另一方面,欧美代表的西方、伊斯兰国家,以及苏联国家内部走向分化,出现了新的利益结盟或孤立主义。

另外,两极格局结束所带来的力量失衡,刺激了部分地区性核武竞争和各种恐怖主义、原教旨主义的发展,这些都成为加剧地区紧张、威胁世界和平的新因素。

总之,当今世界仍然在众多因素的共同作用下发展变化,人类命运共同体的建立任重而道远。

## 第二节　经济改革与多样化的发展

### 一、资本主义经济的新发展

战后初期的西方世界经济凋敝。但是工业基础与科技基础仍然存在，战后的和平环境、美国的资本注入及世界经济体系的重建，使各国经济很快得以恢复。从 20 世纪 50 年代至 70 年代初，资本主义国家迎来大约二十年的"黄金阶段"，经济持续稳定发展。主要原因在于第三次科技革命和国家垄断资本主义模式的大规模运用。

第三次科技革命孕育于第二次世界大战，战争中的科技创新在战后大量用于生产领域，以原子能、电子计算机、航空航天技术为标志，包括新材料技术、生物技术等，推动了经济的迅猛发展。

凯恩斯主义经济理论在战后西方大行其道。以美国为首的资本主义国家纷纷加大对经济的干预力度，实行国家垄断资本主义。其基本表现是国家通过金融、税收和贸易补贴等手段，刺激生产和消费；政府加大开支，实行大规模赤字财政，直接投资需要巨额资金的科研机构和新兴工业（美国比较典型）；建立部分国有企业（西欧尤其法国较为典型），以扩大就业；实行福利国家政策等。

这些干预政策的好处显而易见，但潜在问题也十分严重。以英、法、西德的福利政策为例，一方面它缓和了社会矛盾，刺激了社会消费和生产服务业，但"从摇篮到坟墓"的高福利政策，也意味着企业和社会精英的高税收，意味着巨大的国家开支与财政负担，也不可避免引起"养懒汉"的批评声音。

到20世纪70年代,凯恩斯主义遭遇挑战:受石油危机和经济危机冲击,美国陷入了生产停滞和通货膨胀并存的经济"滞涨",西欧其他国家的经济发展也相应放慢了脚步。为此,里根政府运用了反凯恩斯主义的部分经济思想,运用货币学派和供给学派的理论,大规模削减政府开支和实行减税。在英国,以撒切尔夫人为代表的保守党减少了政府干预和社会福利,法国则兴起了私有化浪潮,再次向经济自由主义转变。

20世纪90年代,美国又迎来新一轮经济增长期。以信息技术为代表的"知识经济"创新,及"宏观调控、微观自主"的灵活的经济政策,使美国创造了经济扩张的奇迹,直到2001年"9·11"恐怖袭击事件的发生。

战后日本逐渐形成了一种特殊的政府主导型市场经济,在20世纪60年代和80年代先后形成了两次经济发展高潮,并于1987年成为仅次于美国的世界第二经济大国。但投机资产泡沫严重、实体经济发展不足,以及在对美博弈中的战略失误,导致泡沫破裂后的经济长期低迷,被称为"日本失去的十年"。

**二、苏联的经济改革**

苏德战争的爆发打乱了苏联的第三个五年计划,严重破坏了苏联的经济。但是,依赖计划经济的权威体制和战后获取的利益补偿,苏联的工业很快得到较好康复,但是斯大林模式的弊端也更加固化。片面强调重工业,导致轻工业和农业的滞后,苏联的粮食问题在20世纪50年代时越来越严重——一个土地如此广博的国家,不得不依赖于粮食进口。以斯大林个人崇拜与高度集权为特征的政治体制,以及泛政治化的文化教育和极端反西方的文化批判,也都制约着苏联的社会主义建设。

1953年斯大林去世，这为苏联的改革在客观上提供了契机。赫鲁晓夫当政时期，在经济和思想领域进行了大胆的改革。

在经济领域，赫鲁晓夫把改革的重心放在亟待解决的农业方面。为了调动农民的生产积极性，他放松了对集体农庄和国营农场在生产和销售价格上的严格管理；为了缓解粮食危机，他号召开展大规模垦荒和种植玉米的"玉米运动"。他相信社会主义制度的优越性，所以提出了在农业的许多方面迅速赶超美国的宏大目标，直至60年代初苏联再次出现农业危机。

在思想领域，1956年苏共二十大会议上，赫鲁晓夫做了揭露批判斯大林的秘密报告，在社会主义阵营中掀起轩然大波。但是不久之后，他仍然表现出强烈的保守性，很大程度恢复了除个人崇拜与大清洗之外的其他旧传统。赫鲁晓夫开苏联改革之先河，但是他未能突破旧的框架。

1964年，苏联开始了勃列日涅夫长达十八年的执政。他的经济改革重心转向工业，在维护和修补计划经济体制的前提下，一定程度地承认了市场经济的必要性，并通过完善计划、扩大企业自主权、适度允许利润刺激的方法，推进生产和提高民生质量。

勃列日涅夫执政的前期，苏联军事重工业得到迅猛发展，成为军备超级大国，国民经济总产值也一度稳定增长。但是在他执政后期，过分追求稳定，收紧言论自由，改革走向停滞，个人专断、官僚主义风气盛行，中央集权的国有垄断体制僵化，经济的增长越来越少地惠及底层民众，所谓的改革只停留在口头上，至此苏联陷入了困境。尽管如此，据吉尼斯纪录，勃列日涅夫是"世界获奖章最多的人"，他一生总共获得过国内外的114枚勋章。

1985年,戈尔巴乔夫当选为苏联最高领导人。此时苏联经济发展十分缓慢,国内外矛盾重重,为此,他先是推行"加速国家的社会经济发展"的战略方针,仍然把改革重心放在重工业领域,紧接着进行经济体制改革,尝试打破单一的公有制形式和发展个体经济。由于缺乏具体可行的市场化改革策略,以及在中央内部未能形成改革共识,导致苏联经济结构更加失调和继续滑坡。戈尔巴乔夫认为问题的根源在于政治体制的因循守旧阻碍着改革,因此又把改革的重心转向政治领域。如前所述,他的改革最终失败,有学者这样描写道:"他摆弄这个国家就像家庭主妇摆弄卷心菜一样,他以为只要把外面的烂叶子剥掉,就会有里面的好心子了。他不停地剥下去,一直到剥光为止。"

客观地说,苏联改革的失败是苏联道路和苏联模式的失败,而不仅仅是赫鲁晓夫或戈尔巴乔夫的问题。

**三、发展中国家的经济成长**

"二战"后亚非拉新兴民族独立国家大量涌现,它们在努力维护国家主权的同时,也走上了不同的经济发展道路。其中,亚洲和拉美地区的经济发展呈现出多样化和不平衡特征。

20世纪六七十年代以来,东亚和东南亚的部分国家和地区注重利用经济区位优势,积极发展外向型、服务型产业,如新加坡、韩国,中国香港和台湾地区,一度被称为"亚洲四小龙",很快实现了经济腾飞,马来西亚、泰国等则主要凭借劳动力资源优势,加强与邻国合作,通过引进海外资本与加工产业发展经济。南亚人口大国印度在加大农业发展力度、加强国营经济建设的同时,尝试通过新科技领域的人才培养实现经济突破;而西亚国家仍然较多地依赖于石油出口产业。

20世纪80年代以来,中国经济在改革开放中起飞,至今已经发展成为世界第二大经济体,成为世界经济发展的新引擎。

战后的拉丁美洲地区,各国先后走上了"进口替代"工业化发展道路,在政府主导下大量出口农矿业产品,以换取工业投入品的进口,用于本国企业的工业消费品生产;积极推行拉美经济一体化,制定共同的工业化发展计划和统一对外税率,用以对抗外国资本的影响。其中,阿根廷、墨西哥等国的人均收入曾一度接近发达国家水平。但是畸形的经济结构,严重的贫富分化和城乡不均衡发展,以及人口剧增、福利赶超和赤字财政,最终使这些国家陷入了"中等收入陷阱",导致其经济发展回落和长期徘徊不前。

## 第三节 世界经济的体系化与全球化

### 一、战后世界经济体系的重建

"二战"后以美国为中心的世界经济体系得以建立,主要有两个背景。一个是战后世界经济亟待恢复的困难局面:大战击垮了各国经济,战后国际贸易萎缩,但是大萧条时期以来的货币战、关税战和贸易战,早已破坏了传统意义上的世界经济秩序。另一个背景则是战后世界经济格局发生巨大变化,欧洲各国普遍衰败,英镑丧失了世界货币的地位,但美国经济一枝独秀,野心勃勃地规划筹建美国领导、控制下的战后世界经济新秩序。

1944年战争尚未结束，美国作为东道主，大部分盟国派代表参加了国际货币金融会议，史称"布雷顿森林会议"。经过讨价还价的争论，会议通过协议规定：美元与黄金直接挂钩，各会员国货币与美元挂钩，这样形成了以美元为中心的战后国际货币金融体系（苏联参会但并未加入）。

根据协议规定，布雷顿森林体系的两个主要金融机构先后产生。世界银行于1945年成立，1946年正式运行，1947年11月成为联合国的专门机构。它开始主要是帮助欧洲和日本的战后重建，后来则集中于援助发展中国家（类似于扶贫办，并提供长期贷款）；国际货币基金组织于1945年成立，1947年正式运行，其职责是监察货币汇率和各国贸易情况，提供技术和资金协助，缓解国际收支不平衡，确保全球金融制度正常运作（类似应急中心，并提供短期贷款）。这两个国际金融机构的总部都设在华盛顿，美国在其中占据着主导性优势地位。20世纪70年代后美元中心地位动摇，布雷顿森林体系（以美元为中心）崩溃，硬件（世界银行、国际货币基金组织等）依旧存在。美元的中心地位下降不代表其丧失作为国际货币的地位，至今美元的认可度依旧最高。布雷顿森林体系的崩溃标志着美国经济霸主地位发生动摇，但依旧占据经济优势。

1946年，联合国接受美国提议筹建国际贸易组织。1947年，包括美国、中华民国在内有二十三国签署了《关税与贸易临时使用协定书》，其核心宗旨是相互削减关税、消除关税壁垒与贸易歧视，推进自由贸易。这为战后国际贸易的恢复与发展和以法律形式建设贸易规则与程序奠定了基础。

世界银行、国际货币基金组织以及关贸总协定，构成了战后世界经济金融和贸易体系的三大支柱。它们确立了美国的经济主导地位，是美国经济霸权的产物；它们为战后世界经济的恢复发展提供了平台；它们反映了世界经济体系化和制度化的发展潮流，从而成为经济全球化的重要承载者。

**二、经济区域集团化的发展**

"二战"后经济全球化发展的进程中，区域集团化是最明显的特征之一。其中，欧盟、北美自由贸易区和亚太经合组织是三个不同类型的区域集团组织。

欧盟的前身是欧共体，它是"二战"后最早出现的经济区域集团，这不是偶然的。

近代以来在宗教革命、工业革命和政治革命的浪潮中，西欧各国形成了较为接近的政治体制、经济市场和文化观念，这为它们走向一体化提供了相互认同、相互接轨的可能性。"二战"后它们失去世界政治经济中心地位，被迫依附于美国并在美苏两强之间努力保证生存空间。随着经济复苏及各国之间经济联系的加强，在政治、经济两方面都有迫切合作愿望的西欧，以法、德两国彻底捐弃前嫌，通过"舒曼计划"意图以建立一个"超国家组织"为突破口，使欧洲逐渐走上经济一体化道路。

1951年，法国、联邦德国、意大利、荷兰、比利时和卢森堡六国签订《欧洲煤钢联营条约》，随后成立"煤钢共同市场"；1958年六国又在罗马签订条约，建立"欧洲经济共同体"和"欧洲原子能共同体"条约（统称罗马条约）。1967年三大共同体合并统一，"欧洲共同体"正式成立。20世纪七八十年代，英国、丹麦、爱尔兰、希腊、葡萄牙、西班牙等先后加入。

1991年欧共体首脑签署了《马斯特里赫特条约》，大大加快了欧洲一体化进程。1993年"马约"生效,欧洲联盟正式成立。日益扩大的欧盟内部,由于统一货币(欧元)、零关税及资本、商品、人员的高度自由流动,以及综合实力、影响力巨大,使它成为在世界上具有重要影响的区域一体化组织。

20世纪六七十年代美国、欧共体和日本形成资本主义世界经济三足鼎立的局面,在世界市场的争夺对抗中,美国感受到越来越多的压力。为了掌握经济主动权,提升竞争能力,美国主导签署了美国、加拿大和墨西哥三国的《北美自由贸易协定》,1994年北美自由贸易区正式诞生。三国试图实现零关税的自由贸易,接受资本、劳务、商品自由流通,实现经济优势互补,加强本区域的经济优势。

亚太经济合作组织相对欧盟和北美自由贸易区而言,是比较松散宽泛的论坛性质的区域经济组织。20世纪80年代末随着"冷战"的结束,国际形势日趋缓和,在全球化浪潮和区域集团化形势下,亚太地区国家努力寻求相互间的经济合作。1989年"亚太经济合作部长级会议"在堪培拉召开,标志着该组织的诞生,1991年中国加入。由于成员国在政治体制、经济水平和文化传统上存在巨大差异,因此该组织强调承认多样化,采取灵活性、渐进性和开放性,遵循自主自愿、协商一致的原则,其组织机构包括领导人非正式会议、部长级会议、高官会、委员会等,其中领导人非正式会议是最高级别的会议。自成立以来,它在促进区域贸易和投资自由化、便利化方面取得了重大突破,对全球和地区经济增长发挥了积极的推动作用。

区域集团在经济全球化中扮演着两个不同的角色。一方面,区域性经济联系的加强是经济全球化过程性的必然表现;

另一方面，区域集团在竞争中的排他性，一定程度上也阻碍着经济全球化。

### 三、世贸组织的成立与中国的加入

1995年，前身为关税与贸易总协定的世界贸易组织（WTO）正式成立，基本原则是通过协议实施各国之间的市场开放、非歧视和公平贸易等原则，实现国际贸易自由化目标。

世贸组织对所有成员都有明确的法律约束，要求各成员必须进行相应的法规建设和经济政策调整。由于它是具有法人地位的国际组织，在调解成员争端方面具有更高的权威性，被称为"经济联合国"。世贸组织的成立标志着经济全球化发展到了一个新的阶段。

中国自1986年申请重返关贸总协定以来，为复关和加入世界贸易组织进行了长期的努力，2001年得以获准加入该组织。在世界反恐怖主义形成"联盟"和中国自身不断加大对外开放力度的历史背景下，中国抓住了迎接经济全球化的重要机遇，利用劳动力优势、市场优势和政策优势，积极引进外资和技术，大力发展出口业，加快和世界先进科技、教育的接轨，努力推进产业升级，在多个领域参加国际竞争与合作，保证了国民经济总产值持续性高位增长，并最终成为仅次于美国的世界第二大经济体。

同时，加入世贸对中国来说也意味着挑战。存在开放的市场面临外资与商品的激烈竞争，劳动力科技素养总体偏低，法制建设和体制改革仍然有待完善等问题。

### 四、经济全球化面临的问题与挑战

经济全球化是全球经济发展的必然结果，这是无法逆转的潮流，其原因在于，发轫自大航海时代的这一历史趋势，实质上是人类科技和生产力发展中横向联系、不断扩张的必然结果。第三次科技革命的推动，各个国家相互要求合作，跨国公司和资本的作用等，是当代经济全球化发展的主要原因。

经济全球化发展使物资、资本、科技、信息乃至人力资源以空前的速度和幅度流动、交换，在促进了世界经济共同发展，带给人们生活便利的同时，又带来许多新问题，面临新的曲折与挑战。

第一，经济全球化使全球性的经济风险大大增加。世界各个经济体的联系空前密切，相互作用、相互影响，这使局部性经济危机迅速扩张，从而冲击其他区域，甚至形成世界性经济危机的可能性超过以往。1997年亚洲金融风暴、2008年美国次贷危机引发的全球金融危机即是例证。

第二，加大了发展中国家与发达国家的经济。在经济全球化中，发达国家因为在资金、技术和规则话语权中的传统优势，掌握更多的主动权，因而在全球性资源分配和分工中获利更多，而发展中国家则往往在其中处于相对被动的局面，更多依靠自然资源、廉价劳动力吸引投资，在发展市场经济和维护经济主权当中经常处于两难状态。

第三，全球化也带来世界性的环境、人口、能源、传染病问题。工业化扩展和过度开发在严重破坏人类生活的生态环境的同时，也使世界总人口持续上升，加剧了能源危机和粮食危机。物种和人口的大量迁徙流动，也加剧了传染病的发作与变异，直接威胁人类的生存与发展。

第四，新一轮民族主义和民粹主义潮流的兴起。经济全球化必然引发不同文明之间，不同政治、经济制度下的意识形态之间错综复杂的交流与冲突。新的民族主义，因为宗教、文化、历史的综合因素，在现实的地缘政治和竞争中超越经济本身越来越成为全球化面临的挑战。伊斯兰极端势力的发展，英国退出欧盟，俄罗斯国家主义意识的重塑等重大事件背后，都能看到新的民族主义的身影。

另外，阶层利益的分配不均，正在经济全球性和政治民主化的宏观背景下，成为当今各国民粹主义的诱发原因。包括美国、西欧国家在内，底层民众对国家治理的经营化模式和经济全球化潮流的抵制，正在成为逆全球化的新现象。

从某种程度上说，全球化时代"人类命运共同体"的确正在形成。正如《全球通史》所说："一个规模空前的人类社会正在如此巨大的痛苦中诞生……我们目击的一切重大事件的共同特点是全球性，把我们目击的重大事件与过去的、有史以来的一切重大事件区别开来的也正是全球性。"

历史仍在继续，未来值得期待。

延伸阅读：

[美]保罗·肯尼迪：《大国的兴衰》，四川人民出版社

[美]亨利·基辛格：《大外交》，海南出版社

附

## 课外阅读十部经典书籍推荐

高中阶段的学生通过学校设置的历史课程，掌握了一定的常识性历史知识，初步认识到唯物史观、史料实证、历史理解等学科素养的价值和作用。能够用课堂所学对历史事实进行陈述和相对简单、机械的解释。但是，社会人文学科的广度和层次不同于自然科学知识，不能通过公式推导和题目训练来提升，只有通过大量阅读和批判思考才能有所成就。

经济文化发展到今天，社会生活的丰富、媒介手段的发达导致更加多元的活跃的文化观念形成，中学历史教材的内容相对有限，某种程度上已经无法满足学生的学习需要，这也是我大力提倡学生课外阅读的原因。

我的读书心得是要研读经典书籍，泛读各类文章。经典书籍不同于"碎片化"的零散的文章，尽管后者可以不断提供新颖的事物或针对性的观点，但只有前者才能在思想和表达上给予我们一个完整的体系。前者像是花鸟鱼虫，而后者则像是四季河山。

我还习惯于"跨界阅读"，即在纯粹的史学研究书籍之外，阅读与之相关的人类学、社会学、经济学、心理学等书籍。高等学府的学术研究可能在方法上有明确的学科分界和"门户"之见，但对于一个仅仅是热爱历史和教学的高中老师，我恰恰认为只要是对人有用、有趣的知识，都是好学问。

尽管我向学生们推荐过不少书，但是被提及最多的大约有十部书。其中难免有个人偏好偏爱，但总归是发自本心。以下是我对这十部经典的简介与推荐：

## 一、《万古江河：中国历史文化的转折与开展》

《万古江河：中国历史文化的转折与开展》是许倬云最具代表性的历史学著作，是一本中国文化的通史，从中国的史前文明起始，以中国文化面对近代西方压力下的"百年踌躇"为结束，用江河流域的扩大比喻中华文明的展开，从历史的时空迁移中发掘中国文化的碰撞和交融，视角高阔，纵横捭阖，对于高中历史的学习大有裨益。

该书内容极为丰富，语言平实如话，通俗易懂，叙述了各个历史时期中国社会经济、政治、文化的各个方面，但其重点不在于朝代更迭国家兴亡和帝王将相圣贤名流，而是在每个时代的特质的基础上，关注日常文化、人群心态、社会思想和大众的生活起居，也使我们能够从那些历史的投影中深刻思考了解我们的历史。

作者克服了中国文化本位主义，构建了世界历史大视角下中国历史文化的演进架构，以中国历史之展开为经，以中国文化之铺陈为纬，勾画出东亚中国、亚洲中国和世界中国的文化开展。从而使读者得以正确认识历史上的中国在世界文明中的阶段性定位，体悟文明的共相和殊相，从历史中汲取智慧。

## 二、《中国历代政治得失》

《中国历代政治得失》一书是钱穆先生数次专题演讲的合辑，主要就中国汉、唐、宋、明、清五个朝代的政府组织、考试和选举、财经赋税制度以及国防兵役等制度作了精简提要的概观与比照，勾画其中的因革演变，指陈历代的政治得失。

如何看待和评价历史上的诸多制度？该书会带领读者走进历史的时空环境，去理解当时的"历史意见"，认识各种制度产生、流变都是历史传统和社会现实汇合反应的必然结果；认识到传统中国的政治当中，"制度"与"人事"的密不可分，以及制度之间的关联互动，从而形成对中国古代的政治、经济、文化制度更深层次的理解。

本书言简意赅，高屋建瓴，实为一部简明的古代中国政治制度史，对于提升高中学生的历史素养具有较高的价值。

### 三、《万历十五年》

《万历十五年》是美籍华人黄仁宇先生的经典之作，20世纪80年代初在中国出版以来，好评如潮，在学术界和文化界都有广泛的影响。

该书以万历十五年（1587年）前后的历史事件及生活在那个时代的六个历史人物为中心展开叙述，用简洁深邃的语言、优美流畅的文笔，展现了彼时中国社会政治、经济、军事、文化各个方面的状况，梳理了中国传统社会管理层面存在的种种问题。相较于以往的历史类书籍，它有着非常鲜明的特点。

一是知微见著的大历史观。运用了经济学、社会学、历史心理学，以一个历史横切面，抽丝剥茧地分析了大明王朝走向衰败的深层原因，揭示了根深蒂固的儒家伦理下，中国社会精英分子在传统道德和现实利益中的自我挣扎及双重人格，以及面对社会危机和内外矛盾，由于缺乏法治和创新，上自皇帝下至臣工都只能眼看着国家走向腐朽没落。

二是新颖别致的历史叙事方式。打破刻板的宏大叙事，摒弃标签化、脸谱化的历史人物形象，用讲故事的方式构建历史，展示出历史的人性化特点，体现了对人性的理解。在引导我们与历史人物进行精神对话的同时，也引领我们对自己的民族历史与文化做出更多的理性的、哲学的思考。并在此基础上探索现代中国应当吸取的经验和教训。

**四、《天朝的崩溃》**

近代中国遭遇"三千年未有之大变局"，鸦片战争是这场空前巨变的沉重开端。《天朝的崩溃》是茅海建先生系统研究鸦片战争十余年所得的成果，史实、史笔、史识俱佳，学术价值广为读者肯定推崇，是中国近代史研究中最具代表性的经典著作之一。

该书运用了大量的历史文献，如中国历史档案馆所藏清朝奏折，英国所藏中英交涉文件及其他汇编资料等，以坚实的史料考订和分析功力梳理和重建了鸦片战争的基本过程与史实，为读者展现了一个更为全面、真实的战争全貌。

作者翔实地分析了战争中清朝和英国军事及经济力量、战争观与战术观的对比，并力图以当时情境下的道德观念、思维方式与行为规范去理解时人的言论活动，探讨在战争中中国失败的原因，揭示了近代中国历史进程与历史命运中的偶然与必然。

该书没有通过对历史人物的"脸谱化""标签化"描述实行道德宣教，而是尽可能把相关史实和细节客观呈现出来，把对历史人物道德评判的自主权交还给读者自己。其中微言大义，值得反复体味。

**五、《近代中国社会的新陈代谢》**

《近代中国社会的新陈代谢》，著名史学家陈旭麓先生的力作，是中国近代史研究领域的经典。

这部书以古代中国社会基本特征和近代前夜的中西方为引子，以中国近代前期社会面貌的革新和替换作为全书线索，清理中国近代史的发展脉络，从庙堂到民间，全面展示并深刻剖析了近代中国社会各个层面的"新陈代谢"，内容丰富，视野开阔，思辨独到，文笔优美。

不同于中学历史教材，该书不仅关注中国近代政治、经济结构的变革，还关注社会结构、社会生活以及种种社会心态的变化，真正体现出普罗大众在历史发展中的重要作用。

在对近代中国社会嬗变的认识上，该书打破陈旧僵化的历史叙事模式，跳出狭隘民族主义的情绪立场，以冷静理性的态度透过现象寻找符合逻辑的真由，思考和探索历史蕴含的深层次规律。

该书的语言运用颇具特色。文字流畅活泼，落笔恢宏精准，诗词、成语、名言信手拈来，行文典雅、古韵绵长。堪称史学著作中的文学典范。

走进近代中国百年社会的历史图画，我们将会用更清晰的视角和更清醒的头脑回望过去，走向未来。

### 六、《中国哲学简史》

《中国哲学简史》是冯友兰先生在宾夕法尼亚大学讲授中国哲学的讲稿，是一本旨在普及中国传统哲学知识的书。本书洋洋洒洒二十余万字，选材精当，深入浅出，从先秦诸派起源讲到近代西方的影响，将中国几千年的哲学思想以最简单的方式呈现出来，散发着中国传统文化和智慧的芬芳气息，堪称"中国哲学的最佳入门书"。

该书视野开阔、逻辑顺畅，在介绍中国思想文化发展的历程中，融入了作者对历史哲学的深刻理解，是史与思的融合交汇的典范，在世界各地有多种译本，也是教授中国哲学的大学通用教材。

高中学生对中国古代历史已经有了一定的知识积累和思考能力，通过阅读这本书，可以进一步了解我们民族自己的哲学发展史，感受传统文化的奥妙和魅力，体悟更高境界的生命意义与价值追求。

## 七、《枪炮、病菌与钢铁》

为什么是欧洲人征服了印第安人、非洲人和澳大利亚人，而不是相反？为什么在世界上众多不同的国家与民族中，有的能不断进步走向现代文明，而有的至今仍然停留于原始状态？美国历史学家、生物地理学家贾雷德·戴蒙德撰写的《枪炮、病菌与钢铁》一书，给出了不同寻常的答案。

作者引用了大量的史料和遗传学、生物学方面的知识来阐述其观点，揭示了人类历史发展中广泛模式的环境因素，提出各个大陆社会发展不均衡的根源不是生物学意义上的差距，而是它们自然禀赋的差异，因此不同的民族也必然遵循着不同的历史道路前进。

书中配有包罗万象的图表，如远古人类的洲际迁移线路，各种文字的演进，各地驯化动植物的记录，并配备了相应的时间刻度，形象地展示了人类生活演变和世界各民族的演进历史，可以帮助学生开阔眼界，并尝试初步建构世界文明史的宏观框架。

该书线路清晰，语言流畅，可读性与学术性兼而有之，曾荣获美国普利策奖和英国科普书奖，为《纽约时报》畅销书排行榜作品。

## 八、《全球通史》

从史前时期到 21 世纪，人类社会走过了数千年，著名史学家斯塔夫里阿诺斯通过他的《全球通史》，有条不紊地讲述了这个漫长的历史故事。

这部通史被认为是迄今为止全球史观最有影响力的经典作品，也是囊括全球文明而编写的世界通史。它共分为《1500年以前的世界》和《1500年以后的世界》上下两册，博大精深、包罗万象。作者从全球的角度考察了世界各地区文明的产生、发展和交流碰撞，叙述探讨了对历史产生过重大影响的政权更替、制度变迁、战争征服、科技创新等历史事件，使人类的过去如不断展开的画轴，波澜壮阔、引人入胜。

该著作注重历史与现实的紧密结合，每段历史都留给我们教训和启迪，不断强调历史对今天的意义，始终表现出作者对人类命运的严肃思考和人道关怀。

为了能形成对历史基本的全貌认识，开阔视野和提升学科素养，建议同学们特别是文科方向的同学能够耐心阅读此书（推荐北京大学出版社的版本）。

## 九、《论美国的民主》

《论美国的民主》是法国历史学家、政治社会学家阿历克西·德·托克维尔的一部举世公认的世界名著，完成于 19 世纪三四十年代。这部著作分上下两卷，其中上卷讲述美国的政治制度和政治生活，并对其进行了社会学的分析，下卷则以美国的民主思想和政教习俗为背景解读了美国人政治文化、社会心理和民族性格等方面的基本特征，冷静客观地分析了民主的优越性和可能导致的恶果。作者思维敏锐，视野独到，准确断言了美国内战，甚至还预言了美国和俄国将成为世界强国。

作为当今世界唯一的超级大国和典型的民主共和政体的美国，有着与中国完全不同的政治文化传统，从近代以来一直都直接或间接地影响着中国历史的发展进程。阅读这部名著有助于我们从更加开阔的视界深入了解美国的历史文化，并从中汲取历史学养和历史智慧。

在此推荐由董果良翻译、商务印书馆出版的版本，考虑到高中阶段的学力和时间因素，建议可先完成其中上册的阅读。

### 十、《文明的冲突》

美国著名学者萨缪尔·亨廷顿《文明的冲突》一书，是当代国际政治学的经典之作，先后被翻译成多种文字，在国际政治和学术领域影响巨大。

作者认为"冷战"后国际冲突的基本根源不再是意识形态或经济争夺，而是不同文明之间的冲突；当前全球政治格局正在以文化和文明为界限重新形成，未来的国际关系框架由七到八种文明为基准构成（中华文明、日本文明、印度文明、伊斯兰文明、西方文明、东正教文明、拉美文明或非洲文明），这些文明互相间的博弈将决定新的世界秩序。

书中对当今世界的各种文明进行了深入的研究和剖析，视野恢宏，论证严谨，反映了作者扎实的学识和独到的见解。他对伊斯兰文明对国际政治可能产生重大影响的判断尤具前瞻性。

尽管书中的部分观点与立场在学术界饱受争议，但它观察历史和现实的独特视角,却为读者走出资源争夺或阶级立场决定国际冲突的传统观点,提供了一种新的解释范式与思考方法。

　　对世界文明史有一定了解,对国际政治比较感兴趣的同学,建议可以在假期中抽出时间来阅读。

# 下篇

## 高中历史教学研述

# 教学研究
## ——历史课改的教学实践与思考

王国维先生说求学问必经三种境界："昨夜西风凋碧树，独上高楼，望尽天涯路"，此为仰望远方而立其志也；"衣带渐宽终不悔，为伊消得人憔悴"，此为殚精竭虑而求其道也；"众里寻他千百度，蓦然回首，那人却在灯火阑珊处"，此为豁然开朗而自得之境。在历史课改和教学探索之路上，我至今仍奔走穿行在前两种境界中，未尝倦怠。偶有心得，勉作文章，收录数篇于兹纪念。

## 高中历史课程改革的挑战与应对

摘要：历史学科在国民教育，尤其是在基础教育体系中的地位不容置疑。2007年陕西省高中课程改革在即，如何打破传统的课程架构和教学模式，转变教学理念和教学方式，将是决定这场改革成败的关键。本文拟对高中历史课程改革的必要性、课改过程中教师将面临的问题和挑战做出简要的剖析，并提出相应的对策与建议。

关键词：高中历史；课程改革；教师；教学

**一、反思传统历史教学，认识高中历史课程改革的必要性**

20世纪80年代至今，中学历史课程已经历了多次改革。

现行高中历史课程的出发点不无道理：首先，课程内容基本上是按照时间顺序和空间范围来展开的，各单元之间的因果逻辑关系及横向、纵向联系比较明确，历史知识的系统性、完整性、渐进性较为清楚；其次，与山东、湖北等"高考大省"相比较，在数学、外语科目上所处的弱势，可以利用政治、历史、地理科目重记忆、多归纳、常训练的应试特点来寻求相对的高考效果平衡（从2005、2006年陕西高考文科考生人数激增可见一斑）。二十多年来，在不断适应教材改进、高考改革、转变教学手段、促进教学效果的探索中，我们无论在历史理论研究、历史教师培养方面，还是在夯实学生历史基础知识、提高高考直升率方面，都积累了一定的经验，也取得了显著的成果。现行的高中历史课程与历史教学，对于落后地区的基础教育发展是功不可没的。

但是，随着社会的发展进步，教育与国际接轨在全球化大趋势下不可避免，传统应试教育下的高中历史课程体系、教育理念、教学方式越来越暴露出各种弊端。原有《高中历史教学大纲》对历史的认知目标提出了具体而详备的要求，传统历史课程设置以知识为本位，学科为中心，以向学生传授完整、系统的历史知识为主。作为历史课程重要载体的中学历史教科书为了迎合历史课程对知识的高标准、严要求，只好在讲透、说透知识的来龙去脉上下功夫，导致中学历史课本"偏、难、繁、旧"，艰深的理论概念随处可见。教师在教学中只能把主要的精力投放在教材上，统筹并细化知识考点，设计、剪拼、模拟试题，通过固定套路和逻辑演绎，把它付诸课堂讲解、课堂提问、课后练习。在此模式下，教师预设教学目标、规划反馈问题、左右教学流程、控制课堂讲坛；学生致力于死记硬考，"陶醉"于教辅、题海，以练代学，形同机器，其情境想象能力、知识创新能力不能得到真正的发展，品德教育、人文素养、审美情趣、国际视野无从谈起。这种把教育归为"机械训练"的指导思想和课程设置，使历史教学严重脱离时代发展的要求。与国外近年的基础教育成果相比，我们的中学历史教育已经严重滞后，到了不得不改的时候了。

附　　　　国内外中学历史课程对比简表

| 项目 | 课程价值观 | | | 课程结构 | |
|---|---|---|---|---|---|
| 国内课程 | 注重系统知识 | 强调稳定 | 计划大纲教材 | 学科基础 | 一元专业化 |
| 国外课程 | 关注生活经验 | 追求变化 | 共同构建 | 生活的基础 发展的基础 | 多元专业化 |
| 项目 | 课程内容与教材 | | | 考试与评价方式 | |
| 国内课程 | 学科中心 | 概念法则练习 | 注重结论、获得知识 | 标准化答案 | 书面测试 | 被动评价 |
| 国外课程 | 经验中心 | 经验思考应用 | 关注过程、强调体验 | 鼓励个人总结 | 论文答辩制作 | 自我反思 |

## 二、课程改革带来的问题与挑战

2003年，国家教育部颁布的《普通高中历史课程标准》（以下简称《历史课标》），明确指出："掌握历史知识不是历史课程学习的唯一和最终目标,而是全面提高人文素养的基础与载体",并从知识与能力、过程与方法、情感态度与价值观三个维度规定了高中历史教育的基本目标在于:实现历史教学中学生知识学习、能力提高、学会学习、学会做人的统一,从理论上解决历史课程改革的根本方向问题,有利于打破陈旧的教学理念,有利于学生的全面发展。但是,改革必然会带来一系列实际问题,对于教学一线的教师提出了严峻的挑战。

1.《历史课标》提出:"历史课程的设置,体现多样性,多视角、多层次、多类型、多形式地为学生提供更多的选择空间,有助于学生个性的健康发展。"照此思路,高中历史课程设置了9个模块,其中有3个必修、6个选修模块。大体如下:

| 必修 | 历史Ⅰ<br>(政治史,<br>9个专题) | 历史Ⅱ<br>(经济史,<br>8个专题) | 历史Ⅲ<br>(文化史,<br>8个专题) |
| --- | --- | --- | --- |
| 选修 | 历史上重大<br>改革回眸 | 近代社会的<br>民主思想与实践 | 20世纪的战争<br>与和平 |
|  | 中外历史人物评说 | 探索历史的奥秘 | 世界文化遗产荟萃 |

在新的课程结构下,必修模块中"学生可以自由选择学习顺序",选修模块中"学生可以自主选择"0～6个,这样的设计规划避免了内容上与初中历史课程的简单重复,有利于激发学生的学习兴趣,在学生达到课程共同基础的前提下,促进其个性化发展。但在教学实践中,这种不按照历史的时间线索来划分,而按综合思路设计的模块与专题式教学,打破了传统

历史课程的时间顺序和空间范围，具有极大的跳跃性和更深的理论难度，一定程度上也削弱了历史知识的系统性。许多学生在初中时并不重视历史、地理科目的学习，缺乏对历史知识的基本认知，所以，对于高中教师而言，在教学中如何根据学生的实际情况，正确引导学生实现"知识与能力"的课程目标，这的确是个不小的挑战。

2. 新的历史课程内容，在史学视野上比旧课程宽广得多，铸就了其内容鲜活、饶有趣味、时代感强的显著特征。同时，课程内容在知识要点上也更加丰富和深邃。如文化史必修部分要求的"以网络技术为例，理解现代信息技术对人类社会的影响"和"列举19世纪以来有代表性的音乐作品，理解这些音乐作品的时代性、多样性和民族性"；选修课"探索历史的奥秘"和"世界文化遗产荟萃"两个模块中"简述大津巴布韦遗址发掘的过程""了解圣彼得大教堂所体现的历史、宗教、建筑和艺术等方面的成就"等。这些知识对于很多历史教师尤其是西部山区教师来说，过去没有讲过也很少接触，专业知识储备在目前很可能难以满足课程改革后的教学需要。

3.《历史课标》在每一教学模块的专题或课题之下，都提出了相应的教学活动建议，并大力提倡学生在历史课堂上的自主学习、探究学习，突出了学生在教学中的主体地位，提高了学生主动学习的兴趣，有利于培养学生以独立的价值取向提出创见与解答问题，也希望借此打破传统教学模式下的"一言堂"，增强历史课堂教学中知识的动态运转。不过，学生的主体地位由确定到实现需要一个培养的过程。课程改革的初衷之一就是要减轻学生的学习负担，因而每个模块只设36学时，而一节课也只有45分钟,为了让学生体验历史、感悟历史、探究历史,教师设计题目,学生分组研讨、上台演讲或表演历史剧目,面对这些问题,教师如何保证高质量地完成教学任务?对于以高考应试为目的的高中学生而言,高考成败往往意味着前途与命运的改变,课堂的教学应试效果为家长和社会广泛关注,这是不争的事实。在课程改革的条件下,如何解决好执行课程标准和提高学生成绩的统一,将是教师要面临的又一个挑战。

### 三、应对策略与建议

"危机引发改革,改革产生困惑。"在施行新课程中所遭遇的各种问题和困难,实质上是对教师提出的更高要求。教师不能规避,必须勇于反思,在不断探索之中去追求教学艺术的更高境界。在此,笔者认为高中历史教师应该注意做好以下几个方面。

1. 准确理解《历史课标》,及时转变教育教学理念。高中历史课程改革,不是对传统历史教学的全面否定,而是适应社会形势发展的需要,对原有历史课程的改进与完善。《历史课标》将替代过去的《中学历史教学大纲》和《中学历史教学参考》,成为历史教学的纲领与指南。教师只有在认真研读和反思对比中,才能进一步认识到历史课改的方向与意义,认识到教师在这场改革中肩负的重大使命,从而在转变教学角色、改革教学方式等方面逐步形成正确的理念。那种"理解要执行,不理解也要执行,在执行中理解"的被动、唯上思想,在学术殿堂上不应该出现。

2. 树立终身学习信念,不断提高知识素养。"问渠那得清如许,为有源头活水来。"教师固守对教育的执着是伟大的,但仅仅固守传统的学问则是可悲的。历史是一门综合性学科，涵盖中外古今，包罗生活万象，其中学术理论和观点之繁杂争鸣，更是不可胜数。很难想象，一个知识贫乏、思想僵化的教师能把历史课上得丰富多彩，有血有肉，充满活力。所以，面对历史课程所涉及的9个模块、25个必修课专题、41个选修课知识点，教师在专业知识上所表现出的不足或空白，不能仅仅从教学设备和条件上找理由，而应该加强自主学习，开展持续性专业进修，树立终身学习观念，随时补充、更新知识，及时了解教研前沿信息，使自己不仅成为教学型人才，更要成为研究型人才。各类图书馆，远程教育课堂，史学杂志报纸，市、县教研室交流资料等，我们都应该充分地运用起来。我们已经处在一个学习的社会和时代，一个变革的时代，只有在不断的学习中，才能自觉地转变教育教学理念，提高自身的知识素养，适应课程改革的需要。

3. 对传统讲授法的扬弃。传统讲授法中的"满堂灌"和"填鸭式"教学模式与课程改革的目标是背道而驰的，必须放弃。同时，在课改背景下，把"学生主体地位"异化为"学生中心地位"，否定了学生是受教育者的客观事实，忽略了师生在知识结构和生活阅历上的差异，完全排斥讲授法和接受式学习，这也是不可取的。根据现代认知心理学的研究，历史基础知识可分三类：描述性的历史知识，多指历史概念或历史现象；规律性的历史知识，多指从诸多历史现象背后发现的较有普遍性的知识；策略性的知识，多指反映对规律性知识的掌握，运用其独立解决历史问题。其中，后两者往往通过历史教师的讲解过程反映出来，属于隐性知识。目前，高中历史课程专题式的设置，逐渐接近于历史研究，内容的深度决定了教师讲授的重要性，合理、适度的讲解可以有效帮助学生解构知识内容、建立知识框架、清除知识误区。近年来，东部率先课改地区的一些历史教师在教学中尝试的"先学后讲课课练"，可为我们提供借鉴。在这一模式中，主要突出的是学生的"先学"和"课课练"。由教师编制简明扼要、重点突出和指向明确的导学提纲，引导学生进行自主学习，并设问激疑，促使学生在学习中发现问题、提出问题和思考问题。教师的讲解只占课堂三分之一的时间，主要立足于对重点知识的把握和讲解意识、讲解技术的优化。这样，教师不再是机械传递知识的简单工具，而只是一名向导和顾问，学生在学习中的"主体"地位得以真正体现，讲授法和探究式学习有机地结合了起来，教学过程中的师生互动合作不会流于形式，而是落实在学生对学科的热爱、对学习的思考和成绩不断提高的实际效果上。可见，"教无定法，贵在得法"，各种历史教学方法和手段之间的关系不是互斥的，而是相互联系、互为补充的。

  4.合理组织各类活动课。知识是源于生活并服务于生活的，是在使用中获得最终意义和价值的。实际上，对社会有用的不仅是我们头脑中拥有的知识与技能，还有在社会实践中所恰当使用的知识与经验。在历史教学中组织高质量的活动课，有利于培养学生实事求是的科学态度，提高其创新意识与实践能力。在这类活动课的组织上，教师应该遵循五个原则：一是摈弃权威形象，以参与者的角色与学生共同投入活动当中；二是帮助学生按照合适的比例，注意个性的互补，进行合理的分组搭档；三是提示学生选择健康有益的活动主题与安全的活动方式、活动场所；四是根据条件尽可能满足活动对现代化教学设施如多媒体的需要；五是认真总结、适度展示活动课的成果，实施激励性评价。

历史教育是一项具有民族复兴意义的文化使命，教师所承担的中学历史教学任务任重而道远。我们只有坚持学习、不断探索、勇于改革，方可无愧于我们的职责，无愧于后人。

参考文献：

教育部：《普通高中历史课程标准》，人民教育出版社，2003年

教育部：《普通高中新课程教师研修手册·历史课程标准研修》，高等教育出版社，2004年

钟启泉、张华主编：《世界课程改革趋势研究》，北京师范大学出版社，2001年

何成刚：《中学历史教学问题三点思考》，《教育科学研究》2001年第9期

刘振东等主编：《新课程怎样评——来自实验区的报告》，开明出版社，2003年

## 新课程　新理念　新方法
### ——新课程教学总结与反思（一）

今年秋季开始实施的高中历史新课程，以它新颖的教学理念、开阔的知识视野、丰富的史学资料和活跃的思维方式吸引着我们。同时，新课程按综合思路设计的模块与专题式教学，打破了传统历史课程的时间顺序和空间范围，但在一定程度上削弱了历史知识的系统性；《普通高中历史课程标准》（以下简称《历史课标》）对于一些知识、能力的要求比较模糊，甚至于各种版本的教材对于《历史课标》的解读也不尽相同，难免使教师在教学中有些无所适从；另外，许多学生在初中时并不重视历史科目的学习，缺乏对历史知识的基本认知，也给新课程的实施带来了不小的挑战。在这种情况下，如何结合目前的实际学情，科学地进行教学，实现新课程的三维目标，并确保历史课的教学质量，对于每一个高中历史教师，都应该是当前最为重要的研究课题。

没有实践的理论，不能成为指导行动的准则。数月来，经过多次课堂教学的自我总结与反思，大量地与备课组及兄弟学校的同人进行交流讨论，广泛听取所带班级学生的意见，认真研读《历史课标》及课改实验区的高考试题，我逐渐形成了这样的认识：新课程的核心理念是"以人为本"，以学生的终身发展为目标，教学的质量就应该是课程实施的绝对中心。因此，教师在教学中所用到的课标、教材、教参与课件，甚至于组织学生进行的各种合作探究、研究性学习，最终都只是"战术"层面的手段，而非"战略"层面的目标。从实际出发，教师的教学必须以"知识与能力"为奠基任务，以"过程与方法"为开拓手段，以"情感、态度、价值观"为升华目标，在尊重教学规律的基础上，打破条条框框，使新课程的三维目标生成于整个教学过程中。所以，对于目前许多在"课改"和"高考"之间感到困惑的高中历史教师，我的建议是：在实际教学当中，要依据课标而不要套用课标，依托教材而不要依赖教材，借鉴教参而不要照搬教参，利用课件而不要滥用课件，把握高考而不受制于高考。

## 一、依据课标而不要套用课标

《普通高中历史课程标准》（以下简称为《课标》）是高中历史课程教学的指导性纲领，它宏观地介绍了新的教育教学理念下高中历史课程的发展方向及其主要目标，构建了必修课程和选修课程的9个学习模块，对于每个模块的内容都围绕三维目标做出了较为具体的要求，并给出了若干课程实施的建议。目前，无论是从课程创新发展的角度，还是从关注高考改革的角度出发，我们都应该依据《课标》实施教学。但是必须注意到，由于新课程强调的是"大众教育"而非"精英教育"，所以相比过去的教学大纲，《课标》在"知识与能力"方面的标高明显降低，对学生只做了最起码、最基本的要求，常见的内容标准用词是"了解""知道""说出"等，这与我们班大人多、高考竞争激烈的情况下不得不采用的分类教学方法之间当然有一定的冲突。因此，教师切不可咬文嚼字地套用《课标》，而应该根据各教学班的实际状况，参考近年来国家颁布的全国高考统一考纲，适度调整"知识与能力"的要求标高，注意教学过程中的效果评估和方法改进，真正做到因材施教。

## 二、依托教材而不要依赖教材

教材对于知识而言只是载体而非主体，只是读本而非根本，所以，教师在教学设计和实施中，应该依托教材而不能依赖教材。陕西省的高中历史新教材除了我市使用的人民版之外，还采用了岳麓版和人教版教材，其中，人教版注重知识体系的完备性，这与目前的高考衔接得更为紧密；岳麓版的内容组织简明、思维活跃，展现出浓郁的时代气息；人教版图文并茂，资料翔实，更容易与大学教材接轨。但是，它们在各具特色的同时，也各有自身的不足。以人教版教材历史（Ⅰ）为例，专题"古代中国的政治制度"共设置了4节课的内容，其中第一节完全不提春秋战国的历史，而让学生去理解"最高执政集团尚未实现权力的高度集中"，这是有相当大难度的；第二节的"秦汉政治"中几乎没有汉代的什么事；第三节"君主专制政体的演进与强化"中把明清历史剔除出去，单列进第四节"专制时代晚期的政治形态"，显然比较啰唆。另外，古代中国社会经济结构与特点编写在历史（Ⅲ）当中，因而"经济基础决定上层建筑"的唯物史论在这里就被淡化了。所以，相对有效的办法是，教师在备课时应该结合课标，借鉴其他版本及学生使用过的初中课本，认真整合手中的教材，适度地删减或补充课堂教学内容，给学生一个有点（知识要点）、有线（思路线索）、有面（能力拓展）的、符合知识认知与内化的框架和体系，并且引导学生学会在总结中思考，在思考中学习。

## 三、借鉴教参而不要照搬教参

教参，顾名思义，就是教学的参考。对于教师来说，它在教材要点的分析、基础知识的拓展、材料信息的运用等方面具有一定的参考价值。在备课过程中，参阅教参的目的，应该是从别人的经验或理论中得到启发，帮助自己疏通教材，理解知识，开阔视野，打开思路。从新课程理念出发，把教参当成一种课程资源进行开发利用，当然是好事，但是单靠从教参上得来的生搬硬套的东西，只会造就"千人一面"的教学模式。在一些公开课上，我们常常可以看到，对于同一节课，老师的教学框架、教学环节、教学设计完全一样，甚至于有时就连导入语和板书设计也是一模一样的。这种单一的框架，造就了固定的教学模式，也造就了懒惰的教学思想，妨碍了教师的自我成长和个性发展。由于缺少自己对课程的真正的解读和观照，没有自己的真实感情和独立思考，不能关注学生的个性差异，教师也就不可能形成自己独到的、被普遍认可的教学风格。很大程度上，这种只见教参不见学生，只看教参不要自己的做法，实际上使教参变成了自己备课教学的拐杖甚至是镣铐，这是绝不可取的。正如陈伟国先生所指出的那样，只有跳出教参的束缚，不做教参的依赖者，而努力尝试去做它的加工者、驾驭者，才能达到提升自我、发展学生的目的。

### 四．利用课件而不要滥用课件

在历史新课程的施教过程中，课件愈来愈多地被教师使用于课堂教学当中，这是由历史学科本身的特点决定的。历史学科的特点是它的过去性，已经发生的历史事件是不能重演的，因此学生无法直接感知历史。而历史学习又必须是一个从感知历史到积累历史知识，从积累历史知识到理解历史的过程。所以如何尽量真实、直观地再现历史事件成为历史学科的一个重点难点问题。利用多媒体课件制作技术，可以将历史图片、文献资料、音频、视频、动画示意图等多种样式的历史资料展现出来，最大限度地调动学生的学习兴趣，引导他们更加充分地认识历史、感知历史。再者，现在的历史新课程的知识容量远远大于过去，以人教版历史（Ⅰ）为例，其中有一节为"代议制的确立和完善"，讲的是英国资产阶级革命到君主立宪制度的确立、发展过程，课时设置为1节，但是却有5个子目的内容，用传统的"一支粉笔一张嘴"很难高质量地完成课时目标。又如，"古代希腊"一节涉及古希腊的地理地形、气候特征、经济生活、城邦特色、公民概念、文化成果等，传统的讲授法显然难于承载如此巨大的信息量，这就要求教师必须学会将信息技术与课程资源进行整合，利用课件完成教学。

但是，我们必须认识到，多媒体课件归根到底只是一种辅助教学的手段，在课堂中它不能替代教师的教学主导和学生的学习主体地位。上好一节课的关键在于，老师能否精心创设优化的教学过程和扣人心弦的教学氛围，启迪学生在不断思考和归纳中，内化知识，形成方法，认知规律，升华情感。所以，课件的使用，应该从教学的实际目的和需要出发，尽量选择最简捷、最能体现动态思维、最能集中学生注意力的手段。如果不分时间、内容、场合，一味使用多媒体课件，展示一些风马牛不相及的资料和图片，单纯追求课堂的"趣味性"或应付公开课，则既浪费了时间，又影响了教学效果，这种喧宾夺主、滥用课件的做法是切不可为的。

**五、把握高考而不受制于高考**

高考对于任何一个现阶段的高中学生而言，都是进入社会的基本平台，尤其对于我们西部山区，更意味着一个孩子、一个家庭能否有机会通过学生优异的学习成绩改变他们封闭中落后而贫穷的命运。无论是从新课程"为了一切孩子，为了孩子的一切，一切为了孩子"的教育理念出发，还是从十七大要求"办人民群众满意的教育"的精神出发，高中教学都必须关注高考，把握高考，把新课程改革与高考条件下的高中教学质量提高紧密结合起来。这就要求高中历史教师在教学流程的设计、教学内容的把握、课后复习与训练中，仍然要紧扣"双基"目标，密切关注高考动向，认真评估教学效果，始终把指导学生改进学习方法和提高学习成绩作为新课程条件下教学的中心任务。

同时，我们也应该看到，与过去单纯的应试教育相比较，新课程表现出了强烈的时代特色和前所未有的开阔视野，表现出中国的基础教育不断走向国际化，并且逐渐与国际教育接轨的新变化。从长远的角度去看，它显然更适合中国社会持续改革、科学发展的需要。因此，高中历史教学也不能仅仅只是围绕传授知识、讲评试题来运转，不能完全受制于应试高考。每一个高中历史教师，都应该尽快解读新课程的理念与结构，及时转变教学方式，应该牢固树立终身学习的观念，加紧提高自身的知识素养，学会合理地运用多样化教学手段，以适应目前新课程条件下的教学。

# 历史教学重在启发学生思维能力

## ——新课程教学总结与反思（二）

中学历史课在很多人的观念里都是一门教师灌、学生背，或是教师"唱大轴"、学生"听评书"的科目。历史教师在教学成绩和课堂趣味之间的选择和挣扎，很容易使自己陷入两难境地。对此，我们的教学策略应该是：回归历史探寻其本质功能；了解学生发动其学习兴趣；丰富课堂以培养学生的思维能力。

### 一、回归历史，探寻其本质功能

从上中学，到上大学，再到成为一名历史老师，我一直都在思考：历史是什么，它有什么用？

中学时代的我，认为历史是重大的事件和人物，要想有好成绩，就得学好它；大学时代的我，认为历史是包罗万象的知识和文化，要想拥有更多的见识、更开阔的视野，就必须认真钻研；而成为老师的我，渐渐认识到历史从纵向来看是一条长河，容纳着过往的集体记忆，从横向来看它就是我们身处的现实环境和社会，我们身边的一人一物。我们承载历史，也必然成为历史。所以，历史教育的目的是既要让学生了解民族和世界的文明历程，又要让学生学会认识自己、思考生活，树立正确的人生观和价值观。

历史教学归根到底是要让学生在读史中思考，在思考中成长，是解答他们人生道路上的疑惑，帮助他们找到人生的方向。

### 二、了解学生，发动其学习兴趣

"知之者不如好之者，好之者不如乐之者。"在教师的眼里，学生永远都应该摆在第一位，放在所教学科知识和成绩之前，学生们的知识水平、认知结构、学习兴趣、心理态度，都应该是教师在教学前掌握的第一手资料。只有走近学生，了解学生，才谈得上"对症下药"、因材施教。

1. 从生理和心理的角度，分析高中学生的认知特征。

从生理的角度讲，高中生处于青年初期或学龄晚期，是从儿童到成人的过渡时期，无论从生理上或心理上都正处于走向成熟但尚未完全成熟阶段。是一个人充满生机，蓬勃向上发展的兴旺时期，是独立走向社会生活的准备时期，也是一个人开始严肃考虑人生道路的时期。

从心理的角度来看，根据瑞士心理学家皮亚杰著名的儿童认知发展理论，人的发展可分为四个阶段：感知运算阶段（0~2岁）、前运算阶段（2~7岁）、具体运算阶段（7~11岁）和形式运算阶段（11岁至成人），高中生正好处于形式运算阶段，这一阶段的特征是个体的推理能力得到提高，能从多种维度对抽象的性质进行思考，能够采用逻辑推理、归纳或演绎的方式来解决问题。

这说明，不管在生理还是心理上，高中生已经具备了一定的思考能力和判断能力，而他们在自觉不自觉中也在学习中发挥了这些能力。既然如此，我们的教学就不能停留在只告诉学生历史是什么的阶段，而应该带着他们一起去探索，去思考历史是什么，为什么是这个结果而不是其他，若是在另一个国家或是另一个时间段结果会不会不同。

2. 从学习动机的角度，探寻激发学生思考潜能的方法。

内在动机指完成一项任务的内在愿望。人们做某些活动，是因为这会为他们带来快乐,锻炼他们的某项技能。教育心理学家们从20世纪70年代开始研究内在动机,通过大量研究发现它和学生的高成就和快乐感是相关的。而外在动机指存在个体外部的、与他们所完成任务不相关的因素。这样的例子包括金钱、分数以及其他形式的奖励。皮亚杰曾说:"即使在主体似乎非常被动的社会传递中,例如学校教育的情况下,如果缺少儿童主动的同化作用,这种社会作用仍将无效。而儿童主动的同化作用则是以适当的运算结构为前提的。"又说:"只有当所教的东西可以引起儿童积极从事再造和再创的活动,才会有效地被儿童所同化。"

所以,内在动机是众多激发学生学习的动机中最有效、最持久、最重要的一种,同时这种动机通过我们的教学可以形成。正如奥苏贝尔所说:"动机与学习之间的关系是典型的相辅相成的关系,绝非一种单向性的关系。"动机可以增强行为方式,促进学习,而所学到的知识反过来又可以增强学习的动机。在学生的最近发展区内启发学生,带动学生思考的教学方式能够使我们的教育教学实现良性循环的发展。如果在学生的最近发展区内设置问题,可以启发学生思考,培养学生历史思维能力的教学方式能使学生在学习中获得满足感和成就感,而这些情感可以成为激发学生学习兴趣的内在动机,也是最重要的动机。

3. 从知识的角度而言,如果学生相信他们能够用之所学,他们就可以学得更好。

我们所学所教的历史知识很多时候没能与学生的日常生活相结合,久而久之他们就会产生"学习历史是没用的"的观念。如果我们能够巧妙设计问题,把历史中的大事和当下的政治相结合，让他们为今天的发展找出对策，能够解释当下发生的一些事件，能形成自己对人物和事件的评价和观点，那么他们就会感受到历史的功能和魅力，从而更加愿意主动地学习历史。

### 三、创新方法，培养学生的思维能力

历史思维能力包括形式化能力、抽象能力、直观能力、归纳能力、演绎能力、分析能力、综合能力、想象能力、辩证能力等，是一种抽象的能力，看不见也摸不着，要培养这种能力只能从点滴做起，通过认真思考、精心设计的教学环节来逐步实现，逐步培养各种具体能力，即学生的辩证思维能力、扩散思维能力、创造思维能力、逆向思维能力、历史形象思维能力。

1. 转变传统观念，认识全新的历史。

学习方法和方式的转变应该首先从对这门课的认识和观念的转变开始。在传统的教学里，学生形成了历史就是著名人物和著名事件的集合这样根深蒂固的观念，他们觉得历史是死去的、刻板的、灰暗的。为了改变他们的这个观念，我参观了安康市历史博物馆，收集了很多文物照片，在开学第一堂课上我就问学生，你认为历史是什么？绝大多数同学的答案都是中规中矩的，他们的判断仅仅来源于初中历史课本中的内容和印象，思路比较狭窄。听了他们的答案我反问他们，历史果真离我们这么遥远吗？你身边有没有"历史"？当我的反问引起他们的疑惑和思考后，我用投影给他们展示了安康历史博物馆里陈列的"历史"，它们可以是一面汉代的铜镜也可以是一个明代的瓷器，可以是一柄战国的青铜剑也可以是魏晋时期的一串铜钱，可以是一块古老的石碑也可以是一只古代的熨斗。

在观看图片时，我从学生们的脸上看到了惊奇和兴奋，我

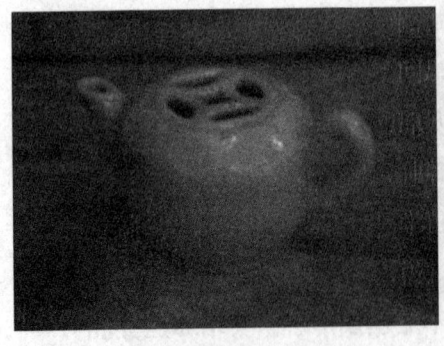

安康出土的宋代瓷砚滴（文房用具）　　旬阳出土的汉代象牙算筹

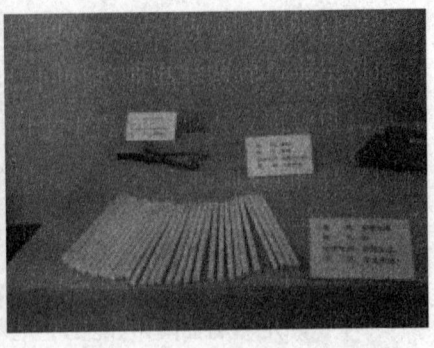

汉阴出土的战国玉具剑和玉璧　　石泉出土的汉代铜熨斗

想他们感受到了：历史可以是丰富多彩的，可以是包罗万象的，可以是流动的，也可以是我们身边的。虽然这样的一堂课还远远不能让他们达到"始惊，次醉，终狂"的状态，但是打开了他们的视野，拓宽了他们的思路，让他们能自己去体会、去思考什么是历史。思维的闸门被撬开了一个缝隙，从此思考的洪流就能倾泻而出。

2. 组织特色活动，重新感知历史。

思想的洪流一旦产生就会滔滔不绝，在开学第一课灵感的启发下，对于培养学生的归纳概括能力、分析能力和辩证思维能力，我也有了新的想法。我在所带的五个班开展了课前五分钟品评历史的活动，让每一个同学按照自己的兴趣选取任意一个和历史有关的人物、事件、建筑、物件、学说等（让他们在实践中体会第一节课中所说的历史的概念），以自己的方式展示给全班同学，要求是把握好时间，有亮点和重点，有自己的观点和评价。万事开头难，学生上台后开始会紧张，准备的要么太长没有重点，要么就太过概要，或者忘了评价。在不断的磨合、鼓励和学习下，后面的孩子都有了很大进步，他们选取的范围包罗万象，角度有大有小，展示的方式以讲述为主，有的同学还会配上音乐、图片或是视频，语气和神态方面更加自信，还有一些同学能形成自己新的看法和见解，很不容易。然而光有展示还不行，我们还应该对学生的行为给出评价和反馈，这甚至比展示本身更重要。刚开始的时候是我来点评，后来我发现其实让学生点评更好，一方面可以检查倾听的情况，另一方面还可以让他们学会发现和赞扬别人的优点的同时委婉地指出别人的缺点，甚至还可能在评价中碰撞出思想的火花，交流不同的观点。这个活动通过学生展示、学生点评、教师总结的方式，让学生主动参与到资料搜集、阅读思考、内容取舍、得出结论和倾听反思、互相交流的环节中，锻炼了他们的能力，也激发了他们的思考。

除了这样已经常规化的活动，有时根据课程内容，我还会临时组织一些课堂小辩论，让学生针对所学的某一问题进行辩论。比如第一单元的分封制和郡县制，按照课程要求应该让学生了解两种制度的特点和郡县制取代分封制的原因。本来我打算以教师讲授的方法来处理这部分内容，但是当时所授课班级活跃的课堂氛围顿时让我灵光一闪，我临时决定让学生来讨论：如果你是秦始皇，你决定用哪个制度来统治刚刚统一的国家，并说出为什么。问题一出，学生们七嘴八舌地议论开来，这时我采用自由发言的方式让举手的同学都来说说自己的观点，慢慢地，发言的学生就形成了主张郡县制和分封制的两方。然后两方各自陈述自己的理由，在这个过程中就慢慢讨论出了两种制度各自的优缺点，也逐渐比较出了孰优孰劣。最后我根据学生的发言进行总结、整理，进行了完善，轻松地完成了教学任务，而学生们也认为这种方式更加有趣，更容易理解，印象更深刻。

我想这种教学活动正符合美国教育家林格所说的：在教学中，教育心理学关心三个焦点区域的理解的发展，即学习者、学习过程和学习情境，这三个区域相互重叠和相互关联。创设历史学习的情境是为了让学生置身于一种学习、探究的气氛中，自觉地、主动地感受历史，从而激发学生去理解与寻究历史问题的愿望。

3. 新材料新观点，新角度新思维。

历史史实虽然是客观的，但是我们表现和研究的方式、角度可以变化，评价的观点可以有所不同。变与不变，这正是教学可以大有作为的地方，也是能体现教学艺术的时候。

既然要培养学生的历史思维能力，要让他们具有扩散思维能力、创造思维能力或逆向思维能力，那我们就不能只是"照本宣科""老生常谈"、墨守成规、故步自封，而应该打破常规，转换角度，补充新材料新知识、介绍新观点新著作、引发新思考。

在讲专题一第一课的分封制时,为了突出西周分封制的特点,我不仅介绍了它和秦以后的封建制度的不同,还与古代西方相比较,让学生了解西周时的分封制和西方的封建制度(封君封臣制)基本相同。这对于学生建立东西方联系、培养比较能力有一定帮助。

对于某些内容,我努力补充课外知识,介绍一些专业性趣味性都很强的书籍给学生,开阔他们的视野,引发他们的思考,让他们能把历史和今天的时政相结合,学以致用。比如在讲专题二第三节"伟大的抗日战争"这一课时,战争的原因、过程和影响不仅学生初中时就已经学过,而且相对简单,针对当下日本对待战争的态度和中日之间的矛盾,我在课程最后重点就日本的战争观和民族性格与学生进行了探讨。讨论中一方面鼓励学生发言(上节课结束时,给他们布置了思考这一问题、查找资料的任务);另一方面我以美国人类学家本尼迪克特的名著《菊与刀》为基础给他们介绍了日本的民族性格,并进行了总结。经过分析讨论,学生对于战后亚洲的局势以及当今中日关系就会有更深的理解。除了这类常规内容,对于一些比较难理解的政治制度,这种方法也有助于学生对课程难点的理解。比如专题七讲的是西方近代的代议制,比较抽象,为了让学生理解,我在讲第二节"美国1787年宪法"时,充分运用了美籍华人作家夫妇林达的著作,用文中浅显生动的事例向学生介绍了美国人崇尚自由的精神,由此引出了1787年宪法的来源——不得不建立的强有力的中央政府和维护人人生而平等的自由之间的平衡。也以书中的事例让学生理解美国三权分立下三大国家机构各自的职权、地位和它们之间相互制衡的关系。这样的课堂既丰富了学生们的知识，增强了课程的趣味性，也有助于学生根据这些具体的事例进行信息加工，深刻理解美国的政治制度，形成自己的认识。

除此之外，在品评历史活动中，我更注重根据学生的评价和观点引导学生用不同的观点看问题；在课堂设问中，更注重运用更多的不确定性问题而不是优化结构问题；在讲题时更注重要求学生找出题目中的关键信息，自己进行考点判断和知识链接。

**结语**

总的来说，我希望学生在历史课上做一个积极的思考者，而不是一个默默的接受者。他们不必全盘接受教师的观点，但是一定要有自己的思考和看法。他们也许会犯错误，他们的观点也许微不足道，甚至本身就是错误的，但是他们从中学到了东西。如果我们连他们犯错误的机会也不给，那么他们便无法吸取任何经验教训。因此，我们的教育可以鼓励学生自己发现问题，鼓励他们新的发现和创造，强调知识的灵活运用，注重激发他们的内在动机，我们的教育要做到教而致用，而不只是分数和考试。

参考文献：

陈琦、刘儒德主编：《当代教育心理学》，北京师范大学出版社，2007年

历史教学社主编：《历史教学》，历史教学社出版有限公司出版，2013年

林达：《历史深处的忧虑》，生活·读书·新知三联书店出版，1997年

林达：《一路走来一路读》，生活·读书·新知三联书店出版，2011年

［美］鲁思·本尼迪克特著：《菊与刀》，吕万和等译，商务印书馆，1990年

［日］黑柳彻子著：《窗边的小豆豆》，赵玉皎、戴琇峰译，南海出版公司出版，2008年

## 历史新课程高考备考策略

　　2010年我省将迎来高中新课程的首次高考。就已经公布的高考改革方案来看，尽管"3+小综合"科目设置模式及其分值设置与往年相比较，仍然保持着相对的稳定，然而在课改背景下，新高考在各学科的考试范围、试卷结构和命题思路上都体现出全新的变化。对于高中历史学科而言，我们必须借鉴其他课改省区的经验，认真研读课标及考纲，结合学科特点，积极调整复习策略，才能在备考冲刺阶段指导学生高效复习，并以最佳状态迎接新高考。

　　一、把握好考纲及教材的关系，明确复习的知识范围

　　按照中华人民共和国教育部"一标多本"的要求，我省目前所用高中历史新课程教材共有三种版本，它们在知识体系的构建、部分内容叙述侧重点上各有特色，但基本都是在课标统一指导下编写而成，因此各版本教材所呈现的知识点、能力要求是一致的。而考纲来自课标，这是不争的事实。所以，要正确认识新方案中按照"考试大纲和新的学科课程标准进行命题"的提法，不可"以本为本"、逐字逐句地过分依赖教材，而应该以考纲的规定明确复习的范围，以课标的要求指导复习的方向，尽可能地在减轻学生复习负担和提高备考复习的效率上取得"双赢"。

　　二、把握好新高考的题型特征，明确复习的主要方向

　　我省高考新方案在命题设计原则上推陈出新，"突出基础性、灵活性、开放性，密切联系学生的生活经验和社会实际"。所以新高考历史命题必然在保证传统的"双基"要求之外，注

重试题内容的时代性、人文性、研究性和开放性，强调"新材料、新情景、新问题"的设置。为此，在复习中应该特别注意以下几个方面。

一是要认真研究其他课改省区近年来的高考历史试题，特别是2008—2009年宁夏、海南、山东、广东等省区的高考成题，研读并熟悉高考题型的呈现方式与作答要领，才能从容不迫地应对新高考。二是要认真对待新课程教材中的"学习与探究"的各个课题，注意适当补充相关的综合类知识，并尽量引导学生使之题型化和方法化。三是要结合其他学科的关联知识，加强学生在系列知识复习中人文情怀、国际视野的培养，以及社会、历史重大问题上准确的认知和表述能力。

**三、把握好必修与选修的比例，合理安排复习的进程**

高中新课改后，历史课程中规定了三个必修模块和六个选修模块（我省规定在高考范围之内的有三个选修模块）。为适应这一变化，高考试题对以往所有题目为必答题的形式进行了改革，第Ⅱ卷非选择题部分设置了选做题。参考2009年宁夏、山东卷即可得知，选修部分所占分值一般为10分，必修部分所占分值大约为90分，这和新课程设置必修、选修的初衷是一致的。因此，我们合理安排第一轮的复习进程，首先要保证把主要的精力优先投入到必修部分的复习中，以必修带选修。对于选修部分的独立复习，我认为一是应该置后进行，等考试说明出台再做具体安排；二是选修部分不太可能出单选题，三个模块在选做题中各占其一，所以可以考虑只重点选择一个模块精讲细练。

**四、把握好专题和通史的关系，力争知识的"精""通"结合**

历史科的复习在高考中记忆量相对较大，这是学科自身的特点决定的。经过基于教材的第一轮复习，学生对各模块的知识点已经有一定的把握。但是历史新课程是按照专题体例和模块形式设计编写的，教材内容的逻辑性不够强，通史知识薄弱的学生一般无法完成知识的系统掌握和融会贯通，因此在第二轮的复习中，我们可以考虑以历史文明的演进为基本线索，以考试说明所呈现的通史体例的知识体系为基本阵地，将整个高中历史分为"中国历史""世界历史"两大部分，再以"古代文明""近代文明"和"现代文明"为其具体分段，构建出相对完整的六个阶段性主干知识范畴，进一步整合各模块相关历史阶段和领域的知识，合理渗透现代史观、整体史观和社会史观，使专题之"精"与通史之"通"相得益彰地融为一体。这种方法必然会增加老师的备课压力，但却能够有效减少复习中的盲目性，增强学生的应试能力。

**五、把握好"讲"和"练"的角度，提高知识的应用能力**

新高考备考中，我们固然应该重视教师对知识的"讲"和学生对题目的"练"，但更应该看重"讲"的质量与"练"的效果，过多的讲授和无目的的练题是高考复习之大忌。

就"讲"而言，一是要注意主干知识的简单化、精练化；二是要反思教材的不足，加强对历史事件、历史现象有关原因、影响及特征的扼要补充；三是要引导学生关注现实热点，学会"辐射教材"。

就"练"而言，一是要指导学生全面了解自己的阶段学习状态，力求每练必有得，有的放矢；二是要加强对已学知识和基本观点的运用，以及对材料信息提取与整合能力的训练；三是要保持一定难度标高和文字书写量。

就本人的实践经验来说，那种漫无目的发题、过后报抄答案的"题海战术"是效率最低、成本最高的一种做法。对练习题的讲解应该保证连贯性和针对性，力求通过讲材料提高学生的信息把握能力，通过讲设问提高其审题判断能力，通过讲答案锤炼解题技巧，通过讲变化使学生理解知识的类化和同化。

总之，新高考是对高中历史课程的大检阅。我们必须以严谨的态度、科学和高效的方法指导考生的复习，才能最终取得理想的效果。

# 高中历史教学课堂设问有效性之我见

**摘要：** 课堂设问是教师组织、引领与实施教学过程的关键环节之一，是仅次于讲述的常用教学手段。深刻认识课堂设问的意义，准确把握课堂设问的基本原则与介入方法，科学地分类和设计课堂问题的内容，才能保证课堂设问的有效性，提高高中历史课堂的教学质量。

**关键词：** 高中历史教学课堂设问有效性

新课改以来，高中历史课程比之过去内容更加丰富深刻，旁涉面更宽，呈现出强烈的时代性、开放性和综合性特征。紧张的课时安排，难度持续居高的高考试题，对高中历史教学提出了越来越高的要求。作为最基本的教学手段，课堂设问的有效性成为高中历史教学关注的热点之一。

那么，如何以有效的课堂设问调动学生的学习主动性，构建起动态的课堂，以提高历史教学质量呢？笔者从以下四个方面提出自己的见解。

## 一、课堂设问的内涵及在高中历史教学中的功能

所谓课堂设问，是指教师在准确把握教学内容和学情的基础上，在课堂教学的关隘之处，有目的地设置问题，以激发、引导学生实现学习目标的一种教学策略。

问题是思维的起点和动力，是知识建构和创新的支点。现代认知心理学认为，学习是大脑对所习知识的认知再加工过程，是在刺激和反应之间建立连接的过程。从课堂教学的角度看，穿插于学生学习过程的设问，是师生之间显性的思维互动，是

"教"和"学"之间的直接交叉点，是肯定学生的知识基础上，促成其再学习的出发点。

相比初中而言，高中历史课程感官识记类知识，如情节化的历史事件、形象化的历史人物，以及简单规定性的历史结论明显减少，而抽象的意义理解类知识如各种"知识链接"、图文史料的解读运用，以及隐性的策略性知识如构建专题网络、整理反思问题等，则明显大量增加。同时，学生的思考辨析能力和情感认识水平也都有了一定的发展，对课堂问题的宽度、深度有了更强的接受能力。所以，高中历史课堂设问的主要功能应该在于：

1. 激发学生进一步探究历史知识的兴趣，并实现课堂的教学组织管理性功能。

2. 引导学生学会发现、解决"新"历史问题，进行更高水平的历史思维的启发性功能。

3. 帮助学生尝试在已有认知的基础上不断做出自我评估和修正，适时调整学习思路与方法的调控性功能。

4. 通过课堂师生之间的问答互动，及时反馈学生的课堂状态和阶段性教学效果的诊断性功能。

## 二、形成历史课堂有效设问的基本原则

历史课堂设问的有效性，取决于其是否立足于教学目标和课堂生成，是否有利于历史科思维的激发和培养，是否能够与学生的认知过程有效接驳，使之真正成为学生提高学习效率的加速器。

目前的历史课堂上，教师们似乎越来越重视设问，但不少问题缺乏思考价值和教学意义，如"是不是""对不对"之类

的随口性无效问题；组织学生分组讨论"三元里人民是如何抗击英国侵略军的"等低效问题；或者提出一些超出学生知识边界的，如"宋明理学受到佛教一些思想的影响，那么佛教究竟有哪些思想"之类的问题；还有一些教师为避"满堂灌"之嫌，刻意地大搞"满堂问"，反而导致学生对课堂产生了厌倦情绪。笔者认为，高中历史课堂设问应该遵循以下三个基本原则。

1. 价值性原则。

课程论的观点认为，促使课程形成的核心因素分别是教学内容和课程观念。高中历史课程本身对课堂教学有特殊的定向和指引作用，教师的设问也必须有明确的课堂教学价值。如果从教学内容看，课堂设问要紧紧围绕本课的重难点知识展开，如"开辟文明交往的航线"一课，教师设问应该聚焦于新航路开辟的背景、结果和对西方以及对世界市场形成进程的影响；而"马克思主义的诞生"一课，则应该以科学社会主义理论产生的历史必然性及《共产党宣言》对国际工人运动的意义为中心内容。从课程观出发，课堂的设问还应该体现出历史学科对学生价值观、方法论的培养，如通过史料分析历史现象以培养学生的思维素养，通过情境导入性的设问引导学生正确认识资本主义对人类文明进程的作用、马克思主义理论的伟大历史意义等。

2. 层次性原则。

课堂设问的层次性，是指围绕教学核心内容，通过不同层次的问题设计，帮助学生由浅入深地解构知识的路径，从而实现细分后的教学内容所要达成的预期设问效果。如必修Ⅰ中"英国代议制的确立和完善"一课，教师仔细梳理教材的逻辑线索，就可以以"君主立宪制的确立"为中心，设计出一个递进式的"问题链"，如：17世纪的英国究竟发生了怎样的变故，导致了一个国王的"出逃"？新国王在《权利法案》下受到怎样的限制？《权利法案》的历史意义有哪些？由此可知，近代英国君主立宪制有着怎样的基本特征？此时英国的政治发展方向与同一时期的中国有何不同？等等。

3. 双向性原则。

以皮亚杰为代表的建构主义者提出，学习是通过人际间的协作活动而实现的意义建构的过程，具有双向性。在课堂设问中，教师则通过设计教学问题或任务，并以合理的方式付诸课堂，促使学生个体的自我反馈、学生群体间的信息交流与师生间的信息互动及时、普遍地联系起来，从而构建起一个以教师为主导、以学生为主体的高效的课堂学习共同体，总体表现模式为：教师课堂设问——学生探究与回答、展示——信息反馈或新问题生成——教师的评价及教学策略的随机调整。在这里，设问的作用和问题的生发实际上是双向的和动态的。

从建构主义的学生观出发，有效的设问必须要考虑大多数学生实际学习水平的差异性，尽量使学生都能从所设问题中得到相关信息引起积极思考并组织回答，否则无法形成真正的师生、生生互动。

### 三、基于教育目标的课堂问题的分类设计

美国教育思想家沃尔什和萨特在《优质提问教学法》中提出，优质的课堂问题设计必须能够促进在规定的认知水平上思考问题，并能够实现一个或多个教育教学目标。根据布鲁姆的"教育目标分类法"，结合高中历史课程的知识特点和考察要

求，应该分类设计课堂问题，以提高设问的有效性。

1. 知识型设问。

是指要求学生对所学事实类历史知识进行回忆或辨识，包括重要历史事件的背景、过程、结果，历史人物的事迹，历史名词的内容等。此类设问的思维要求相对较低，具有两个突出特点：一是具体性；二是答案的唯一性。教师常用的设问句是"什么是""是什么""发生过什么""有哪些"等。目的是检查学生的知识识记水平，并为进一步实施教学提供问题背景。

2. 理解型设问。

是指要求学生能够用历史语言准确描述、比较、理解和归纳所学知识，从而把握历史事件的特征、本质、意义和发展规律，其目的在于帮助学生弄清历史知识的含义。此类知识教师常用的设问词为"对比""说明""概括""解释"等。如"对比科举制和察举制在人才选拔标准上有何不同""概括说明近代英国君主立宪制的基本特征"等。

3. 应用型设问。

是指要求学生把已经习得的历史知识包括学习过程中形成的默会知识，应用于新的情境理解和问题解决，其目的在于使学生所学知识得到充实、丰富和检验，并帮助学生提高自主解决历史问题的能力。此类设问的常见提示词是"运用""列举""结合所学知识"等，如"请列举古代中国君主专制不断强化的突出史实""结合所学知识说说你对经济全球化的理解"等。

4. 分析型设问。

是指要求学生能够识别历史事件、历史现象的条件与原因之间、原因和结果之间的关系。目的是使学生学会用正确的史观、方法分析历史事件，弄清历史知识的结构。常见的设问用词有"为什么""分析""背景""原因""意义""影响"等，如"光荣革命后的英国为什么实行双王制""董仲舒天人感应的理论对君主权力产生了怎样的影响"等。

5. 综合型设问。

是指创设问题情境，并要求学生能将所学的历史知识有效调动起来，从而呈现为一种新的知识表达结构，其目的在于培养学生创造性地解决历史问题的能力。此类设问的特点是答案具有开放性、相异性。常见的设问用语是"如果……""假如……""你认为应该是……""从中能够得到怎样的结论"等，如"假设黄海之战中北洋水师获胜了，中国的历史命运能否发生逆转""根据这些数据，你能够得出怎样的结论"（提供比如1980年至1995年中国进出口贸易的相关变化数据）等。

6. 评价型设问。

指要求学生根据一定的价值标准评判历史事件的设问，其目的在于培养学生严谨的史学态度和正确的历史价值观。此类提问的常用语为"如何评价""说说你的看法"等，如"有人说戊戌变法是一场失败了的资产阶级革命，对此你有何看法""如何评价董仲舒的天人感应观点"等。

四、课堂设问在高中历史教学中的合理介入

作为一门典型的社会人文学科，各类课堂思考问题的不断生发或提出是高中历史教学中最普遍的现象。在确定提出问题的价值性、准确性的同时，必须考虑设问在课堂教学中的合理介入，以保证其有效性。

1. 创设问题情境，引导学生深入思考历史问题。

通过各种情境创设，把需要解决的历史问题灵活地呈现出来，使学生的注意力、思维凝聚在一起，以达到智力活动的最佳状态，真正激发学生的思考兴趣。如：在学习《英国君主立宪制的确立》一课时，我先通过课件展示了一个高举的拳头，并点击出一行字："权力？权利？"问学生怎么判断以及理由。在大家的争议中又问："假如两个答案都成立，它们之间有什么不同和关系？"从而得出结论：人民的权利保障往往建立在对统治者权力的严格限制基础上。这样，本节课的核心内容指向和思考导入就比较顺畅了。在学习《戊戌变法》一课时，大声读出谭嗣同的狱中诗，然后提问："这首诗作反映了清末怎样的社会现状？"学生很快就能结合变法时的中国社会政治特点做出回答。

2. 把握知识节点，帮助学生构建知识框架。

历史教学中有效的课堂设问对知识框架的构建有所助益，若是对教材里的基础知识展开教学，可以将有针对性的知识归纳性问题纳入教学活动中，从而使学生在参与学习的过程中养成总结归纳问题的能力。在实际历史教学中，设问应选在教学内容的重难点及上下衔接部分，如在学习《理性与自由的启蒙》这一课时，向学生展示法国思想家卢梭"人生而自由，却无往不在枷锁之中"及德国思想家康德的"启蒙运动就是人类脱离自己所加之于自己的不成熟状态"这两句名言，从而引导学生探索启蒙的真谛。

3. 合理点评引导，培养学生的学习自信和学科素养。

一次完整的课堂设问是对知识理解状况的交流，在设问里老师需要对学生回答的正确方面加以肯定，以激发学生对历史的兴趣，同时对其回答中不全面的部分进行补充，让学生从中有新的收获。除此之外，老师在课堂上对于不同性格的学生应加以不同方式的点评，对于胆小的学生应给予鼓励，从而提高学生对历史学习的自信；而对于能在历史课堂拥有独立想法的学生则当对其独立思考加以肯定，从而保护学生的批判力。教学设问既是为教而问，那么对待学生回答而进行的点评则具有培养学生历史思维与意识，体现历史教育的人文关怀等功效，同时这也是对老师思维敏锐程度和专业素养的考察。

总之，在高中历史教学中，设问不仅是以人为本的教育理念的体现，也是激发学生思维，调动学生参与的重要方式。作为历史老师必备的能力与素养，课堂设问必须围绕学生这个中心，以师生在思想上的交流为目的；同时在对教学内容高度熟悉的前提下明确课堂设问的原则与分类，使问题具有针对性、启发性、归纳性和拓展性，这种教育教学方法的探索正是对有效课堂更有深度的一种思考。

参考文献：

葛鲁嘉：《当代心理学的两个理论基点》，《吉利师范大学学报·人文社会科学版》（18）

王策三：《教育论集》，人民教育出版社

沃尔什·萨特斯：《优质提问教学法》，中国轻工业出版社，2009 年

# 体悟学科特色，实现有效备考

## ——2018年历史高考新课标卷II评析与复习建议

2018年历史高考新课标全国II卷继续保持"稳中有变，变中有新"的步伐，整体难度适中，选用史料恰当，彰显了历史学科特色，落实了国家立德树人理念，符合教育教学的实际，得到教师和学生的一致好评。

### 一、2018年高考历史II卷呈现以下几大特点

1. 强调育人功能，凸显学科特色。

今年的历史试题注重弘扬中华优秀传统文化和党领导下的革命文化、社会主义文化，诠释了强化历史教学立德树人的宗旨。如第24题成汤因仁德得天下与以德治国的主旋律呼应；第27题关于昆曲的雅致与演变，考查学生对传统文化的深层理解及认知；第30题美国记者对抗日根据地的描述，对应了"执政为民"时代热点；第31题的漫画《两把尺》反映了新中国女性地位的提高等。这些试题对中学历史教学方向具有重要的指导意义。

2. 依托教材、课标、考纲，突出历史主干知识的考查。

如第25题考查西汉税收制度，26题考查三省六部制度，32题考查罗马法，33题考查早期资本主义的殖民扩张，35题考查"二战"后欧洲经济一体化等，都是教材的主干知识。同时，试题创设的新情境、新问题也需要学生学会知识迁移，准确分析教材信息，进行逻辑推理分析得出正确答案。

3. 聚焦历史学科素养，适应社会发展要求。

对历史学科素养的考查是当今历史高考的核心。如31题

和 35 题考查了学生的时空观念意识，24 题和 29 题考查了学生的史料解读能力，35 题考查了学生的历史解释能力，47 题突出了家国同构观念等。

4.关注史学前沿理论，实现历史与现实的对接。

如第 41 题以大豆在世界范围的种植利用为切入点，提出三个问题，即中国历史上种植利用大豆的特点和作用，美国广泛种植大豆的原因及物种交流的意义。从试题的设问形式来看极具传统特点，但从具体问题上看，它突出考查了人类文明的交流，构建人类命运共同体等中国最新的时代课题，又体现了学术研究成果融入高考试题的特点，让人耳目一新。

**二、对 2019 年高考复习备考的几点认识**

1.夯实基础，求实求细。

对历史基础知识的学习是开展中学历史教学的基础，任何时候都不能松懈，学习基础知识与提高学科素养是统一而不是对立的。对传统教学中的有效方法我们应予以坚持，在复习中教师既要回归教材又要跳出教材整合教材，要指导学生将历史主干知识通过点线面连接起来，宏观把握历史阶段特征，构建历史知识体系，形成通史意识。重视日常教学中对历史概念、历史现象的分析，利用新的历史材料设置新的历史情境考查主干知识。同时要指导学生注重查漏补缺，加强纠错训练，重点内容要举一反三。

2.有效训练，提升能力。

通过训练典型模拟试题和高考真题，进行解题思路的分析与指导，引导学生跳出思维定式，培养学生创造性思维和批判性思维，培养学生发现问题解决问题的能力，提高评析问题的能力。

选择题要仔细推敲题干的主干语和条件限定语,搞清时空范围和基本题型,弄清材料内容及相关的人物或事件,找出选项与题干的隐含关系,进行分类对比与分析判断。

非选择题首先要读懂读透材料,充分利用有效信息,找出设问中的主题和限制条件,注意时间顺序和因果关系,判断观点和论题的正误,然后回答是什么和为什么。

3.重视历史学科核心素养的培养。

培养通史意识和时空观念,指导学生通过构建历史发展的时间轴和区域图形成主干知识体系;培养学生论从史出的实证意识和利用史料信息分析、探究历史的能力;引领学生运用唯物史观分析历史问题,总结历史发展的内在规律;教导学生正确区分历史事物、历史现象和历史解释,并逐渐能够理解历史和理性、客观地评判历史;渗透民族认同和文化传承,培养学生的家国情怀与时代责任感。

关注社会热点与国际焦点问题,关注史学研究前沿成果,大胆纠正教材中陈旧或片面的观点,引导学生从新的视角审视历史问题,涉足史学争鸣。

## 基于核心素养下的高中历史教学史料运用策略

摘要：历史作为一门按照时间顺序记载一系列人类社会活动轨迹的学科，是人类文明的见证之一。我国推行素质教育时将历史列入中学教学内容，目的在于培养学生的人文情怀、了解人类文明的发展轨迹。史料——作为被记录的人类活动在历史研究中用文字、图像、实物等形式所表达的产物，代表着曾经存在的史实。本文将从当前高中历史教学中的史料运用实际出发，分析史料特点，从多方面阐述在历史教学中如何正确运用史料，以此实现预期的教学目标，进一步推动高中历史教学的发展。

关键词：高中历史；史料；策略

历史的记载形式多种多样，但在历史教科书上多以文字形式对学生进行展示。过于繁多的文字描述容易导致学生对历史产生"枯燥、无趣"的印象。史料作为历史发展中的衍生物，如何在历史教学中合理发挥其相应的作用，将历史轨迹简单化的同时又能带领学生领略历史这门人文学科的魅力，这对于教师而言是一项挑战。历史由于其具有人文性、叙事性等特点，在我国文理科目的划分中归为文科，所以教师往往注重教材文字内容教学，忽略了史料运用的重要性。为加强史料在历史教学中的作用，教师应多了解史料的概念和分类，尽力发挥不同史料的教学作用，为培养更多具备历史意识的人才奠定基础。

### 一、了解史料的概念和分类

所谓史料，是指在人类社会发展中遗留下来，并能以此为据对历史轨迹进行解释、研究的资料，所以史料在历史探究中的作用不容小觑。教师如何在历史教学中运用史料，首先要了解史料的分类。史料主要分为第一手史料和第二手史料，按呈现形式又主要分为图像史料和音频史料两大类，大部分史料广义上都属于图像史料，如历史地图、历史文献、历史遗迹、文玩雕刻、壁画等，因此教师在历史教学上能广泛使用的是图像史料。图像史料根据其表现形式划分又分为图片史料和影视史料，图片史料泛指文字、图画、实物等一切能以肉眼观察到的历史遗留物，如敦煌壁画、秦兵马俑等；而影视史料主要是指以现代艺术手法拍摄、记录或还原历史事件的影视作品，包括纪录片《丝绸之路》、电影《末代皇帝》等。教师在课前准备教案时，应根据讲授内容来适当安排史料用以辅助教学，做到有理有据地开展历史教学，充实课堂教学内容，吸引学生注意力的同时又能丰富学生历史素养，达到历史教学的目的。

## 二、合理运用不同类型的史料

我们将历史列入中学阶段必修科目之一，其目的在于在学生塑造"三观"的年龄阶段培养学生具备正确的历史意识，明白历史在社会发展中的重要性，做到以史为鉴。史料作为历史研究的重要依据之一，在历史教材中多以图画、照片的形式呈现。如何在课堂上通过呈现不同类型的史料取得理想的教学成果，这值得教师对此进行探究。历史从社会意义上来说是严肃的，但是在历史的课堂教学中需要适当地摒弃历史一部分的严肃性，避免学生对历史学习产生排斥心理。史料此时就应发挥其该有的作用，针对不同类型的史料，教师应给出相对应的具体运用策略。例如在《甲午中日战争和八国联军侵华》课题中，有一幅"法国明信片——列强在瓜分中国"的漫画，其主要描绘了当时八国联军对中国这条巨龙的侵略和剥削，一针见血地生动刻画出了当时的历史事件。教师应结合该漫画并加以适当的文字描述对"八国联军侵华"这一史实做出解释，并引导学生思考"八国联军侵华的目的是什么""导致侵略者入侵的原因有哪些"等问题，带领学生透过史料理清当时的历史走向，进一步地触摸历史背后的故事。除了历史漫画，还有历史地图、照片等，例如在《建国以来的重大科技成就》中，教材里有一张"毛泽东会见钱学森"的黑白照片，教师在课堂上应结合该照片的拍摄背景及教材内容，向学生讲述钱学森在新中国成立初期做出的贡献并宣扬钱学森的奉献精神，培养学生尊敬伟大历史人物、尊重历史的意识。

**三、运用史料构建课堂对话教学**

当前我国历史教学由于教学课时少、考试分值比重较少等，教学普遍存在照本宣科的情况，师生课堂之间缺乏交互性，学生被动地接受知识。多数教师以教材文字内容为准，辅以大量板书或其他教学手段灌输历史重点。但历史作为一门人文学科，学习者不仅要了解历史内容，还要了解历史本身的意蕴和内涵。史料可以说是历史与人类对话的有力工具，如何运用史料构建课堂对话教学，促进交互式学习，教师的应对措施极为重要。例如在进行《资本主义世界的市场的形成和发展》单元"开辟新航路"的课时教学时，教师结合教材中的历史地图"新航路开辟示意图"和几位航海家的画像，用多媒体技术模拟船队动态航行路线，要求学生之间自行分组，让学生分别扮演航海家的角色，揣摩航海家的心理后互相进行对话，讨论"新航路开辟的意义""新航路的航行路线你觉得可以怎么设计"等问题，同时教师也要做到与学生对话，坚持"平等、民主"的原则对学生提出的观点或质疑进行点评答疑，尊重部分学生的独特想法，使学生理解该课时教学内容的同时也能享受趣味教学的乐趣，激发学生的历史学习热情，为学生以后都能主动积极地参与课堂活动打好基础，促进课堂气氛活跃，拉近师生、学生与课堂之间的关系，更好地构建课堂对话教学。

**结语**

历史在时间的长河中不断地往前推进，学习历史的人也应紧跟历史发展的脚步做到与时俱进。所以史料与历史教学的结合应该是独具新意的，史料的类型不同，在教学中的效果也不尽相同。高中教师在历史教学中，应该认识到史料在历史中的重要地位，充分发挥史料应有的教学作用，不断在教学方式、教学理念的基础上进行探索、创新，优化当前固有的历史教学方式，为推动我国学生素质教育的全面发展做出贡献。

参考文献：

崔雄飞：《浅谈不同图像史料在高中历史教学中的运用策略》。《发现》，2017年

黎金坤：《如何构建高效有序的高中历史对话教学》。《现代交际：学术版》，2017年

# 高中历史课堂人文教育的探索与思考

摘要：历史是人所创造的和所独有的，是为人而存在的，历史教育的本质应是人文教育。高中历史课堂在传授知识的同时，应该大胆探索改革，真正承担起启发学生历史思维，培养学生人文情怀的责任。

关键词：高中历史；教学课堂改革；人文教育

德国著名历史学家斯宾格勒曾发人深省地写道："我们若是要研究所有的历史，我们必须先解答一个迄今未提出的问题：历史为谁而存在？"

历史发展和历史认知的主体是人。高中阶段是塑造学生人生观和价值观的关键时期，历史课堂应该通过创新教学方式，开放课堂视角，引导学生思考历史的人文价值。下面，笔者将结合自己的课堂教学探索，谈谈自己对高中历史课堂中人文教育的几点思考与建议。

一、走进历史，发现人的价值

所有宏观历史发展的"必然趋势"背后，都是人的奋斗、创造和传承。历史课堂最终给一个中学生留下来的，首先肯定是鲜活的历史人物，抛开人物和故事的历史课堂，注定没有灵魂。就像爱因斯坦所说：教育就是当你把学校教给你的所有东西都忘记以后，还剩下的东西。每次备课我都会思考，学生在这节课后所留下的余味悠长的东西会是什么？我的教学内容中有"人"吗？

以专题"20世纪以来中国重大思想理论成果"中《建设

中国特色社会主义》一课为例，我确定"回归历史时代、了解历史人物、感知历史发展"为教学主轴，从邓小平赴法勤工俭学、参加罢工起义、开展理论辩论和三落三起的人生经历，到改革开放的决策、"南方谈话"的精神等，用史料创设情境，使学生走进动荡落后的近代中国，走进昂扬向上的现代中国，感受邓小平坚忍不拔、善于思考、敢于创新的性格特点，思考历史人物在时代发展潮流中的价值追求。

同样，在学习《蒸汽时代的到来》一课时，我以"工匠精神与大国崛起"为主题，强调了瓦特等工程师的科学态度和敬业精神在工业革命历史中的重大价值；在学习《神权下的自我》一课时，我以"市民文化冲击下的中世纪神学"为切入点，引导学生认识市民阶层是文艺复兴运动的群众基础所在。

二、感受历史，培养家国情怀

新课标明确提出，家国情怀是中学历史课程的核心素养要求，也是历史教育中人文情感的主要培养方向。应该让学生通过历史学习和探究，突破机械化、符号化的课堂叙述和记忆，培养基于国际视野的国家意识、文化自信和政治认同，以服务于民族自强和社会的进步。

在学习《专制下的启蒙》一课前，我让学生利用学校集中阅读时间共同观看了纪录片《大国崛起·激情岁月》。这集纪录片简述了法国从专制王权建立到启蒙运动和大革命时期的历史内容。它不仅仅有着流畅的历史叙述，更包含着深厚的人文情怀。而到正式学习这一课并介绍伏尔泰时，则有学生大声读出了"我的心脏在这里，但到处是我的精神""我们应该尊敬推崇的是以真理的力量来统率我们头脑的人，而不是依靠暴力来奴役人的人"，这样的情景不仅使我动容，也深深感染了其他同学。课后学生纷纷向我倾吐想法：老师，你说我们是不是也应该对民族文化和思想予以更多的保护啊？老师，如果伏尔泰和牛顿能够成为法国和英国的文化代言人，他们谁对启蒙运动的贡献大呢？……

高中历史专题《古代中国经济的基本结构》，内容纷杂且相对枯燥。我考虑之后决定联系安康历史博物馆，先带领学生参观了博物馆的"先民经济"展厅，然后让同学们结合教材内容对所看到的文物进行分类，有的按历史阶段，有的按门类功能很快整理出简明的框架。不少同学感叹，记住这么多知识不说，第一次知道咱安康古代经济，尤其是丝织和茶叶居然有这样的成就，我们的先辈太了不起了！

### 三、对话历史，启发多维视角

卡尔曾说："历史就是现在与过去之间永无休止的对话。"不同的人站在不同的历史环境和个人立场上，就会对历史有不同的解释。历史课堂应该允许学生从不同的视角去观察思考问题，才会获得更宽的视野和更具个性的认知。

在学习《太平天国运动》时，我肯定了它在打击清朝政府封建统治中的历史意义的同时，又在课堂上向学生展示出曾国藩（时人）、孙中山和钱穆（后人）对它的不同评价，以及太平天国运动前后江浙地区的经济、人口增减情况，请学生考虑，假如历史人物之间对话，他们会如何相互辩驳？假如你跳出教材的结论，又会得到哪些更丰富的历史认识？

在关于近代科学技术发展史的学习中，学生已经先于教材熟知达尔文进化论的成果，我无须再多重复，于是在课堂上读了林达的一篇文章《重新审视猴子审判案》。它讲了美国历史上有一个叫布莱恩的人发起的"反对在公立学校讲授进化论"运动——他并不反对"进化论",但是他坚持反对达尔文主义弱肉强食的"丛林法则",认为这是"不道德"的学术。我让学生尝试"起诉"他或为他"辩护",通过这种特殊的"历史对话"理解作者在人性关怀问题上的新视角。

总之,在高中历史课堂中我们能做的很多。萧伯纳说过:"我不是教师,我只是你的一个伴侣而已。你向我问路,我指向我们俩的前方。"当历史课堂有了更多的人文思考、人文关怀、人文视角,也许我们就更加接近历史教学的最初目的。

参考文献:

陈建云:《历史教学中的人文素养培养策略》,《江苏教育学院学报》,2011 年 11 月第 27 卷第 6 期

祁若华:《连云港市高中历史人物教学与人文教育契合情况的分析与对策》,《苏州大学硕士研究生毕业论文》,2008 年

林达:《一路走来一路读》,生活·读书·新知三联书店

# 名师讲坛
——名师工作室专题报告与讲座

新课改激发了创新的活力,在基础教育领域出现了教研教改、百花竞艳的局面,但也面临着师资力量不均、方法观念落后的现实问题。安康市地处陕南贫困山区,更加需要教师专业素养和能力的迅速提升。作为市名师工作室主持人,笔者多次深入县区学校进行培训讲座与专题报告,分享教育教学的经验心得,特整理数篇以抛砖引玉。

## 历史教学需要思想者和理想者
——在安康市"中史会"年会暨教学研讨会上的讲话

本届全市中学历史研究会年会暨教学研讨会规模盛大,内容充实,整个过程秩序井然,会后各方反响良好,感谢工颖老师出色的组织,更感谢全市256名中学历史教师和教研员的积极参与和支持。作为新一届会长,我可能把更多的精力放在了会议的一些细节处理上,因此与各位老师的交流很不够,十分抱歉。听完了各位专家的讲座和公开课,我也有一些自己的思考和认识,希望能和人家分享。

历史学是一门厚重的人文之学,承载着人类文明的记忆、情感和思想。雅思贝尔斯说:"历史是记忆,我们不仅懂得记忆，而且根据它生活。如果我们不想化为虚无，而是想要获得部分的人性的话，历史就奠定了基础。"相比其他科目，历史课程更具人文性、思想性，所以，历史教学需要的不是"教书匠"，而是思想者和理想者。

前两场报告，无论是徐赐成老师围绕历史教学改革的讲座，还是郭富斌老师对教师史学研究素养的关注，都不约而同地强调历史文化与历史思想对于历史教师和历史教学的重要性。我记得钱穆先生曾有一个观点："无文化便无历史，无历史便无民族，无民族便无力量，无力量便无存在。"离开文化本质的历史是没有灵魂的历史；离开历史文化传统的民族是没有凝聚力的流民。应该说在历史研究和教学中，人和人的族群、团体以及社会构成始终占据着主体地位，尤其是历史教学，目的最终只有一个，就是让学生在历史学习中理解人，认识文化，提升个人素养。

缺乏思想的知识是苍白的，往往培养的只是王朔所说的"知道分子"，培养不出真正意义上的知识分子。记得黑格尔有一个观点，"没有思想的民族是没有前途的"。如果历史教学仅仅是依靠教材、教辅和试题，历史课程只是停留在一厢情愿的知识灌输和习题练兵上，没有思想的交流和争鸣，没有个性的展现和成长，没有创意的滋生和培养，那到底是什么样的教育教学？用一句行内流行的话来概括，它无非是"高考的战场，文化的沙漠"！改革开放以来，中国的教育改革已经经历了八次，但时至今日，我们仍然无法破解"钱学森之问"——为什么我们的教育培养不出大师这个问题，除了客观因素之外，教育工作者自身难道不需要反思吗？所以，听过这些讲座后，我们大家首先要做的是问问自己，我们究竟应该怎样做学问，怎样去教学。只有不断地学习、思考和积累，方能有所收获，有所进步。

我们的一些老师还不习惯读书、学习和深入思考，还习惯依赖教参和一些十分传统的观点去认识历史和开展教学，如评价古代君主集权体制，就一定会片面强调它的专制与落后，无视其对国家统一安定、经济社会发展的历史意义；讲到印度的"圣雄"甘地，就将其归入软弱妥协性的印度民族资产阶级队伍里，全然不顾他实际上是赤贫的无产者，不懈的思想家，一个代表印度奋起抗争的"伟大的灵魂"；讲美国内战，则要批评林肯政府未能从一开始就对南方联盟做出坚决决裂的姿态，也没有大胆地去解放黑奴，从来没想过去读一读《葛底斯堡演说》，带领学生走进林肯的时代去考察历史和人物……在这样苍白干瘪的课堂上，历史故事、历史人物、历史结论全部成为符号化、机械化的东西，了无生命，了无情趣。这不是我们想要的课堂。

历史教师要有教学理想。年会上的三节公开课给我颇多启示。李树全老师关于"太平天国"的那节课，并没有过多宣讲历史过程性的东西，他更多的是通过文献资料引导学生学会独立思考问题，学会科学地运用史料及知识（甚至是生活常识），学会大胆地站起来发表自己的见解。在对太平天国运动的评价问题上，他以洪秀全这个历史人物为中心，使历史呈现为有血有肉的"人的历史"，以马克思1853年、1862年时的不同观点为背景，巧妙地指导了学生自己观察历史、思考历史观和解读历史。王国栋老师在讲"文艺复兴"一课时，成功把握了高二年级学生的语言习惯和心理特征，用活泼诙谐的语调和表情调动了课堂，用丰富、精准的材料和问题组织了教学。他设计的课件共三十余页，层次清晰，内容充实，图文并茂，详略得当。对于"人文主义"的思想内涵，通过资料展示、情境设置、问题设计和讲解，顺利地实现了教学知识目标和价值情感的教育目标。张艳老师的"新中国走向世界舞台"一课，真有不少亮点，令人印象深刻。她很注意细节，如课前与学生的交流非常认真仔细，上课中的提问尽可能涉及课堂；很注意与学生的互动，注意创造情境使学生体验历史，她和学生模拟尼克松与周恩来握手的那个小环节，其实很好地展示了新课程重过程、重参与、重情感的教育教学特征。而整个课堂的教学主题最后定位与升华为"同一世界，同一家园"，给予学生的则是真正的国际视野和未来理想。

在历史教学中，我们时刻要思考的问题是：教谁（who）？教什么（what）？怎么教（how）？解释成理念就是：以学生为中心的教学；以目标为驱动的教学；重方法重过程的教学。在教育教学方面，历史老师应该比其他学科更具优势：从更早的历史中去看，孔子、苏格拉底不是留给了我们更多的启示吗？陕西师大的赵克礼教授曾经说，新课程也许是一种教育的改革，但也许是一种教育本真的回归，这是值得我们所有人思考的。

我们既是教育者，又是终身的受教育者，我们承载着历史与学生，我们就是道路与桥梁。只有体悟到这些，我们才有更多的动力，更明确的目标，在学习、思考和探索中，与我们的学生共同成长！

## 培养历史思维与意识，提升历史教学品位
——在安康市历史学科带头人工作坊的讲座

2016年1月，石泉中学汪平老师的"安康市中学历史学科带头人工作坊"举办开放仪式，并组织来自宁陕、汉阴、石泉中学和石泉江南中学的多位历史教师开展了公开课听评交流活动。在评课结束后，作为工作坊指导老师和主评人，笔者受邀做关于历史教学问题的讲座。收录要点如下。

王小波有一个观点：什么叫好的知识呢？就是它不但有趣，而且帮助你思考。历史其实就是这么一种好的知识。我们中学历史教学做的就是这样一件事：利用我们的所学所知，引导、启发学生的历史想象、历史探究活动，帮助他们从学习、思考历史当中，形成对生命价值的尊重与热爱，学会对社会生活的理解与判断，保持对我们的民族以及世界其他文明应有的敬意，在学习中提升自己的精神境界。

今天所听的四节课各有特点，在教学目标的确立、教学内容的安排、学生课堂活动的组织和整体的课堂结构方面都不错，教学设计也各具匠心。但是，可能因为是公开课，也可能在日常教学中本来就有这样一些不足，所以感觉大家的历史课还缺点什么东西。我想了想，应该是围绕知识多了一些，启发学生的思考少了一些；说教味道多了一些，说理味道少了一些。就此，我今天想和各位交流的话题是如何加强历史思维和历史意识的培养，以提升历史教学的品位。

历史是什么？葛剑雄先生给了一个很经典的答案，"历史不仅是指过去的事实本身，更是指人们对过去事实的有意识、

有选择的记录"。也就是说历史不仅包含有客观的、发生于过去而不可逆转、难以直接重现的历史事实，也包含后世因为各种原因，带有强烈的个性特点和主观意志所记录的历史叙述。所以历史学习必然会不同于其他学科的特殊心理体验和思维特征，我们可以将其称为历史思维和历史意识。以下我将从六个方面谈谈我的看法。

### 一、时空思维的培养

历史的独特之处在于，它可以被后世以多种形式、多种视角叙述、构建和演绎，但是它在客观上是唯一的，因为它只可能发生在过去的某一时间、某一地点，是一个四维定位无法转移的事物。所以，学生对历史人物、历史事件、历史现象的认识，起点就在于时空定位。胡军哲老师就此提倡，中学历史教学的第一个要求就是"准确通达的历史时空观念"。

过去的教学目标是"基础知识与基本能力（双基目标）"，在今天仍然不可废弃，它仍然是三维目标的内容之一。对于学生而言，历史首先应该是具体的而非抽象的，是可以通过思维捕手直接抓取的东西，是在特定的时空中存在，然后可以被排列、排序的。以高一年级上册中《卓尔不群的雅典》为例，课本的叙述遵循缜密的时空顺序：空间上先是介绍古希腊地区的海洋文明环境，再是诸多城邦的基本特征，最后才聚焦于雅典城邦的民主政治，由远到近、由大到小的空间视角非常流畅，雅典作为古希腊民主政治的典范，其所处背景和自身特征之间的逻辑得以搭建。时间上，则按先后顺序介绍了梭伦改革、克利斯提尼改革和伯里克利改革，形成了雅典民主政治的奠基、确立、高峰紧密相连的三阶段，其发展逻辑得以清楚呈现。这里的教学着眼点首先不在于雅典民主政治的特征与评价，而应该是在怎样的环境与背景下，人类最早的民主政治以何种方式发展而成的。这有利于构建一种大历史观——我认为，高一年级的学生首先要搞清楚的不应该是封闭的备考知识点，而是这种宏观上的历史面。

同样，我们在学习分封制时，就需要让学生明白西周分封制比较典型地存在于哪一阶段（西周王朝）、那一空间（历史地图展示，包括哪些主要对象等）。对比春秋战国的《形势示意图》，该阶段政治制度的变迁，国家政治格局的演变就会比较清晰。学习《鸦片战争》，就应该以1840年为时间中心点，来串联中英历史并对比分析历史事件的发生原因，判断历史事物发展的轨迹。

今天的公开课《抗日战争》一课中，老师对于教学目标的设定过于"紧扣课标"，抗战历史的时空意识没有凸显出来，空洞理论宣讲太多，我觉得应该引起注意和反思。

**二、史料意识的培养**

历史是理性思维与科学判断的结果，求真求实，探究历史真相是历史学科的独特魅力所在，而"论从史出，史论结合"，则是历史学科重要的治学原则。所以在历史教学中，尽可能地组织学生学习搜集、释读、辨析、运用史料还原历史现场，以求接近历史、发现历史，并形成历史解释、历史结论和历史叙述。同时我们也必须看到，作为一种重要的能力考查目标，中高考中史料分析的色彩和比重在试卷中越来越显著，几乎达到"没有史料无以成题"的程度。

在日常教学中，老师们越来越多使用史料教学，涌现出大量优秀的教学案例，但是也存在不少问题。一是不少教师把史料教学理解为史料堆积使用，并没有把史料与教学目标紧密对应，在课堂给出大量史料，其实只是为教材的既定结论寻找佐证而已，无法培养学生的历史实证意识；二是学生的主体地位没有得到落实，仅仅局限于自己对教材文本低级的记忆和理解，课堂还是教师一言堂，学生对陌生的或不同观点的史料不明就里，无所适从。

怎么办呢？我的建议一是真正地站在学生的角度设计教学；二是精选史料，解惑释疑；三是尽可能选用比较丰富的史料来进行教学。

我们一起来看一个教学案例：一节九年级的历史课《洋务运动》，老师经过认真思考后筛选史料，这样导入新课。开始先给学生展示了三则简单有趣的史料："英国人的膝盖能弯曲吗？""夷和洋不一样吗？""胡林翼被吓晕了"。史料侧重于细节且内容反差较大，直接在课堂开始就制造了一个思维的冲击点，在惊奇的刺激下学生的历史意识和思维很快被调动起来；第二段史料继续加大疑问，并和前一个细节对应形成比较和发展；第三段史料则充满戏剧性，课堂在笑声之外是更多的叹息和思考。三则史料容易理解，材料之间联结而富有冲突，给学生提供了逼真的历史情境，引发学生在史料基础上认识历史和思考历史，达到了史料教学的效果。

今天李老师在《王安石变法》一课中就选择了多样化的史料，除了常见的文字史料，还运用了柱状图表（北宋官员和兵员增长图、北宋前期的财政收支图）、有数据史料（几次战争的结果）等。其他老师的课堂也采用了丰富多样的史料，包括第一手史料，也有大量的二手史料。

其中存在一点小问题在此提出来。史料不是越多越好，而是要精心挑选，有所取舍，避免选择非典型性材料。

在这里，我请大家一起来研究一下 2015 年上海高考历史第 37 题。这是一道典型的史料探究题。

鸦片战争时，琦善派人探听了一些英国的情况，并据此写了一份奏折上报朝廷，言道：

该国王已亡故四年，并无子嗣，仅存一女，年未及笄，即为今之国王。该国有大族二十余家，皆其国之权臣，议事另有公所，只须伊等自行商榷，不受约束。揣其词意，或前此粤省烧毁之烟，其中即有各该权臣之物。……是国蛮夷之国，犬羊之性，初未知礼义廉耻，又安知群臣上下？且系年轻经弱女，尚待择配，则国非其国，意本不在保兹疆土，而其国权奸之属，只知谋取私利，更不暇计其公家……故求索不专在通市。

——选自《琦善奏探询英国各情形折》

问题：（1）根据上述材料，你认为琦善获得了哪些情报？

（2）你如何看待琦善的这份奏折？

这样的题目用第一手史料，很令人信服也很自然地将学生带入鸦片战争的历史情境中去，一方面使"鸦片战争""清政府""英国政体"这些显性的历史因素浮现出来，一方面又隐性地要求学生自觉联系所学，调动知识，如该时期中国社会的封闭落后，英国君主立宪制与责任内阁制的发展，同一时代不同文化之间的碰撞等，通过缜密的思考，从材料中甄别信息并得出相应结论，在客观史料的解读和开放性的设问当中，体现出历史学科求真求实、发微探幽的人文之美。

茅海建先生说过："学术发展到今天，我们手中已经不缺乏结论，相反的是，我们的思考却为各种相互抵牾的结论所累。其中一个大的原因，即为各自所据的史实皆不可靠。"所以，我对于假想历史人物或历史事件以"制造"史料用于教学，总体上不支持。因为用现在人的价值观去衡量过去人，不是唯物主义的研究态度和方法。

### 三、问题意识的培养

张耕华在《历史哲学引论》中说："人们不会无缘无故地去回忆和认知过去的事情，人们认识历史的根本目的是为了解决现实生活中的种种问题。"历史的价值之一在于通过过去认识现在，又从现实出发去理解历史。

1. 历史课要善于营造情境，引导学生发现问题、思考问题和解释问题，带着问题去研读史料，从历史中钩沉回忆和思想，在现实中实现自我审视和借古鉴今。

在关于《苏联的社会主义建设》的同课异构的公开课上，夏辉辉、李树全老师曾经奉献过非常经典的课例。以夏老师的课为例，我们来仔细感受历史"对话"的教学魅力。

导入环节：有一位哲人说，历史"是现在与过去之间的永无止境的问答交谈"，今天我们希望通过一堂课的对话与交谈，了解历史上的伟人们就"什么是社会主义""如何建设社会主义"这一永恒的话题所进行的探索与实践。

展示课题：《社会主义经济体制的建立——对话中的历史》

对话一：马克思与列宁的对话

材料1：马克思设想的社会主义（材料略）

问题：根据上面这段文字，马克思描绘的社会主义是一个怎样的社会？

材料2：列宁的困惑（材料略）

问题：根据材料看列宁的困惑，你发现了什么问题？

对话二：列宁实践马克思的设想

材料3：战时共产主义政策（材料略）

问题：请大家分析一下战时共产主义政策的内容。联系对比上述两则材料，你会得到什么结论？你们"嗅"到共产主义的"味道"没有？

材料4：领袖与人民的对话（材料略）

问题：战时共产主义政策从1918年到1921年差不多实行了3年。这样苛刻的政策，人民为什么能忍受三年？

……

这节课几乎完全使用史料，围绕教材的重点、难点以及能引发思考的内容设疑情境，呼唤出学生对历史问题的兴趣。教学指向清晰，结构干净有力，内容丝丝入扣，必然会取得理想的教学效果。

2. 组织学生以独立思考和合作探究的方式，开展一定程度的自主学习，也有利于培养问题意识。我们今天看到石泉中学的老师们正在使用导学案教学，这是一种很好的学生自主学习手段。

有效的问题在学生的讨论争鸣中，还可能激发出独创性的见解，使整堂课的思维品质得到升华。如在《人性的复苏（欧洲文艺复兴和宗教改革运动）》的教学中，我在课堂上提出这样的问题：既然文艺复兴运动反对神学对人性的束缚，那为什么意大利的先驱们如但丁等人的作品中还充满着宗教的色彩？既然马丁·路德是宗教改革运动的发起者，他为什么还宣扬"信仰耶稣即可得救"？这些问题往往只是引子，学生们在课堂讨论和积极思考中不仅解决了这些，甚至还提出更加复杂的问题：文艺复兴和宗教改革运动实际上在当时的确有"回归传统"的强烈目标和意向。实践表明，问题正是教学的原因和意义所在。

另外，指导学生习惯于学习反思，发现并改进自己存在的问题。今天有两位老师在课堂上设置了"当堂检测"的教学环节，但没有一个老师提醒学生反思自己在掌握和运用知识中存在的问题。这也是在以后的教学中应该改正的地方。

### 四、历史批判思维

"批判"就历史学习而言，是对"历史史实的敏锐性，即发现和捕捉问题敏捷并具有批判性思维"（吴伟《历史学科能力与历史素养》），又叫逆向思维或反证思维，是指独立思考、质疑事物和提出新见解的态度与能力。历史学家柯林伍德讲："要获得真理并不是靠生吞活剥权威告诉我们的东西，而是要靠批判它们……它们必须是靠批判的思想获得的。"对学生而言，这不仅意味着理性科学的态度，独立自主的人格，也意味着扎实的知识、严密的逻辑、广博的视野和出色的表达能力，是一项较高的素养要求。

目前历史课的"一言堂""满堂灌"等传统方式已经被打破，

学生的主动发问、合作探讨必然使具有质疑特征的批判性思维得到发展，同时从近年来的中高考试题来看，也要求学生必须学会自主运用分析、归纳、演绎等技能去解决新的题目情境下的新问题，这也要求教学中对学生批判性思维的培养。以高中教学为例，建议如下：

1. 补充史料，引导学生思考、讨论课本中未充分表述的内容。

目前的教材受制于课时数量、课堂容量，以及考虑到学生的历史认知水平的因素，往往对历史事实的细节的表述较粗略，如人教版高中教材对洋务运动的叙述过于简单，以至于学生无法从近代中国工业化开端、中国外交近代化发展的起点、中国教育近代化的表现、中国军事近代化的探索等方面全面认识洋务运动的重要历史意义，也无法深刻理解救亡图存对中国近代化探索的特殊含义，更无法在后面的学习中，解释中国学习西方由"器物"走向"制度"的必然性。没有纵向的发展性思考，又缺乏横向的对比性思考，学生也只能按死记硬背的方式完成一种低效学习。所以，老师不能只停留在教材本身进行教学，还应该适度补充史料，引导学生思考、讨论课本中未充分表述的内容。

如在必修二的近代经济的学习中，通过历史地图展示洋务企业的分布及主要内容；通过历史图片展示"同光中兴"时期的外交领域重大活动；通过表格表现近代学堂在19世纪60年代以来的发展数量及教学内容变化等，使学生形成对洋务运动更加完整和客观的认识。

2. 引导学生放下"有色眼镜"审视历史。

"长期拥有某种价值观或形成一定思维定式后,对异类思想和行为产生天然的排斥,面对问题不再思考,想当然地重复过去的结论和做法。"要想让我们的课堂充满活力,就要敢于引导学生放下"有色眼镜"打破定式思维,独立、理性地评价历史人物和历史事件。

比如在传统历史教学中,李鸿章的形象几乎全是负面的,常以"妥协""卖国"成为其固定标签,缺少对他的正面认识。教师通过引入史料,指导学生以批判性思维突破成见去评价李鸿章。如在顽固势力以中国传统"道德"责难洋务之时,李鸿章总是机智地迂回曲折找到出路;面对日本明治维新运动,他大声疾呼要当时的人猛醒与努力等。引导学生学会辩证地看待李鸿章对于中国近代化与晚清外的影响,避免落入定式思维的俗套。

再如,中国近代遭受过甲午战争、八国联军侵华以及日本帝国主义侵华战争,导致中日两国在历史问题上的矛盾和外交关系的错综复杂。学生的爱国主义情绪也会转化为对日本的"抵触""敌对"。实际上中学历史教材也注意到对日本历史的客观评价,如"二战"后"日本加强政府投资,重视教育""到20世纪80年代,日本成为仅次于美国的世界第二经济大国"等,教师应该引导学生正视日本迅速崛起的史实和原因,以及它带给国人的启示。不能仅仅停留在"勿忘国耻"上,更多的是要"以史为鉴,面向未来"理性地看待中日关系,否则就会深陷在历史仇恨中而裹足不前。

3. 引导学生用"多棱镜"看历史。

克罗齐说"一切历史都是当代史",这是因为历史事实虽然是客观不变的,但历史叙述、历史理解和解释总是因为时代的变化而变化,因为史学家个人的立场、观念和角度的不同而不同。所以,教师要能够在马克思主义唯物史观的前提下,灵活地运用其他史学范式引导学生从不同的角度去看待历史,不拘泥于过于主观性的"标准答案"和"套路",不滞留于原有的思维层次。这种批判性思维才会促进历史教学质的变化。

例如在讲《辛亥革命》时,有教师展出几则短小的材料以辅助教学。

材料一:尽管在一些地区发生了激烈的战斗(尤其是武汉三镇),1911年的辛亥革命出奇温和。它同时也极为不彻底,因为它只有一个非常消极的主要目标,即推翻清朝的统治。

材料二:没有任何一处地方对一种新秩序、一种民族力量的复兴和国民生活重塑的探索寻求,比在中国受到更长时期的拖延和更多的挫折了。

材料三:先后有8个西南省份宣布反袁,而袁世凯先是推迟登基大典,接着宣布放弃称帝,最后于1916年6月6日忧惧而死。

材料短小犀利,视角独到,前后反映出辛亥革命的另一面:它的表现特征不是"激烈"而是"温和";它所形成的变革包含众多方向的历史诉求而非仅仅是反清革命;辛亥之后的地方力量一度是维护民主共和政体的主力。这些解读不再是单向线性的东西,它使历史丰富、生动起来。

除此之外，全球史观（整体史观）、文明史观（包括生态文明史观）、现代化史观、社会史观等，不仅都是重要的历史学习的考量角度，也往往会由于相互冲突的解读解释激发出新问题、新想法，从而促使学生批判思维得以升华。

# 中学历史核心素养的教学意义释读
## ——安康市"名师大篷车"活动中的专题报告

上一轮课改热潮中，改新课堂教学模式，落实课程三维目标是重点。在我们安康的很多学校，落实学科集体备课论课，采用多媒体教学手段，强调学生课堂活动的设计和组织，推行多样化教学评价方式等，取得了很大的成效。但是，老师也发现，"三维目标"在教学中也面临指向不够明确，学科特征不够突出的问题。在新一轮课程改革背景下，去年教育部颁发了《普通高中历史课程标准（2017版）》（以下简称《课标》），明确提出以"核心素养"作为普通高中课程实施的基本目标，指出它是"学科育人价值的集中体现"，要求在高中历史教学中，将教学目标、教学内容、教学过程、教学评价等聚焦于培养和发展学生的核心素养，通过内容重组和教学化处理，促进学生的深度学习，完成从课程标准到课堂教学的统一一致，实现教育由"教书"到"育人"的转变。

高中历史学科核心素养可以从三个维度、五个方面来理解学习。

**一、三个维度"是学生通过学科学习而逐步形成的正确价值观念、必备品格和关键能力"**

1. 正确价值观。

一是说高中历史教育必须培养学生正确的国家观、民族观、文化观和历史观；二是强调高中历史教育必须服务于新时代中国特色社会主义建设事业，必须培育学生的社会主义核心价值观、人生观。具体讲，就是在学习历史、认识历史、解释历史、评判历史时,必须坚持正确的价值取向,明辨是非,扬善去恶。如看待一个国家,应以富强、民主、文明、和谐为标准;观察一个社会,当以自由、平等、公正、法治为标尺;臧否一个历史人物,则应该以其是否爱国、敬业、诚信、友善为价值准则。

2. 必备品格。

包括政治思想品质、道德人格和史学品格等三个方面,主要指具有历史思维的品质和境界,即以史为鉴的历史意识和思想特质、家国认同的情感情怀和认知高度、人文素养的文化内涵和学术品格、理性思考和有效表达等。

3. 关键能力。

就是能运用科学的史学理论和方法来认识和解释历史的能力。包括运用唯物史观的基本观点认识并说明历史事物的能力;掌握历史时序,将历史事物置于特定时空下进行分析的能力;收集、辨析并能运用史料的能力;运用归纳、概括、比较等思维方法分析历史因果关系,认识历史问题本质,科学解释历史事物的能力;全面、客观评价历史人物、历史事件以及历史现象的能力;发现和论证历史问题,独立提出观点的能力。

**二、与核心素养这三个维度相适应的具体内容**

在《课标》中与核心素养相适应的具体内容被分解为五个方面:唯物史观、时空观念、史料实证、历史解释、家国情怀。这五个方面有着各自不同的内涵和表现,对于培养学生正确价值观念、必备品格和关键能力也发挥着不同的作用和意义。

1. 唯物史观。

唯物史观是揭示人类社会历史客观基础及发展规律的科

学历史观和方法论。正如邓京力在《历史理解与历史解释辨析》中所说："对任何历史现象的描述、对史实的认知最终都要指向对历史发展的结构性、趋向性、本质性的原因及其规律的认识。"我们对历史的认识是由表及里、逐渐深化的，要透过历史的纷杂表象去发现、认识历史的本质，则需要科学的历史观和方法论。新课标要求"了解唯物史观的基本观点和方法，理解唯物史观是科学的历史观；能够正确认识人类历史发展的总趋势；能够将唯物史观运用于历史的学习与探究中，并将唯物史观作为认识和解决现实问题的指导思想"。

对于高中学生而言，应该基本了解的唯物史观主要内容有：社会存在决定社会意识；生产力决定生产关系；经济基础决定上层建筑；正确运用阶级分析法；人民群众是历史的创造者；人类社会形态经历了从低级阶段向高级阶段的发展。

其中最重要、最常用的应该是前三条。以社会存在决定社会意识的观点为例，现行高中教材必修三中比比皆是：春秋战国"百家争鸣"折射出的时代巨变；宋元明清市民文学的兴起与发展；西方人文精神的起源、发展的历史背景等。另外，我在"新航路的开辟"一课中，以"马可·波罗的多变形象"为题，围绕14到15世纪的西欧，这个历史人物的大众印象从"马戏团表演中的小丑"，转化为"伟大的传奇探险家"，引导学生思考商品经济冲击下的社会意识观念变化，使他们逐渐体悟唯物史观在历史学习中的价值意义。

在历史教学中，唯物史观作为指导思想的同时，并不排斥运用其他史学研究和工具来解决问题，如全球史观、近现代史观、社会史观乃至历史心理学的方法。同时还应该认识到马克思主义唯物史观，强调"全部人类历史的第一个前提无疑是有生命的个人的存在"，所以不能用机械的生产决定论或环境决定论湮没人的实践创新和人的相互交往、思想互动，以及个人对历史、社会的独特价值。

2. 时空观念。

时空观念是在特定的时间联系和空间联系中对事物进行观察、分析的意识和思维方式。

不同于其他学科，历史研究的对象是发生在四维空间中的事件（因为加了一条时间轴），没有完全相同、可以叠置的历史事件，它们都是在特定的具体的时间空间中发生的，所以只有在特定的时空框架当中，才可能了解历史发展过程中的时间逻辑与空间逻辑，对它们有准确的理解和定位。时空观念这一核心素养，既是认识历史的观念，也是认识历史的方法。

《课标》要求：（掌握）划分历史时间与空间的多种方式，并能够运用这些方式叙述过去；能够按照时间顺序和空间要素，建构历史事件、历史人物、历史现象之间的相互关联；能够在不同的时空框架下对史事做出合理解释；在认识现实社会时，能够将认识的对象置于具体的时空条件下进行考察。

在实际教学中，以"孙中山的三民主义"为例，我的教学思路是以时间为线索统领整节课，以"站在历史的拐点上"为题，围绕"孙中山的1894年、1905年、1912年、1919年和1924年"，把人物带进历史，以时间递进下的中国近代社会嬗变的五个节点为支柱，构建孙中山早期革命思想、三民主义的提出，以及后期对三民主义局部的调整，从而实现历史地认识、评价人物和思想的目的。

人教版现行高中教材中，"新民主主义革命"仅有一节课（最起码课题是这样），如何完成教学？我的教学设计是以空间变化串联整节内容，以历史事件充实抽象的历史概念（如"左"和右的错误），以"新民主主义革命之路"为题，以"北平——上海——广州——南昌——井冈山——延安——北平（北京）"为纲，在五四运动、中共成立、国共合作、"农村包围城市"、解放战争等历史事件中建立联系、形成时空逻辑，从而很好地完成了教学。

3. 史料实证。

史料实证是指对获取史料进行辨析，并运用可信的史料努力重现历史真实的态度与方法。

从事历史研究和叙述者，终究还是社会中的某个人或某些人，所呈现的历史知识体系及价值评估体系，难免会带有自己的偏见，并影响到我们对历史的学习和认识。因此，胡适说研究历史要"有一分证据说一分话"。史料既是我们揭示历史真相不可或缺的证据，更是我们理解历史、评析历史的基石。要得到对历史的科学、客观的认识，就必须重视史料的搜集、整理和辨析运用，这是历史学的最基本的方法。

《课标》要求：了解史料的多种类型，掌握搜集史料的途径与方法；能够通过对史料的辨析和对史料作者意图的认知，判断史料的真伪和价值，并在此过程中体会实证精神；能够从史料中提取有效信息，作为历史叙述的可靠证据，并据此提出自己的历史认识；能够以实证精神对待历史与现实问题。在教学中要引导学生认识史料的重要性，判断和辨析史料，运用史料形成新的问题视野，提出自己的历史认识，构建属于自己的历史叙述。

少讲些结论，多用些史料，才能培养学生"史由证来，论从史出"的历史证据意识。如在关于西周"分封制"的教学中，我的做法是结合历史地图，给出这样一段文字：

> 武王追思先圣王，乃褒封神农之后于焦，黄帝之后于祝，帝尧之后于蓟，帝舜之后于陈，大禹之后于杞。于是封功臣谋士，而师尚父为首封。封尚父于营丘，曰齐。封弟周公旦于曲阜，曰鲁。封召公奭于燕。封弟叔鲜于管，弟叔度于蔡。余各以次受封。
>
> ——《史记·周本纪》

然后设问：被分封的是哪几类人？周王分封的目的是什么？——对历史的认知最好是在史料基础上由学生自己完成，而不是由老师处处给定"死知识"。

在史料选用方面，我还要给出一些建议，一个是史料选用要多样，注重文字、图表、口述等史料兼顾，第一手和第二手史料兼顾；二是要注意史料内容或视角、立场的多样，以拓宽学生的视野；三是要遵循"以学定教"的原则，注意史料选用的典型性、适度性和适应性。

4. 历史解释。

历史解释是指以史料为依据，对历史事物进行理性分析和客观评判的态度、能力与方法。它是历史学科"关键能力"中的关键，"核心素养"中的核心。

朱汉国教授认为，"所有历史叙述在本质上都是对历史的解释，即便是对基本事实的陈述也包含了陈述者的主观认识。人们通过多种不同的方式描述和解释过去，通过对史料的搜集、整理和辨析，辩证、客观地理解历史事物，不仅要将其描述出来，还要揭示其表象背后的深层因果关系。通过对历史的解释，不断接近历史真实"。

夏辉辉老师的主张是历史解释应该以"历史叙述"为表现形式，以史料证据为支撑（历史研究里的客观存在），以历史理解为基础（历史研究中的主观意识），以唯物史观为导向（揭示因果关系，反映历史趋势）。以她的《苏联社会主义建设》的教学设计为案例，通过马克思、列宁、斯大林关于"社会主义"的观点著述和文献记录，创设他们之间跨越时空的"对话"情境，学生在"穿越"历史中理解历史，明了苏联早期社会主义建设中的曲折反复，揭示经济规律、制度创新在历史发展中的价值与冲突，在史学研究和历史教学中成功架起了桥梁。

从历史解释的视角，我在教学实践中尝试设计过一系列主题教学，也取得了较好的课堂效果。如在《文艺复兴运动》一课中，我以"人文精神的觉醒"为主题，通过"人的沉沦与呼唤（原因与条件）、人的发现与发展（早期与高峰）、人的追寻与反思（实质与意义）"三个主要内容展开教学活动；在《英国君主立宪制度的确立》一课中，我围绕"议会与王权"，通过"生存之争——议会夺权的斗争；主权之变——议会主权的确立；完善之途——议会权力的扩大"，把英国资产阶级革命、《权利法案》、责任内阁制形成顺理成章地连接起来，使"限制王权、议会至上"的英国君主立宪原则得以清楚呈现。

在历史教学中，培养学生历史解释的能力，最常用的方法是问题导引和历史议论。通过适合的历史史料或材料设置问题，引导学生深度思考和探讨历史；通过课堂讨论，课后习练尝试形成个性化的历史叙述，学生逐渐认识和掌握了历史解释的正确方法。

5. 家国情怀。

家国情怀就是要从历史中汲取精神财富，培养学生养成积极、健康的人生观、价值观，以及关注国家命运的情怀；形成对祖国和中华民族的认同感，理解中华文明的历史价值和现实意义，坚定自觉传承和弘扬中华优秀传统文化的信念；同时也使学生形成正确的国际理解意识，尊重、理解、包容世界各国、各民族的文化传统，形成面向世界的开放心态和胸怀。

高中历史教学用毛经文老师的话通俗地说，就是培养"四种人"：一是自然人，即做一个身心健康的人；二是社会人，即做一个人品高尚的好人、善良人，有正确的三观；三是国家人，即做一个"对自己国家持有高度认同感和归属感、责任感和使命感"的人，有"为实现国家富强、人民幸福所展现出来的持久的理想追求"，有"对自己国家和民族乃至整个人类前途和命运所表现出来的深情大爱"；四是世界人，即具有世界眼光和世界胸怀，关注人类前途命运，了解世界发展趋势，理解各国优秀传统文化，尊重文明的多样性等。

历史学科核心素养三个维度、五个方面从根本上是一个整体，相互之间联系渗透，无法分割，但又各有其地位作用。只有深刻认识它们的意义，并在教学中培育学生的这些素养，才能真正达到立德树人的教育目标。

## 新课改背景下实效教学的思考与建议

"课比天大",据说是被誉为总统人才摇篮的耶鲁大学教授们的口头禅。对于教学工作而言,想不出有比课堂更重要的所在。目前各地中小学的课堂改革如火如荼,教师的课堂教学方式、学生的课堂学习行为正在突破传统发生变化,这是了不起的进步。但是也必须承认,有些学校的课改急于求成甚至于好大喜功,出现了不同程度的问题,尤其是在"高效课堂"的热潮中的一些现象,使课堂教学正在走向误区。

正因如此,我认为更加需要实实在在地从常态性课堂教学改革做起,大胆实践,小心论证,使其最终落地于课堂教学之实效。

### 一、"高效课堂现象"

2011年以来,"高效课堂"成为一个公认的提法和目标,大部分中学都围绕课堂教学的组织管理、资源建设、教学结构、教学手段和评估方式努力推进改革,也取得了比较明显的成效:比之以往,学生在课堂上学习的主动性和积极性大大提升,参与度明显提高,教师的课堂教学风格也更加丰富,部分老师的教学能力和课堂表现令人刮目相看。但是,伴随"高效课堂"成为一种学校教学中的普遍现象和流行符号,其自身却暴露出了越来越多的问题。

"高效课堂"的通用方法有四个。一是由教师给学生设计导学案,采取"先学后教",把学生的"学"放在教师的"教"前面,培养学生的自学能力;二是在课堂上分成学习小组"合作探究",以加强学生在学习中的主动参与及"互学"意识;

三是"课堂展示",由学生(小组选代表)汇报展示学习成果,也便于老师诊断学生在学习知识中存在的问题;四是当堂"达标测试",检验学习成果,反馈存在问题。

"高效课堂"特别强调学生的主体地位和自主学习,如杜郎口中学的"10＋35模式"就规定教师讲课不得超过10分钟,学生自主学习不得少于35分钟,宣称"砸掉讲台""封老师的嘴",使课堂变成"知识的超市,生命的狂欢"。

"高效课堂"之下,教育家陈鹤琴"没有教不好的学生,只有不会教的老师"的提法一度成为课改圭臬。洋思中学推行"先学后教,当堂训练"的模式,提倡教师集体备课讨论学案设计,减少课堂讲授,加大课堂自学时间,用课堂达标检测的方法,完成学习任务的"三清",即"堂堂清""天天清""周周清"。

受到启发的"高效课堂"在各地发展出不同的形态。经济文化发达地区如上海等地相对克制,出现了"后茶馆式教学"以及建立在科技硬件基础上的多媒体课堂教学。经济文化相对落后的地区与学校,则同时参考了衡水中学"全方位无死角管理"和"感恩激励教育"的方法,创造出德育教化前提下的"高效课堂",如宜川中学大力推行"自主展示型课堂"模式(自主学习——讨论展示——检测小结三环节导学式课堂),辅以各类德育教育活动,激发学生的主动学习愿望。

在经历了考察取经、反复培训之后,"高效课堂"逐渐有了"本土化"发展,大致经过了三个阶段。

第一阶段主要是参观学习、引进经验,在经过充分动员后,直接仿照推行所学来的"模式化教学"和"精细化管理"。第二阶段主要是总结经验,结合实际情况及多方意见予以改进,开始形成"高效课堂"模式的校本化、多样化,如两步四环式、三步五环式、三三四加 N、五环导学法等——当然根本上仍然围绕导学案、课堂教学结构分解、学生合作探究及检测等。第三阶段情况稍微复杂,一方面各校纷纷通过反复磨课打造"精品"以"巩固成果、形成推广经验",一方面又小心翼翼地把毕业年级的教学隔离保护于"高效课堂"之外,并适度收缩学校对课堂教学的直接干预,把"高效课堂"目标逐渐改为"有效教学""实效教学",其中曲折反复可想而知。在高中,这种"教改分离"的问题随着学段增长而递增,使一些"高效课堂"变成了食之无肉、弃之有味的鸡肋。

所以,克服浮躁情绪与形式主义,冷静思考课堂教学的内涵本质,结合各自的实际情况,切实提升以学生为主体、以教师为主导的常态性实效课堂,才应该是我们大家目前急需解决的问题。

## 二、当前课改的常见问题

当前的课改是继 20 世纪八九十年代以来,面向时代、面向国际化课改潮流的一次重大教育改革,新旧理念方法相距不远并形成共振,泥沙俱下,百味杂陈,即便是各路专家的主张也未必相同——"北魏南李"之魏书生,就坚持"双基教育",反对"三维目标"。但教师在课堂教学改革中的问题却是有共性的。

1. 有备课,缺思考——课前准备不足。

教师备课很大程度上仍然只局限于教材和教辅,参考以前的教案成例完成初步备课;从网络上囫囵吞枣地下载课件和导学案，或略做删减修改用作课堂教学。

对于教什么，要么完全凭印象，要么完全照搬课程标准的简略用语。而对于怎么教，则基本上跟着课件和学案走程序，没有足够的思考：学生的实际基础和能力怎么样？导学案的目标有没有层级逻辑？题目的习检功能是否有针对性？所以课前准备更多变成了"体力活"。

2. 有教学，缺学习——课堂教学主导和主体的角色紊乱。

毫无疑问，教师是课堂教学的设计者、组织者、推进者、管理者，而学生是课堂教学中的学习者、发现者、参与者、体验者，教师主导和学生主体地位的形成是教学行为的内在逻辑所决定的。教师不能主观认为在课堂上我想教什么，就能够教到什么，学生就会学到什么。

周彬教授在《课堂密码》中呼吁"莫把课堂当校场"，认为部分老师的教学从设计到课堂都只有自己，没有学生。课堂上教师尽情发挥，"教"得自得其乐，但是缺乏结构，缺乏核心，在全力以赴的一节课后，"学生拥有了一堆砖，却不得不忍受无屋可居的痛苦"，因为他们压根儿没有搞懂怎么学和学到了些什么。

3. 有活动，缺参与。

课改强调学生的学习主体地位，以及参与学习、体验学习与合作学习，因而各类课堂活动勃然兴起。但是，课堂活动的有效性取决于它的教学价值。如果游离于教学目标之外，脱离了教学重点或学生实际能力而发起课堂活动则无益于学习兴趣和课堂思维培养，就变活动为"胡动"了。例如，课堂上的小组合作学习本是一种高难度的团队建设，它需要师生互信和长期培养，需要和谐的成员关系，积极的问题意识，良好的笔记习惯，强烈的内在驱动力等，以及老师指导下的科学合理的分组。形式上的分摊围坐和零星交流，往往成了公开课的一种"秀"，怎么可能使学生真正参与到学习中去？

4.有习题，缺问题。

课堂达标检测习题的做法，我认为是"短平快"效益思维所致。学生所学的知识未经认真咀嚼反思，一味去现学现卖地做习题，而且多是重复性或相似性习题，就不可能形成深刻的结构性认知，更不可能从所学之中培养出独立发现和解决问题的能力。另外，有些老师把"题海战术"以"翻转课堂"的名义大量安排到课后，"以空间换时间"，牺牲学生的课外时间弥补低技术含量的课堂缺陷。

还有很多让人不满意的现象，不一一列举了。课堂存在的诸多问题，既有教育管理层的盲目冒进，更因为从教者自身缺乏对课堂教学的深度思考和探讨研究，未能在课堂教学中寻找出行之有效的正确方法。

**三、有效教学的四点建议**

所谓实效教学，就是坚持以学定教，注重教学策略的优化和学生学力的培养，从而推动教学效果稳健提升，促进学生与教师共同成长的常态性教学。我在这里给出以下的建议。

（一）着眼学科本质的简约课堂

课堂教学要着眼于学科本质的思维、方法和表达，删繁就简，突出教学核心目标。

1.课堂教学结构要简明透彻。

课堂教学结构从设计到实施，始终应该围绕重点知识和学生学习来展开，可有可无的环节必然是应该淘汰的环节。课堂导入要简明，以能激发学生的兴趣和思考为好；过渡之处简洁清晰，以导向正确为要；展示内容要删繁就简，课堂问题、情景设置和课堂活动都要依据教学目标和具体学情，以精准、精要为佳，课堂小结和练习更要突出关键知识，体现学科思维，不应长篇大论、指向模糊，整堂课应该给学生比较清晰的脉络。

2. 课堂教学语言要简练生动。

不同于演讲和辩论，也不同于戏剧与朗读，课堂的教学语言需要经过长期的锤炼，以及课前的充分准备，以了然于胸的状态走进课堂；才能有简练生动的教学语言，清晰的观点表达、流畅的讲解对话、明确的问题指向；才能精准地抓住知识点，生动地引领课堂；才能游刃有余地推进教学过程和组织教学活动。特别是语言类的课程，更要尽可能避免冗长烦琐和空洞不实，或情感淡漠与刻板教条的语言表达，如卡耐基所说"只有画面般的语言是刻在钢板上的字，让人永远难忘"。

3. 课堂教学媒介要简易实用。

现代多媒体技术以其迅捷的内容展示、丰富的呈现手段，以及多种资源的连接与调度，极大丰富了课堂教学手段，几乎成为绝大部分教师课前设计和课堂教学的必备内容。但是，正如"女人的化妆，有则更美，过则不当"，一些课堂过分追求大而全的万花筒式课堂"效果"，声光电一起上，搞得学生眼花缭乱、目不暇接，完全冲淡了教学的主题，忽视了多媒体技术本质上只是教学的辅助手段而非中心内容这一事实。所以，课堂上的多媒体一是不能用作电子板书（常规板书必须保留，因为那是课堂内容的"提示牌"），只能是用作情境创设、素材引入、实验动画、习题展示等；二是尽可能不要用太大的量和太复杂的形式，只要专注于重难点内容和学生的积极思考就好。

（二）基于知识分类的教学策略

所谓"以学定教"，一个是依据学生的现有知识储备和能力水平进行教学，另一个就是根据知识的分类进行教学，简单地说就是"教什么"决定"怎么教"。在这里，我们主要讨论的是第二种情况。

结合布鲁姆和加涅的目标分类，结合目前的高中教学实际，几乎所有学科的教学知识上都可以分为三级，即基础知识、关键知识和核心知识，这也就决定了三种不同的教学策略层次。

1. 基础知识，是教学内容中的"有哪些""是什么"，是比较浅显的事实类陈述性知识，以观察、识记为主，往往也是《课标》中最基本的知识目标和能力要求。可以通过设计（导）学案，指导学生自己课前预习，课堂中"读""说""记"等教学活动，以及适度的课后作业来学习与巩固。基础知识很重要，但是切不可依赖简单枯燥的机械的训练（大部分学校就是这么干）来强化，那只能是短期效果——要把一堆东西硬塞进脑子，多痛苦的事情啊！老师要动脑筋、用智慧，尽可能用有趣的方式和学生互动，让这些知识生动起来。

2. 关键知识，是教学内容中的"为什么""怎么样"，属于理解性或程序性知识，包含对学科知识中的重难点的认识和应用，如重要概念和公式的理解与推导，具体知识点的学科构成要素，以及组织结构方法等。关键性知识的把握和教学，是一个教师学科能力的重要体现。成熟型老师大多能够比较熟练地在教学设计和课堂教学中，突出重点、突破难点，归纳强调知识主干和强调学科能力，并适度加大教师的主导力度，以确保关键知识的讲解"到位"。但更加正确的方法，可能还是在教师引导下，由学生自己完成理解、归纳、演绎和运用。

3. 核心知识，则是围绕学科核心素养，抓住学科本质的核心概念、思想与方法，以及学科知识的内在关联与自觉意识。教育部于2017年已经颁布了高中课程各学科的核心素养标准。由于跨域太宽和时间关系，我们将在后面分学科开展交流分享，但着重关注的，应该要强调学生的深度体验和学科思维、学科表达及学科价值的潜移默化。

上述知识分类可以概括进以下表格中。其中，"学习过程"也必然体现学习方法，并借此生成教学的多样化策略。而关于其中"价值"层面的学习，我们将其另外纳入下一个题目中讨论。

| 层面 | 生成性质 | 学习过程 |
| --- | --- | --- |
| 事实 | 事实性的现象、方法和技能 | 观察、描述、识记 |
| 概念 | 事实—概括—特征 | 归纳、抽象、理解 |
| 方法 | 问题—模式—资源 | 反思、探究、批判 |
| 价值 | 目的—态度—情感 | 体验、换位思考 |

（三）促成深度学习的问题式教学

受到脑科学、人工智能领域新成果的推动和启示，教育科学领域的深度学习也正引起课堂的深层次变革。所谓深度学习，是指超越表层学习和陈述性或程序性一般知识，深入学科思想、学科价值的高阶思维与整合性学习，强调通过发现、转化和解决问题，形成思维与能力的高质量提升。

"复杂的问题情境不仅是学科核心素养发展的最佳场域，而且是深度学习展开的最佳场域。"（李松林教授"深度学习"理论）围绕高质量学科问题的设计和应用，可以形成这样一个课堂教学思路：设计核心问题以解构知识——展开综合性问题以提升思维——抛出开放性问题、实践性问题以培育素养。

首先是研究教学内容和知识结构，寻找其中统摄性核心知识并形成问题目标，完成具有申辩思维或综合特点的核心问题的设计。如高中历史《英国君主立宪制度的确立》中的设问：革命后的议会为什么要保留国王，而且是"双王"？在语文教学《祝福》一课中的设问：鲁迅明明写的是祥林嫂，为什么把题目写成是"祝福"？等等。

其次是从核心问题出发，形成子问题群（或者叫"问题串"）的设计、生成和运用。同样以英国君主立宪制为例：革命前的王权为什么可以"任性"——如何才能限制住王权——你如何解释英国君主立宪的特点等。问题的设计要层层递进，引导学生由浅入深地形成深度理解和思考，并体验在问题解决中的个人主体地位的真正形成。同时，教师随机追问、反问能持续生成学生的主动质疑与反思，从而促成问题目标的发展性实现。

最后是开放性问题和实践性（项目任务）任务问题的提出，这也是深度学习的最终落脚点，目的在于引导学生运用所知所学，自主地发现新的视角，提出解决实际问题的方案与设计。我们相信，这正是学习者真正的目标所在。

（四）关注学生成长的课堂建设

雅斯贝尔斯曾经说："教育的本质意味着：一棵树摇动另

一棵树，一朵云推动另一朵云，一个灵魂唤醒另一个灵魂。"深度教学离不开良好的课堂环境和氛围，离不开学生对课堂教学的深度参与。

1. 课堂对话。

如果课堂教学只是教师单方面地讲授和训练做题，缺乏民主平等的对话与沟通，就无法引起学生的心灵深处的变革，不能形成深度学习。因此，教师需要提出合理的话题，引起学生对话的兴趣、好奇和主动求知欲望；通过倾听和回应不断激发学生的思考和参与，实现情感和思维的交融、碰撞；运用言之有物的赞赏和观点明确的评价引导和激励学生在课堂上学习对话、敢于表达。

2. 课堂管理。

英国教育学家麦克·马兰说："教师授课最高理想的实现是依赖于好的课堂管理的。课堂管理不仅独立于科目存在，也独立于教学方式存在。"建立以课堂为中心的学习共同体，培养分组合作与自主探究；重视课堂活动与个性体验，以适应学生的个性化发展需求。但是好的课堂管理不应该受到僵化的方式或"模式"的制约规划。只有活跃气氛而没有屏神思索和思维交锋的课堂，和死气沉沉的课堂一样不健康。最好的课堂管理，来自课堂规则、教师魅力和教学智慧。

3. "育人"价值。

不同的课堂，有不同的文化品格和价值观念，或隐或显地浸润其中，不同的学科都蕴含着不同角度的"育人"价值。我们应该知道，学科知识在课堂教学中只是资源与手段，"育人"才是教学的根本性目的。所以，通过课堂教学的知识感悟、参与体验和交流分享，实现教学的深层价值，如培育学生的生命价值、主体意识、科学态度、和谐思想等，使知识恢复到鲜活的状态，使教学与人的生命、生活紧密关联，使课堂从形式到内涵呈现出生命状态，为学生的终身发展奠定基础。

最后，引用山本玄绛禅师的一句话："一切诸经，皆不过是敲门砖，是要敲开门，唤出其中的人来，此人即是你自己。"希望与各位共勉！

# 历史随笔
——清末民初历史人物

历史从来不是一条直道，总有若干转折分岔之处。假如你对中国历史有足够的情感和兴趣，那你一定会久久伫立在清末民初，认认真真地观察和思考，这个有着几千年文明的古老国家，面对突如其来的外力推挤，是如何艰难地徘徊于传统和现代的十字路口的。在茫然的人群中，你会看到一些特别的身影，或是步履蹒跚，或是翘首仰望，或左支右绌，或东西奔波，他们以不同的姿态牵引着近代中国的历史之轮缓慢移动。透过迷雾侧看他们，也许你忽然间会领悟，我们的文明所留下的历史轨道与遗产不仅厚重，而且沉重。

**清末民初历史人物（一）**

## 慈禧太后的权与能

历史对慈禧的评价也经历了一个范式的转变，在诸多戏说历史里，慈禧被描绘为一个专权、跋扈同时又擅长权谋私计的女人，认为清政府正是因为她而亡国。对于慈禧太后的负面评价，主要基于以下几项：指责她挥霍无度的个人生活，为修建颐和园而挪用海军军费；指责她阻碍了现代化的历史进程，认为洋务运动中，慈禧正是顽固派利益的代言人，而后戊戌变法又因为慈禧发动政变而失败，最后的清末新政也被认为是她被迫无奈的策略；指责她为人刻薄寡恩，擅权跋扈，例如对同治和光绪两位皇帝的压制，对同治皇后和光绪后妃的残忍手段；指责她在列强面前卖国辱权，例如辛丑条约签订之时她称"量中华之物力，结与国之欢心"。

但是伴随着历史研究的深入，一些研究者对于这些指责也进行了翻案和再评价，例如姜铎在其研究中认为，洋务运动中，慈禧太后在三次顽固派和洋务派的主要争论中，都力挺洋务派。他认为某种程度上，没有慈禧的支持，洋务运动很难开展起来。还有人认为，慈禧太后挪用海军军费进而导致甲午海战失败一事也有待考证，例如学者叶曙明认为慈禧所用的海军经费并不等同于海军军费，并未直接影响甲午海战购买巨轮的支出，而且慈禧生日宴会的支出很大一部分也来自地方和宗亲报销。

同时也有学者认为，清末新政之举措实际上比戊戌变法的决心和力度都要大，其进步性也不可否认。如李锦全认为，慈禧太后晚年实行的清末新政单从稳妥地废除了科举制度和系统性地为现代社会立法奠基来看，就有极大的进步性。但即使细节上的指责有诸多翻案，对于慈禧的历史评价，总体上仍然认为，她作为清政府的最后一位统治者，有政治权谋却无治国之能，无力承担中国社会迈向近代化的历史责任。

在具体的政治情况中，慈禧太后的合法性实际上受限于正统的皇权政治秩序，而晚清历史时期，皇帝的羸弱，无论是早逝的同治帝，还是政治上相对幼稚的光绪帝，都在政治智慧和权威上无力和慈禧太后抗衡。

封建帝制之下"化国为家",国家公共事务被贬低为家族内部事务,加之清朝八旗的制度传统,使得君臣关系等同于主奴关系,这种畸形政治为慈禧太后以权驭人创造了最重要的条件。作为内朝势力和后宫势力,慈禧太后虽然没有受过正规教育,也没有依照儒家伦理统治廷臣和管理宗室的资格,但"母以子贵",在"祖宗家法"的名义下听政训政,她凭借着一部《治平宝鉴》和一本《帝鉴图说》学习揣摩帝王之术,很快就能够熟练运用权谋驾驭众臣,先后重用奕訢、载泽、奕劻等满洲皇族,和曾国藩、左宗棠、李鸿章、袁世凯等汉臣领袖控制时局,在洋务派和保守派之间纵横捭阖,于同治、光绪两帝名义下多次卷帘归政又垂帘听政,"朝廷大政,必请命乃行",在四十余年云谲波诡的晚清政治中屹立不倒,其权谋之术可谓强矣!

由于她的权力根本上来源于皇权,这就决定了她只能凭借与皇权的血缘关系进行执政,也就是垂帘听政。此特殊政体始于汉朝,因惠帝不理政事故吕后亲自临朝,其后北魏冯太后、唐代武则天,以及宋代多位皇太后都曾临朝称制,但是终究不能更改宗法传统下的父权政治规则,无法获得广泛意义上的政权合法性,反而因为处处只是着眼于巩固自己的权威地位,视国事如家事,在学习洋务、变革官制、剿抚和战等方面往往摇摆不定、进退失据。尽管近年来的史学研究对慈禧的统治有了越来越多的新共识,如基本上认定"没有慈禧的支持,开展规模那样大、时间那样久的洋务运动,根本是不可想象的",但是也认为"终年避居深宫的慈禧,既没有近代化的科学知识,也没有近代化的思想意识,她对洋务事业的支持与否,全凭其高度的政治敏感性"；认为在中法战争中慈禧"乘胜即收"的决策符合客观情势，"不应该受到苛责"，但是在甲午战争时盲目支持开战，和战争时期贪图享乐虚荣大办万寿庆典，则表现出对国内外形势的颠顶无知和短视；在维新运动中她一度同情和支持了变法活动，却又发动戊戌政变阻断变革之路。她听信载漪等人所谓"列强勒令太后归政"的假通牒，不惜利用义和团而引来"庚子拳乱"，在八国联军威逼天津之际，她居然下旨派"戒律精严，深通佛法""有六甲神兵"的神僧普济来解救国难，"表现出惊人的愚昧"。八国联军侵华战争后慈禧痛陈己罪，开启新政，甚至接受了"立宪"的建议，但是在发现"立宪"必然"限制君权"的真相时，则"半顷不语"，直到死前仍然喟叹："误矣！毕竟不当立宪！"

要之，如上所述，正是慈禧统治的基础，即依附于皇权的后宫势力，很大程度上决定了其无真正政治家的魄力和远见去统治国家，尤其是在清末风雨飘摇的国家命运中，她唯一能做的，仅仅是以一个家长或是族长的身份维持她自身的权力和威望，在形势的逼迫下被动地调整人事安排与统治策略。至于整个帝国的出路和未来命运，她则是既无心考量也无能为力的。

## 清末民初历史人物（二）

# 康有为的志与术

近代以降，晚清统治风雨飘摇，所面对的威胁不再是漠北铁骑的进攻和西北、西南的作乱，而是来自西方坚船利炮、廉价商品和宗教文化的猛烈冲击，是为"三千年未有之大变局"。

在镇压太平天国的过程中，以曾国藩为代表的传统士人得以从地方崛起，并企图通过引进学习西方的军事技术和工商业务，以挽救时局，平息内忧外患，维护中国传统的政治体制和道德文化，是为洋务运动。以张之洞之言，则可概括为"中学为体，西学为用"。但是经历三十余年后，竟再度败于"弹丸小国"之日本，足以见此移花接木之术不可行。国门洞开，主权破坏，文化优越不复存在，内则人心思乱，外则列强虎视。空前的民族危机之下，康有为成了引领新改革的风云人物。其人其言其行颇为复杂，后人褒贬不一。用高中历史教材的"正统观点"看，他无疑是"资产阶级维新派"的代表，倡导维新变法以发展资本主义、挽救民族危亡；其不足主要在于改良道路的"软弱性"，及改革策略不成熟。而另一种观点如傅国涌所言，则康有为是投机者和伪君子，"一个不是圣人却立志成为圣人的人，一个处心积虑要做帝王之师的人"云云。近年来史学研究界否定他的呼声愈来愈盛，值得深思。即将进入戊戌变法120年之际，本文也试图以维新变法时期为主要历史背景，简略评价康有为。

康有为身上体现出中国传统知识分子"修齐治平"的典型

理想，其所处之中西文明的碰撞时期，正是中国社会从传统向现代艰难转型的阶段。他以尊孔保教为毕生之志，以"大同世界"为政治理想，力图通过吸纳西方民主与科学思想和进化论观点，重新构建中国儒学的价值观念和全新系统，改革时局以挽救民族之危亡，并以此"保教""保国"。并以之为后半生所坚持不懈的立场与追求，可称之顽固，亦可称之为守志。

实际上在甲午战争以前，洋务运动已经走入死胡同，器物层次的技术引进和模仿翻版，无法解决促进中国社会发展进步的内在驱动和机制问题。而康有为则援用今文经学的微言大义阐发己见，在《新学伪经考》中提出了"六经皆伪"的惊人命题，又在《孔子改制考》中宣称孔子为托古改制的先师，先声夺人地为其制度改革提供理论和权威的依据；还从儒学"三世"之说出发，提出人类社会必然沿着"据乱、开平、太平"的顺序渐进地向前发展，从君主专制走向君主立宪，进而到民主共和时代，并据此提出中国应该实行"伸民权、设议院、实行君主立宪"的政治变革，以适应时代变化。

同时，面对汹涌而来的西方宗教文化潮流，作为传统知识分子的康有为则充满焦虑："全地球四洲，除亚洲有孔子、佛、回外，其余皆为耶（教）所灭矣！"所以在1895年"公车上书"中呼吁："孔子为经世之学，鲜有负荷宣扬……吾县仅有孔子一庙，岂不可痛哉！"在维新运动期间称："唯有孔子，真文明世之教主，大地所无也！"受欧洲中世纪基督教神权政治影响，他希望借孔子以立教，借孔教以干预王权、实施改制，并实现其"尊孔保教"之志。

但是，从宣扬"孔教"理想到戊戌变法时期所从事的政治活动，康有为仍然无法摆脱传统中国政治斗争的方式与手段，可以谓之为"术"。

1895年中日《马关条约》的签订，战败后巨额赔款和大量割地的屈辱刺激了空前的民族主义情绪。康梁等人因"公车上书"名声大振，进而创立学会报刊，并多次上书光绪皇帝主张变法。1898年（戊戌年）于列强瓜分日盛之际得光绪皇帝召见，被委任筹划变法事宜，走上"托身明主、展才济世"之路。

先是在"百日维新"期间，意图借皇帝名义实行全面改革，短短103天之中，发出有关改革的"上谕"竟达110多件，内容激进，如废除八股取士、裁减处分官员，一度鼓动光绪"先断发易服，诏天下同时断发"，甚至主张聘用伊藤博文，实行"中日英美合邦"，不切实际且树敌众多。

在反对声音越来越大，新法困难重重之下，康有为等不惜制造谣言，借口慈禧太后图谋废除和伤害光绪，最后开始谋划军事政变"围园杀后"——围攻颐和园除掉慈禧太后以"还政于皇上"——完全是忠臣义士铲奸佞、正君心、光复大统的传统套路，也仍然是传统士人在现实政治中所表现出的固有惯性，而在戊戌政变之后的种种虚构之辞，也反映出其重"术"的特质和政治品行。

尽管如此，不执着于个人道德，而仅仅站在历史发展的角度看，汪荣祖先生曾评说康有为"故当忧患之世，往往但求独善其身，鲜能敛袂而起，冒险犯难，以救国救民自任……康有为以一介书生鼓动风潮，激扬一世，声名匹敌帝王将相，可称异数，洵不多见"。得此评价，康南海足矣！

## 清末民初历史人物（三）

### 袁世凯的识与势

重读唐德刚先生的代表作《袁氏当国》，读完后印象最深的一句话便是"袁世凯在中国近代的历史转型期中，也算是一个悲剧人物"。关于袁世凯这个历史人物，多数人的印象大致集中在其戊戌年"告密"和丙辰年"称帝"这两件事情上，对其评价基本上离不开"窃国大盗"这四个字，而且在中学的教材中，也习惯沿用"袁世凯窃取了革命果实"这样的话语判断。陈寅恪先生曾提出，在历史研究中要有"了解之同情"，即借助历史上遗留下来的各种史料，想象历史人物在历史活动中的处境，站在古人的角度去思考，从而能够设身处地同古人进行交流和对话，并借此形成对历史的还原和重构。本文试图从此角度对袁世凯进行分析。

袁世凯是晚清时期一个以军功起家的人物。1881年，22岁的袁世凯正式投身军旅，不久便出色地协助平定了朝鲜壬午兵变和甲申之乱，借此得到了时任直隶总督兼北洋大臣李鸿章的赏识与信任。而后袁世凯被清廷派驻朝鲜长达9年，以其过人的胆识竭力抵挡各国对朝鲜的染指，有力地维护了大清的"宗主国"地位。甲午战败后的清政府亟待军事的进一步改革，但可以依仗的军中功勋，特别是平定太平天国的汉臣已逐渐老去，而为清政府打下江山的八旗之兵早已腐败不堪。此时此势，使在朝鲜期间获得"知兵"声誉的袁世凯乘机而起，开始在天津小站训练中国第一支现代化意义的军队，即"新建陆军"。20

世纪初期,李鸿章、刘坤一和荣禄这几根支撑帝国庙堂的栋梁相继倒下,袁世凯最终成为清政府唯一能依靠的军事人才,同时也成了清廷最后十年中的汉臣领袖。

1911年是袁世凯面临一生中最重要选择之时。武昌新军的起义能走多远取决于清廷当时的核心军力——北洋六镇的倒向。或许袁氏领旨起复开始尚觉局面可以操控,但武昌一个地方燃起的火苗迅速激起了其他地域被"皇族内阁""铁路干线国有政策"伤害的士绅民心。一边是清廷的临危任命,一边是革命党人以华盛顿相类比、以中华民国大总统的位置为诱饵,权衡时势下的袁氏不愿再步前辈曾国藩旧途去捍卫清廷,而是选择以议和方式结束这场南北政争。毫无疑问,辛亥革命之所以能够从一个地域性的武装暴动转变为一场国家上层的权力交接,实现两个政体之间的和平过渡,袁世凯在其中起到了非常关键的作用,也成了辛亥年中国政局崩析鼎变的最大赢家。

袁世凯所处的民国初年是中国近代政治转型的关键时期,形式上代表君主专制政体的清王朝已经覆灭,民国政府建立后,《中华民国临时约法》的颁布促使新政权初步搭建起了民主共和的框架。孙中山等南方革命党人在袁世凯就任临时大总统第二日,即为其"量身定做"了这部《约法》,试图通过责任内阁制对袁世凯的权力加以限制。这一方面说明袁世凯上台之日南方革命党人已经投了不信任票;另一方面,此举虽打着防范专制的旗号,却给刚接触共和体制的袁大总统上了一堂因人设法的负面课程。这个在专制体制下摸爬滚打的旧式官僚,从来都没有像孙文那样有着建设新式民主国家的政治理想,辛亥年做出的选择多是基于民国总统职权远远大于清朝总理大臣这样的现实考量，新政权建立后，这样一个集威望和实力于一身的投机官僚，又怎会甘心做一个虚位元首？

　　清末民初的中国，革命党人最具号召力的舆论宣传和力量组织，多集中于"反满兴汉"、推翻清王朝的实际需求，而对民主共和的真实理念几乎没有涉及，普通百姓对于选举权、参政权等无从得知，何况几千年来中国民众最主要的理想无外乎"太平"二字而已，同盟会的十六字纲领能深入人心的只是"驱除鞑虏，恢复中华"。革命留下了一个烂摊子，新政权的国家治理基础十分薄弱，在经历了辛亥年间的各地"独立"之后，中央集权不仅面临地方势力的日益尾大，也面临困难棘手的财政问题。心怀远大理想的志士并无多少实际的执政经验和政治眼光，往往认为革命成功、民国建立即是实现共和，孙中山甚至想当然地认为，《约法》颁布后的民国"政治革命"业已实现，所以全身心投入他的"社会革命"，开始筹划中国的铁路建设去了。这种观念与实际的落差自然成了袁世凯可以利用的资源。这个没有政治觉悟却有政治手腕且自身权力欲较强的"临时大总统"，面对如此混乱的政局和权力受限的尴尬局面，最终选择了通过变更内阁、控制国会以及动用军事力量来达到目的——在一个没有完善的权力制衡机制的国家，一个向前清跪拜了大半辈子的旧臣，带着他强大的嫡系军队，面对一群信仰共和却不懂共和的怀疑对抗者，望着最高权力的宝座，会有怎样的渴望？其嫡长子袁克定为了得到"皇太子"之位，伪造了一份《顺天时报》，越来越多的人蠢蠢欲动，为着一己私利而推波助澜……从打压异己、侵犯内阁，到强制国会修改《约法》，鼓吹"尊孔复古"，袁世凯逐渐走上专制复辟之路。

诚然，让一个有着长达千年传统旧习的国家短时期内脱胎换骨是不现实的，因此唐德刚先生提出了"历史三峡"理论，即中国近代由帝制转向民治之间当有一个漫长转型期，对于一个新的政治形态而言这便是遇到了瓶颈。但若是因为滩高浪险这些转型期的困境而选择掉转船头，那么便直接冲撞了新政权统治的合法性，辛亥前期多少革命党人的鲜血换来的几乎只剩下一个传统的改朝换代的结果。在新旧交替的历史转折点上，坚持走向共和还是复辟帝制看似一步之遥，但掌权者的个人意志和现实形势，却使历史就此定格。尽管袁世凯最终在"洪宪帝梦"中倒下，但中国仍未能突破几千年的政治传统走出"历史三峡"，实现由专制向民主、由人治向法治的社会转型，这不仅是袁世凯个人的悲剧，同时也是时代的悲剧和历史的悲剧。

*清末民初历史人物（四）*

## 梁启超的变与守

近代史上的重要人物梁启超一生"多变"是出了名的，在政治上从改良转向革命，再转向反对革命；从主张君主立宪到开明专制，再到接受民主共和；从早期无条件支持乃师康有为到最后分道扬镳，从拥护袁世凯到反对袁世凯；在思想上从拥抱西方民主、科学精神到"一战"后趋向保守等。他也敢于承认自己的"善变"，其名言是"不惜以今日之我，难昔日之我""所谓我操我矛以伐我者也，今是昨非，不敢自默"。这与自称"吾学三十已成，此后不复有进，亦不必求进"的康有为，以及一生坚持实用主义和自由主义不变的胡适形成鲜明对比。然而揆诸梁氏多次转变的原因以及背后心路历程，我们可以理解他在"流质善变"的表象之下，实有一贯的追求与持守。

早年的梁启超是传统时代的天才：6岁学完五经，12岁中秀才，17岁中举。除了习举子业之外，他对乾嘉以来的考据之学深感兴趣。1890年会试不第的梁启超回广东途经上海，购得《瀛寰志略》以及一批翻译的西书，开始接触西学，眼界大开。回到广州，拜在康有为门下，读书于万木草堂。梁启超在《三十自述》里称："先生为讲中国数千年来学术源流历史、政治沿革得失，取万国以比例推断之。余与诸同学，日札记其讲义，一生学问之得力，皆在此年。"遇到康有为，是梁启超生命史中一个"大事因缘"。受康有为影响，梁启超的读书学习重心转向了政治制度、西学，而且还直接参与到政治时局之中。

与鸦片战争相比,近代以来真正震动朝野的是1895年甲午战争的惨败,梁启超称"唤起吾国四千年大梦,实自甲午一役始也"。战后全国上下救亡图存的情绪高涨,梁启超也积极思索中国变法图强之路。他考察了欧美各国政治体制,结合当时中国的国情,认为"吾畴昔确信美法之民主共和制,决不适于中国,欲跻国于治安,宜效英之存虚君,而事势之最顺者,似莫如就现皇统而虚存之"。早期梁启超认为中国应该实行君主立宪政体,进行自上而下的改革。

戊戌变法失败后,梁启超流亡日本。由于与康有为相隔较远,这段时期是梁启超逐渐脱离康有为影响,思想变化最为显著的时期。变法的失败,统治阶级上层的顽固,以及与孙中山等革命党人的接触,使梁启超对形势的认识发生了改变。梁启超提出了"破坏主义"的政治主张,即只要能使国富民强,采取哪种手段都可以,尤其是以暴力革命破坏为主的方式,对中国彻底进行改造也是可以的。后来他甚至背着康有为,和孙中山协商组党之事,遭到康氏的严厉斥责。此时可算是梁启超政治主张最为激进的时期。但这并不代表他完全倒向革命,事实上梁启超虽然主张采取手段达到改造政体、富国强兵的目的,然而仍对革命的弊端有着深入的反思。

义和团运动后,中国被迫签订《辛丑条约》,清廷再次遭遇惨败与空前的屈辱,统治者上层也终于意识到不变法就要亡国。1903年,清政府宣布预备立宪,准备实施新政。这使梁启超燃起了新的希望,他提出"以开明专制作为过渡的君主立宪"。他认为:"由于中国的专制制度时间比较长,中国从底层民众到上层官吏都没有民主自治的能力，整体国民素质比较低，应该通过开明专制培养国民的政治能力。"梁启超再次转向开明专制下的君主立宪，并非思想倒退，而是他对局势和国情的看法逐渐深入的表现，他既害怕暴力革命的弊端，又认识到"兴民权"关键在"作新民"。1905—1907年间，梁启超以《新民丛报》为阵地，与革命派展开论战。

可是情势的发展脱离了梁启超预想的道路，"皇族内阁"的产生和清廷对立宪派速开国会请求的打压，使得国内各方势力对清政府丧失了最后的耐心。辛亥革命炮声中，清政府迅速瓦解。这时的梁启超又脱离了康有为的保皇阵营，他认识到，此时再提倡君主立宪，已与现实不符，应当建立一个强有力的中央政府，以稳定社会秩序，推进中国改革和发展。此时国内各方势力中，能够出来稳定局面并得到认可的，只有袁世凯。所以梁启超拥护袁世凯，支持民主共和，还一度出任袁世凯政府的财政总长。

1915年，袁世凯复辟帝制，遭到各方声讨。梁启超发表《异哉所谓国体问题者》一文，认为虽然政治的关键在于政体而非国体，但是国体的选择要根据已成之事实，已经确定的共和制不宜更改为帝制。一旦复辟帝制，"则侮辱大总统人格之罪，又岂擢发可数？此亦四万万人所共诛也"。此外，他还联络曾在湖南时务学堂的学生蔡锷，蔡锷在云南讨伐袁世凯背叛共和，发动护国战争。洪宪帝制最终覆灭，梁启超也成为再造共和的英雄。

民国初年的梁启超在政坛仍然活跃，他的两个理想是：组织政党，实现政党政治；做"国务大臣"，一展个人抱负。但是民初局势的复杂多变，以及国人确实缺乏民主政治的经验，梁启超的理想均未实现。1918年梁启超退出政坛旅欧考察，对战后欧洲物质匮乏和精神萎靡的现状有了深切体会，认为"欧洲人做了一场科学万能的大梦，到如今却叫起科学破产来"，由此激发了他对中国未来和中国文化前所未有的自信。在《欧游心影录》中他大声呼吁：

  我们可爱的青年啊，立正，开步走！大海对岸那边有好几万万人，愁着物质文明破产，哀哀欲绝地喊救命，等着你来超拔他哩，我们在天的祖宗三大圣和许多前辈，眼巴巴盼望你完成他的事业，正在拿他的精神来加佑你哩！

  曾经有人批评梁启超过去保皇，后来又拥护共和；前头拥袁，以后又反对他。一般人都认为前后矛盾。梁启超回应说：

  这些话，不仅别人批评我，我也批评我自己。我自己常说，不惜以今日之我反对昔日之我，政治上如此，学问上也是如此。但我是有中心思想和一贯主张的，决不是望风持舵的投机者。例如我是康南海先生的信徒，在很长时间，还是他的得力助手，后来我又反对他，和他分手，这都是大家知道的。再如我和孙中山，中间有一段合作，但以后又分道扬镳、互相论战，这也是尽人皆知的。至于袁世凯，一个时期，我确是寄予希望的，后来我坚决反对他，这更是昭昭在人耳目了。我为什么和康南海先生分开？为什么同孙中山合作又对立？为什么拥袁又反袁？这决不是什么义气之争，或争权夺利的问题，而是有我中心思想和一贯主张的。我的中心思想是什么呢？就是爱国，我的一贯主张就是救国。

回顾梁启超的政治生涯，从公车上书到维新变法，从清末新政到辛亥革命，他的政治主张经历了君主立宪、破坏主义、开明专制、民主共和，接触的政治人群从康有为的保皇派到革命党，再到袁世凯等，他呈现给世人的一直是一副"多变"的面孔。但其实政治主张的变化只是外在，不管是立宪改良、革命、开明专制还是民主共和，梁启超的主张最根本的目的仍是通过变政以实现富国强兵，用他自己的话来说，就是"中心思想是爱国，一贯主张是救国"。至于具体的实现的路径，则因时势的变化不得不做出改变。维新变法期间康梁因得到光绪帝的支持，以及君主制存在的现实而主张自上而下的改革。变法失败流亡海外期间，则因对清廷失望及与革命党的接触而主张破坏主义。清末新政预备立宪期间则重新燃起对清政府的希望，但同时也认识到国民素质的不足，所以主张由开明专制过渡到君主立宪。辛亥革命后帝制被推翻，民主共和肇建，梁启超转而坚定地支持共和制。他不但反对曾经拥护过的袁世凯称帝，还批评拥立溥仪复辟的康有为"与众为仇，助贼张目"，乃"大言不惭之书生"。旅欧之后，他又从一个为了国家富强而对西方文明屈尊附就的西学宣扬者，转变为对中国传统文化高度自信，并且弘扬"化合中西"、以拯救人类文明为己任的世界主义者。

所有的"变"，都是梁启超坚守初心，跟随世界大势、国内形势因应的结果，其中情怀，正如他于当年流亡海外时的一首题为《自励》的诗作所言：

> 献身甘作万矢的，著论求为百世师。
> 誓起民权移旧俗，更研哲理牖新知。
> 十年以后当思我，举国犹狂欲语谁？
> 世界无穷愿无尽，海天寥廓立多时。

斯人已去百年，其"中国不亡"的疾呼和"中国少年"的渴望，至今依然激励后人。

清末民初历史人物（五）

## 胡适的中与西

辛亥革命引发的中国政治剧变，导致了传统意义上政治权威的倒塌，造成了文化的相对自由发展。在民国初年中国知识界的价值重建运动中，最具代表性的时代人物非胡适莫属。

1917年，留美七年即将归国的胡适在日记中引用《荷马史诗》中的一句诗："如今我们已回来，你们请看分晓罢"，并认为此语"可作吾辈留学生之先锋旗也"，言语间充满着那种取而代之、舍我其谁的气势，其锋芒所向，是章太炎、梁启超等上一代士林领袖。胡适等新一代留学生们学成归来，自期以"国人导师"的身份，引入西方的民主、科学，改造中国旧文明，力图实现中国的现代化。一个二十六七岁的青年，回国不久即成为新文化运动的主将，迅速成为当时思想界、学术界的领导者之一。作为中国现代西化派知识分子的代表人物，胡适的迅速崛起及其在中国近代思想史上的枢纽地位离不开他深厚的西学训练，但从治学取径与关怀而言，胡适对中国文化的修习和掌握也发挥着重要影响。对于那个时代的学人而言，中与西的张力几乎始终贯穿，这在胡适身上体现得尤为明显。

胡适自述平生三大志愿分别为提倡新文学、思想改革、整理国故。就提倡新文学而言，白话文和新诗的推广是胡适在文学领域的主要功绩，其文学理论主要反映在《文学改良刍议》和《尝试集》中，有学者指出他的文论深受欧美意象主义的影响。就思想改革方面，胡适所主张的实用主义和自由主义更是直接来自其留学美国所受的哲学训练,尤其深受其导师实验主义大师杜威的影响。就整理国故而言,他主张完整的次序是"研究问题,输入学理,整理国故,再造文明",输入学理,主要是输入西方的哲学研究方法,以他的名著《中国哲学史大纲》对中国哲学史的研究为例:以西洋的哲学系统来整理先秦的子书,将子学改造成为哲学和哲学史,使之一跃成为当时的显学,并建立起中国现代人文学术的新范式。如果说提倡新文学和整理国故是胡适对于"赛先生"的拥抱,那么思想改革则是胡适在隆重鼓吹"德先生"了。在他的志业中,来自西学的思想资源始终是其重要支撑。

正如刘巍指出的那样,虽然出于留学生的补课心态,胡适表现出"崇洋"、中西比附等倾向,但在安身立命的意义上,仍然本着"反求诸己"的中国精神。如胡适对中国哲学史的研究,始终抱持的关怀是:为什么中国的近世没有发展出西方式的科学方法和科学精神?这种深刻的反思伴随着他整个留学时期,并直接影响了他择业和治学取向。从治学方法的层面讲,乾嘉考据学的方法和功底在其学术研究中有重要地位。留学期间的胡适一边修习西方哲学,一边自修中国旧学,阅读的传统典籍涉及经、史、子、集四部。他的"暴得大名"来自文学革命,但他之所以能在北大任教并进入国内上层学术界,跻身考证学的正统行列,还是依靠他的考据文字。他的整理国故运动所引发的疑古思潮,则又深受晚清今文经学尤其是康有为"群经遍伪"说的影响。后来胡适对古典小说如《红楼梦》的考证,对《水经注》的研究则更是这一治学脉络的延续。在如何对待中国传统思想文化的态度上,胡适与钱玄同、鲁迅等激进的彻底否定不同，他提倡秉持一种评定的态度，"重新估定一切价值"。可见他并非要推翻传统，而是用新的价值标准来评定传统，引入西方学理改造传统，最终是要再造一个融合中西的新文明。

不论在当时，还是现在，一直有人指摘胡适旧学功底差，甚至其西学也不甚高明，进而觉得胡适的暴得大名只是"时无英雄，使竖子成名"。但事实是，五四前后的中国思想界，曾产生过重要影响的严复、章太炎、梁启超等人都还健在，并非"时无英雄"。其实需要问的是，为什么是胡适，而不是别人，能够在这个时候掀起思想浪潮？

晚清以来，随着西方坚船利炮的入侵，中国民族危机不断加重，有识之士号召主动向西方学习也逐渐深入，在器物、制度层面逐渐深化，他们主张"中体西用"，希望在维持中国传统道德价值秩序的前提下，学习西方的技术和政体以期富国强兵。民国肇建，政治上民主共和已取代皇帝专制，但民初混乱的时局使知识分子反思到，如果不能从思想文化上彻底启蒙民众，那么再先进的政治制度嫁接到中国都是无益的。可以说五四前夕，思想界的状态是中学已不能为体，西学之用已不能满足实际需求，形成了一段空白。老一辈思想家不乏奋力介绍西学的人，如梁启超等，但他们的西学大多是从日本转手的二手货，缺乏对西方文化直接的体认。所以同老一辈思想家相比，胡适有更为直接和深入的西方文化知识和学术训练。另一方面，五四前思想领域儒学的影响力还相当大，要挑战或突破这一格局，必须要进入上层学术界"入室操戈"。与其他大多数留学生旧学薄弱的情况相比，胡适则同时具备相当的中国文化修养及考证学训练。因此，在留学期间即长期准备并紧密关注中国时势的胡适，得以迅速填补了这一段空白。

余英时先生认为："对于胡适这样一个启蒙式的人物，既不能用中国传统经师的标准去衡量他，也不能用西方近代专业哲学家的水平去测度他。他在西方哲学和哲学史两方面都具有基本训练则是不可否认的。这一点训练终于使他在中国哲学史领域中成为开一代风气的人。"正是由于胡适在中学和西学两个方面的训练，终于使得他在中国近代思想史上成为开一代风气之人。

# 后　记

相比较读书和上课，写作既不算是我的所长，也不算是我的所乐，然而在完成了这部书稿后，还是感到一些快慰。

人创造着历史，历史也创造着人。二十余年前，我踏上教学之路，很快成为深受学生欢迎的中学历史教师。十余年前，在教学之余我又承担起学校的部分教科研管理工作，主要是新课改后的学校课程建设、教师培训和各类教研活动，经常是白天忙碌教学和其他事务，晚上便一头扎进书籍文章里苦读穷思，渐渐培养起安心专注地阅读、做事的习惯。四年前，我进入了陕西省中小学学科带头人队伍，此后将更多的精力投入学科工作坊的建设、教学研讨交流和送培送教等活动中。数十年的读史阅世和教坛耕耘虽未能使我成为智者，但世间又多了一个诚实敬业的老师。

去年仲夏往届毕业的学生来校看望我，说笑兴奋之际居然有学生拿出当年的历史课堂速记，游说我动手写作。不久参加安康"名师大篷车"活动归来，校领导也询问校本培训课程的开发情况，于是从暑假开始动笔，陆陆续续至今年春天才拿出初稿。

《六祖坛经》有云："见闻转诵是小乘，悟法解义是中乘，依法修行是大乘。"这本小书虽然也包含了我读史和教学的一点总结与心得,但充其量只能算是分享性质的习作,缺乏深刻透彻的"悟"和渡人渡己的"法"。不过,我想如果要到达智慧的彼岸,总得鼓起勇气走进水中,这才是正确的"修行"之道。

文稿整理和付梓成书得到了学校历史教研组同人,我的学生戴睿婷、曾文哲、来瑛,青年教师周静、周倩楠等人,以及太白文艺出版社青年编辑曹甜的热心协助,特别是得到了安康中学各位校领导的鼓励支持,在此深表感谢!

2019 年 5 月于安康